O Caminho para a Iluminação

Sua Santidade o
Dalai Lama

O Caminho para a Iluminação

Traduzido e editado por Glenn H. Mullin

Tradução
Lúcia Brito

© 1982 His Holiness Tenzin Gyatso, the Fourteenth Dalai Lama
©1995 H. H. the Dalai Lama and Glenn H. Mullin
Snow Lion Publications, Inc.
P.O. Box 6483
Ithaca, New York 14851 USA
607-273-8519
1ª Edição, Editora Gaia, São Paulo 2007
1ª Reimpressão 2016

    Jefferson L. Alves – diretor editorial
    Richard A. Alves – diretor-geral
    Flávio Samuel – gerente de produção
    Ana Cristina Teixeira – assistente editorial e revisão
    Ieda Estergilda de Abreu – revisão
    Lúcia Brito – tradução
    Graeme Robertson/Getty Images – foto de capa
    Reverson R. Diniz – capa
    Antonio Silvio Lopes – editoração eletrônica

Obra atualizada conforme o
NOVO ACORDO ORTOGRÁFICO DA LÍNGUA PORTUGUESA.

Dados Internacionais de Catalogação na Publicação (CIP)
(Câmara Brasileira do Livro, SP, Brasil)

Bstan-'dzin-rgya-mtsho, Dalai Lama XIV, 1935-

    O caminho para a iluminação / Sua Santidade o Dalai Lama ; traduzido e editado por Glenn H. Mullin ; tradução Lúcia Brito. – São Paulo : Gaia, 2007.

    Título original: The way to freedom
    Bibliografia.
    ISBN 978-85-7555-123-3

    1. Budismo – Doutrinas 2. Iluminação (Budismo) I. Mullin, Glenn H. II. Título.

07-2695   CDD-294.342

Índice para catálogo sistemático:

1. Budismo : Doutrinas : Religião   294.342

Direitos Reservados

editora gaia ltda.
(pertence ao grupo Global Editora e Distribuidora Ltda.)
Rua Pirapitingui, 111-A – Liberdade
CEP 01508-020 – São Paulo – SP
Tel.: (11) 3277-7999 – Fax: (11) 3277-8141
e-mail: gaia@editoragaia.com.br
www.editoragaia.com.br

Colabore com a produção científica e cultural.
Proibida a reprodução total ou parcial desta obra
sem a autorização do editor.

Nº de Catálogo: **2795**

*Em memória de Bakshi Geshe Wangyal,
mestre dos mais habilidosos,
fundador do Mosteiro Budista da América,
em Washington, Nova Jersey.*

Sumário

Prefácio   11

Apresentação   13

Introdução do tradutor   15

    1. A natureza da instrução   27

    2. Três perspectivas sobre a prática   47

    3. Como guru e discípulo se encontram   59

    4. A condição humana   83

    5. Três níveis de aplicação espiritual   91

    6. Morte e reinos inferiores   99

    7. Buscando um lugar de refúgio   111

    8. As leis da evolução kármica   123

    9. Realismo Hinayana   139

    10. Gerando o espírito de bodhisattva   155

    11. Prática do Mahayana geral   177

    12. Vajrayana   197

    13. Um resumo do caminho   207

Apêndice 1: Um rito preliminar *Lam Rim*   221

Apêndice 2: Biografia do Terceiro Dalai Lama   239

Notas   259
Glossário   263
Bibliografia dos textos citados   275

Prefácio

O terceiro Dalai Lama, Gyalwa Sonam Gyatso, um ser de suprema elevação, com poder sobre os três mundos, foi convidado por Altan Khan para visitar a nação mongol. Ele aceitou, e os feitos maravilhosos que lá executou, a fim de propagar o Buddhadharma e as instruções do segundo Buda Tsongkhapa, deixaram uma impressão duradoura.

Uma das obras escritas mais populares do terceiro Dalai Lama é a *Essência do Ouro Purificado,* que extrai o coração da *Grande Exposição dos Estágios do Caminho Espiritual,* de Tsongkhapa. Embora conciso, resume o significado de todos os ensinamentos do Buda e é fácil de se pôr em prática.

Há poucos anos, Sua Santidade o 14º Dalai Lama, um mestre de todas as doutrinas, proferiu um discurso sobre a *Essência do Ouro Purificado* do terceiro Dalai Lama para um grupo de praticantes afortunados. Ofereço minhas preces para que a tradução de Glenn do texto-raiz e sua compilação de um comentário baseado no discurso de Sua Santidade possam ser de benefício espiritual duradouro para aqueles das grandes terras do Ocidente com um interesse sincero no caminho budista para a iluminação.

Yongzin Trijang Rinpoche
Tutor júnior de Sua Santidade o Dalai Lama
15º dia do quarto mês tibetano
Ano do Pássaro de Ferro

Apresentação

Estou muito feliz e honrado por escrever uma breve apresentação para este excelente trabalho que apresenta o comentário de Sua Santidade o Dalai Lama sobre a *Essência do Ouro Purificado,* de Sonam Gyatso, o terceiro Dalai Lama do Tibete. Sinto que é especialmente auspicioso, visto que Glenn Mullin dedicou a obra a meu mestre original, o falecido Venerável Geshe Wangyal, cujos esforços incansáveis foram decisivos para ajudar Sua Santidade o 14º Dalai Lama a difundir o Buddhadharma na América. O abrandamento da América é semelhante ao abrandamento da Mongólia em vários sentidos.

Os Dalai Lamas do Tibete são uma das maravilhas de nossa história planetária, e a contribuição deles ainda não chegou ao fim. Eles são a reencarnação política e espiritual do Bodhisattva (ou Messias budista) Avalokiteshvara, que surge em nossa história violenta para "domar" nossa selvageria emocional e confusão intelectual.

Os feitos de Sonam Gyatso, como, por exemplo, amansar as ferozes nações mongóis, prestam um testemunho impressionante do poder do espírito da iluminação, com seu desapego, amor e sabedoria que triunfam sobre o egoísmo, a ganância e a violência. Glenn Mullin é um perito tradutor de língua tibetana, cuja devoção a Sua Santidade o Dalai Lama e compromisso religioso de realizar o Dharma resplandecem em suas bem escolhidas palavras. Seu excelente trabalho mostra que a qualificação acadêmica em linguística é apenas o primeiro passo no processo de tradução. Depois disso deve haver um compromisso com o espírito da obra original, a determinação altruísta de submergir o ego moldado em uma cultura materna na cultura do texto original e, a seguir, a disciplina unidirecionada para reconstruir a vitalidade e a integridade do original na língua materna.

Os grandes tradutores do Tibete, que levaram a civilização budista para seu povo, jamais estiveram preocupados com fama pessoal ou lucros. Contudo, foram saudados como "olhos da nação" *(Lo-tsva-ba* em tibetano; *Lokacakshu* em sânscrito), tesouros nacionais que se tornaram os olhos vivos de seus contemporâneos para que esses vissem a sabedoria e a beleza de mundos além de suas fronteiras. Glenn Mullin juntou-se a essa antiga fraternidade de *lotsawas*, proporcionando-nos uma série maravilhosa de trabalhos que revelam a vida interior e os feitos externos de todos os Dalai Lamas. Possam todos desfrutar deles e ser inspirados pelos gentis triunfos desse príncipe da paz. E possa Sua Santidade o Dalai Lama continuar por muito tempo criando mais uma biografia maravilhosa na escala planetária dos tempos modernos!

Professor Robert Alexander Farrar Thurman
14 de março de 1985
Amherst College, Massachusetts

Introdução do tradutor

Sempre que ensinava, o terceiro Dalai Lama, Gyalwa Sonam Gyatso, deixava a mágica e o mistério de lado e falava apenas sobre os fundamentos básicos da prática budista, os métodos cotidianos simples para o cultivo da percepção espiritual. Seus ensinamentos exerceram profunda influência sobre as pessoas que o ouviram e ele, por onde andou, deixou mosteiros e centros espirituais que, ao longo dos séculos seguintes, remodelaram as civilizações com que manteve contato. Graças a seu trabalho, as gentis doutrinas do Buda difundiram-se como o sol nascente sobre uma terra que anteriormente só conhecia conflito e guerra.

Devido à sua dedicação a uma intensa agenda de ensinamentos, o terceiro Dalai Lama não teve condições de escrever tão extensamente quanto seus predecessores. Não obstante, de sua pena saíram várias dúzias de títulos. Este livro inclui aquele que é talvez seu trabalho mais famoso, a *Essência do Ouro Purificado*. Espera-se que ele revele a clareza e simplicidade direta do terceiro Dalai Lama como autor e mestre. Inclui a *Biografia do Terceiro Dalai Lama,* de Tsechokling Yeshe Gyaltsen, ao final deste livro, como apêndice para oferecer um esboço do treinamento e dos feitos magníficos desse Senhor dos Yogues, um mestre dos mestres que tanto contribuiu para o desenvolvimento cultural e espiritual da Ásia.

A brevidade da composição do terceiro Dalai Lama ajusta-se à abordagem da literatura espiritual da Ásia Central, onde as pessoas raramente leem um livro por si mesmas, pois, em vez disso, preferem que ele seja lido para elas por um mestre da linhagem, tanto em grandes reuniões públicas como em grupos menores, mais privados. Pela tradição, o mestre que faz a leitura deve ter recebido o texto de uma transmissão oral ininterrupta que recua por gerações até o autor original. A leitura em geral incorpora comentários, anedotas e reflexões pessoais sobre o significado do texto, e com isso a obra é trazida à vida e tem sua importância contextualizada às necessidades da plateia específica. Dessa maneira, uma escritura antiga, e de certa forma obscura, é trazida a uma era mais moderna com um apelo modificado. Durante os 12 anos em que vivi na Índia (entre 1972 e 1984), tive o prazer de assistir inúmeras dessas "leituras" públicas realizadas por Sua Santidade o Dalai Lama, bem como por seus dois principais gurus; algumas centradas em antigos textos indianos, inclusive vários de Nagarjuna (séc. II); outras que baseavam-se em obras tibetanas mais recentes. Em cada uma dessas ocasiões, o Dalai Lama tomava a escritura clássica e, mesclando leitura e comentário, falava durante cinco ou seis horas por dia, durante um período que se estendia por uma semana a um mês; dessa forma, batia o leite de um clássico antigo a fim de obter a manteiga fresca de um entendimento contemporâneo.

Recebi a transmissão de a *Essência do Ouro Purificado* do Dalai Lama pela primeira vez em 1976, quando ele conduziu uma extensa leitura do texto no templo principal de Dharamsala, na Índia. A plateia era composta por várias centenas de lamas e eruditos eminentes, diversos yogues consumados e milhares de leigos. Para se dirigir à plateia de formação tão variada, Sua Santidade combinou profundidade e simplicidade na explicação do texto, deixando uma sensação de mágica e assombro em todos que assistiram.

A maior parte dos ocidentais cultos atualmente está mais ou menos ciente da tradição dos Dalai Lamas e do que ela representa. Muitos também têm conhecimento dos detalhes centrais da vida do atual Dalai Lama. Sua autobiografia, *Freedom in Exile**, foi lida por um público considerável ao redor do mundo, e vários livros, como *The Dalai Lama: A Policy of Kindness,* que apresenta sua mensagem essencial de trabalho para a paz individual e mundial, estão sendo editados. Quando ele ganhou o prêmio Nobel da Paz em 1989, foi alçado com estardalhaço ao centro do cenário internacional.

(*) Lançada no Brasil como *Liberdade no Exílio: Uma Autobiografia do Dalai Lama*, São Paulo, Siciliano, 2001. (N. da T.)

Introdução

Em termos pessoais, para mim tem sido maravilhoso testemunhar não só o crescimento do interesse por essa personalidade das mais fabulosas, mas também a crescente receptividade a sua mensagem por povos de todo o mundo. E é claro que, embora Sua Santidade seja um monge budista e passe muito tempo ensinando em sociedades budistas tradicionais da Ásia, dedica igual período de sua agenda para viajar pelo mundo visando se encontrar com líderes espirituais e seculares, falar em universidades, conduzir serviços inter-religiosos e outras atividades. Nessas viagens, ele não faz qualquer esforço para tentar "converter" os ocidentais ao Budismo, mas sim tenta inspirar um comprometimento com os valores universais de amor, compaixão, sabedoria e outros que costumam ser valorizados em todas as grandes tradições espirituais. Como ele definiu certa vez: "Minha religião é o amor e a compaixão, pois essas são as qualidades de que todos os seres vivos necessitam. A despeito de se seguir ou não qualquer tradição religiosa, o amor e a compaixão são valorizados por todos".

Durante o período em que residi em Dharamsala, várias vezes monges cristãos foram até ele e solicitaram ordenação budista; ele recusou, afirmando que bastava que fossem bons monges cristãos e que, se estivessem interessados em Budismo, deveriam estudar e praticar apenas aqueles aspectos da doutrina budista que sentissem ser útil a eles, e incorporá-los ao treinamento cristão usual como elementos complementares. Certa vez, antes de eu dar início a uma temporada de ensinamentos, ele me falou: "Lembre-se: nosso propósito não é fazer mais budistas; é fazer seres mais iluminados. Quando você ensinar Budismo, não encoraje as pessoas a serem budistas, encoraje-as apenas a cultivar dentro de si mesmas as qualidades de amor, compaixão, responsabilidade universal e sabedoria. Se algumas pessoas específicas, com fortes conexões kármicas, quiserem tornar-se budistas em termos formais, isso é aceitável; mas, no geral, a ênfase deve ser no comprometimento com valores espirituais internos, não com qualquer tradição religiosa específica".

Sem dúvida, a fase mais preciosa de minha vida foram os 12 anos que passei em Dharamsala, na montanha onde Sua Santidade residiu boa parte de sua vida, como refugiado na Índia. Durante aquele período, tive a grande honra e o prazer de assistir anualmente meia dúzia de discursos e iniciações tântricas que ele concedeu em vários lugares da Índia, bem como em ter vários encontros privados e entrevistas com ele. Jamais deixei de me espantar com a deliciosa combinação de poder pessoal e humildade, com sua intensidade, simplicidade e jovialidade.

Uma das reuniões públicas mais memoráveis foi uma palestra matinal que ele proferiu certa vez na Universidade de Délhi. Ele estava de passagem pela cidade a caminho da Europa, e tinha agendado um almoço com o presidente da Índia. Depois da palestra, ele colocou-se à disposição para responder perguntas da plateia, o que gerou considerável excitação. Então, um jovem estudante levantou-se lá no fundo e fez uma pergunta dolorosamente tola. A plateia riu em surdina. Alguém da comitiva interveio e anunciou que estava na hora de Sua Santidade sair para o compromisso do almoço, acrescentando que o presidente não podia ficar à espera. Sua Santidade não se mexeu da cadeira; em vez disso, apenas olhou para a plateia e disse: "Primeiro tenho que responder essa questão". O membro da comitiva mencionou o nome do presidente outra vez. Sua Santidade permaneceu quieto, e então disse em voz bem baixinha: "Meu problema é que, se eu fizesse distinção entre o presidente de um país e um calouro da universidade, já não poderia mais me intitular Dalai Lama". A seguir, falou sobre a pergunta que havia sido colocada, trazendo em sua resposta uma noção de profundidade que ninguém havia imaginado estar oculta na questão original, e não obstante transferindo a beleza de suas próprias palavras para o jovem estudante. Foi aplaudido de pé.

A invasão do Tibete pela China comunista em 1959, e a subsequente fuga do Dalai Lama para a Índia como refugiado, junto com seus longos anos de exílio, talvez tivessem combalido o espírito de um homem menos elevado. Contudo, Sua Santidade enfrentou as experiências de tal maneira que só cresceu com elas. Com frequência ele cita o preceito Mahayana: "Veja aqueles que lhe causam mal como manifestações do guru, vindos para ensinar fibra e coragem". Com certeza ele praticou essa instrução na sua vida, e colheu as devidas recompensas.

Talvez o maior encanto do Dalai Lama seja a capacidade de fazer com que qualquer pessoa que chega até ele sentir-se a pessoa mais amada e respeitada da terra. Depois de uma iniciação de Kalachakra em Bodhigaya em 1973, fiquei na fila com outras 150 mil pessoas para receber a bênção pessoal dele. Depois de três dias sob o sol quente, finalmente me vi diante

Introdução

dele no templo. Esperava que ele parecesse cansado, ou talvez entediado, depois de tamanha provação. Ele olhou para mim como se eu fosse o seu melhor amigo voltando depois de longa ausência, afagou a minha barba e sussurrou em meu ouvido, rindo: "Chokyi trogpo nyingpo, tashi delek", que se traduz como: "Amigo espiritual de longa data, bem-vindo".

O Dalai Lama muitas vezes diz: "Não sou ninguém especial, sou um simples monge budista". E, de fato, ele é bem isso. Possui um tipo de simplicidade que toca o coração da humanidade e inspira o mais profundo senso de esperança na bondade e alegria inatas de simplesmente ser humano.

Tentei capturar esse senso de humildade pontuado por alegria e bondade inatas, que considero as qualidades mais preciosas do seu coração.

O tema da *Essência do Ouro Purificado* é o *Lam Rim,* um termo que se refere tanto à linhagem da metodologia espiritual quanto ao gênero de literatura visando elucidar essa metodologia. *Lam Rim* significa literalmente "estágios do caminho (espiritual)". A linhagem foi levada ao Tibete em 1042 pelo ilustre mestre Atisha Dipamkara Shrijnana. O protótipo para a literatura é o *Bodhipathapradipa,* ou *Uma Lâmpada para o Caminho da Iluminação,*[1] que Atisha escreveu para os tibetanos poucos anos depois de sua chegada ao Tibete. O trabalho conquistou popularidade imediata e, ao longo dos séculos seguintes, centenas de comentários sobre seus temas centrais, ou o *Lam Rim,* brotaram das penas de autores tibetanos.

A tradição *Lam Rim* de Atisha era de fato uma síntese de numerosas linhagens budistas indianas. Contudo, seus dois componentes principais eram os ensinamentos de sabedoria provenientes do Buda para Manjushri e Nagarjuna, e os ensinamentos de método/energia do Buda para Maitreya e Asanga.[2] As duas linhas foram transmitidas de geração para geração, e no século XI foram unidas por Atisha. Ele adquiriu a primeira de seu mestre indiano Vidyakokila, o Mais Jovem. Quanto à última, teve que viajar à Indonésia para recebê-la. A tradição havia sido passada para um mestre indonésio de nome Dharmakirti[3] e, quando Dharmakirti voltou para a terra natal, a linhagem foi com ele. Atisha tinha ouvido falar da transmissão e de como ela havia se perdido na Índia. Por isso, reservou passagem em um barco e partiu na longa jornada. Treze meses depois, chegou na

Indonésia, ou Suvarnadvipa,[4] "As Ilhas Douradas". Lá ele conheceu o grande guru Dharmakirti e foi aceito como discípulo. Permaneceu estudando e praticando com esse mestre pelos 12 anos seguintes, até ter concluído os ensinamentos que buscava. Só então retornou à Índia.

Dizem que Atisha estudou com mais de 50 gurus no decorrer da vida e que, de todos esses, aquele ao qual ele era mais grato era o mestre indonésio Dharmakirti. Quando foi para o Tibete, Atisha ensinou com especial ênfase as linhagens que recebeu desse guru.

A visita de Atisha ao Tibete é em si uma história comovente.[5] O rei Yeshe Od tentava há anos trazer Atisha para ensinar em seu reino himalaio, mas, devido à importância de Atisha nos mosteiros indianos, os abades não davam permissão. Então aconteceu uma coisa que fez com que mudassem de ideia. O rei Yeshe Od caiu nas mãos dos garloks e foi estipulado como resgate o peso dele em ouro. Seu sobrinho Jangchub Od conseguiu levantar quase toda a quantia exigida, mas, quando levou-a aos garloks, descobriu-se que faltavam alguns quilos. Contudo, o rei Yeshe Od tinha em mente um propósito diferente para o ouro. Ele instruiu o sobrinho para enviar o ouro à Índia como uma oferenda aos mosteiros, com a solicitação de que enviassem Atisha para ensinar no Tibete, afirmando que, somado ao ouro, ele estava oferecendo a vida de um rei. Assim, Yeshe Od morreu nas mãos dos garloks e seu ouro foi para a Índia.

Os abades indianos consentiram em que Atisha fosse para o Tibete por um período de três anos. Os três viraram seis, e no fim Atisha permaneceu ali até sua morte, 13 anos mais tarde.

Atisha teve centenas de discípulo no Tibete, mas o mais destacado de todos foi Lama Drom Tonpa, que muitas vezes é visto como uma encarnação inicial dos Dalai Lamas. Foi para Lama Drom que Atisha deixou a maioria de suas linhagens, incluindo a linhagem do *Lam Rim* que é o tema da *Essência do Ouro Purificado*. Lama Drom dividiu a tradição em três linhas de transmissão, e essas não seriam reunidas por 300 anos. Então, no século XIV, Je Rinpoche Lama Tsongkhapa, guru raiz do primeiro Dalai Lama, reagrupou as três linhagens fragmentadas. Desde então, a tradição completa tem sido passada adiante intacta.

Existem diferentes maneiras de se falar sobre a história religiosa tibetana e de dividir as tradições tibetanas em seitas. O mais comum é fazê-lo

Introdução

pelos períodos de tradução das escrituras indianas. As seitas que se formaram antes do século XI e seguem a terminologia de tradução de Padma Sambhava, mestre do século VIII, em geral são denominadas de Nyingma ou Antigas. Nos primeiros tempos, foram incluídas numerosas seitas nessa categoria, mas hoje estão mais ou menos amalgamadas e quase sempre são consideradas como uma seita única.

No meio do século XI, o Tibete experimentou uma espécie de renascença e houve outra vez um movimento de exame das escrituras indianas. Nessa época, a terminologia de tradução foi revisada e padronizada. Três seitas principais, conhecidas em conjunto como Sarma, ou Novas Ordens, surgiram nesse tempo: Kagyu, Sakya e Kadam. Esta última foi a tradição produzida pelo trabalho de Atisha no Tibete.

Cada uma dessas ordens do Budismo Tibetano tem raízes diretas em um mestre indiano específico: a Nyingma em Padma Sambhava, a Kagyu em Naropa, a Sakya em Virupa, e a Kadam em Atisha. O trabalho de sintetizar e fundir essas linhagem não haveria de ocorrer antes de 300 anos, quando Lama Tsongkhapa estudou com 45 mestres tibetanos representando todas as tradições mais importantes. No começo dos anos de 1400, Tsongkhapa estabeleceu o Mosteiro de Ganden para abrigar e preservar sua linhagem de fusão.

Ao combinar as várias tradições tibetanas, Lama Tsongkhapa precisou de um denominador comum, uma base comum a todas. Ele encontrou a chave para isso na tradição *Lam Rim* de Atisha, que já havia penetrado na maioria das seitas tibetanas. Ela tornou-se a base da ordem Kagyu quando o maior discípulo de Milarepa, Gampopa, compôs *Joia Ornamento da Liberação*;[6] e sua influência sobre a Sakya era tão profunda que Jamyang Khyentse Rinpoche, Lama Sakya, referia-se à Sakya como baseada na Kadam.[7] Além disso, um olhar nos trabalhos do formulador Nyingma, Longchen Rabjam, revela a extensão do impacto do *Lam Rim* da Kadam sobre a Antiga Tradição.

Para enfatizar a importância que desejava colocar sobre a tradição *Lam Rim*, Lama Tsongkhapa compôs três obras a respeito do assunto, muitas vezes chamadas *Lam Rim Che Dring Chung*, ou *Tratados Grande, Médio e Conciso sobre a Tradição Lam Rim*. O primeiro é extremamente detalhado, com mais de mil páginas (ou 500 fólios). O segundo tem menos da metade do tamanho, proporcionando um guia menos formal. O terceiro é uma obra curta em versos, expressa em termos das experiências meditativas pessoais de Lama Tsongkhapa. Este último também é conhecido como *Lam Rim Nyam Gur*, ou *Canção da Tradição Lam Rim*, ou *Canção dos Estágios do Caminho Espiritual*.

Das centenas de comentários escritos sobre os métodos *Lam Rim*, oito foram destacados pelos mestres tibetanos como especialmente dignos de nota. São chamados simplesmente *Lam Rim Chenpo Gye* ou *Oito Grandes Lam Rims*. Os três primeiros são os trabalhos de Lama Tsongkhapa acima citados. Segue-se a *Essência do Ouro Purificado,* do terceiro Dalai Lama. A seguir vem *O Caminho Fácil para a Iluminação,*[8] do primeiro Panchen Lama e, depois deste, *A Palavra Sagrada de Manjushri*,[9] do quinto Dalai Lama. O sétimo da lista é *Um Guia para o Caminho Rápido,*[10] do segundo Panchen Lama. Por fim, tem-se *O Caminho das Escrituras Excelentes,*[11] de Dvakpo Ngawang Drapka. A presente lista foi organizada pela ordem da composição dos textos, e não pela importância ou tamanho.

Para os nossos propósitos, dessas escrituras *Lam Rim* as mais importantes são a *Canção dos Estágios do Caminho Espiritual,* de Lama Tsongkhapa, e a *Essência do Ouro Purificado,* do terceiro Dalai Lama. Este último é um "comentário sobre as palavras" (em tibetano, *tshig-'grel*) do anterior, e o cita bastante.

Assim, o texto do terceiro Dalai Lama é um comentário ao poema *Lam Rim* contemplativo e altamente místico de Lama Tsongkhapa. Com o tamanho deveras conciso de 23 fólios, manteve ao longo dos séculos o status de favorito para discursos públicos entre dúzias de tratados *Lam Rim*. Como Sua Santidade o Dalai Lama colocará mais adiante em seu comentário sobre a *Essência,* o texto incorpora todas as doutrinas e práticas centrais da tradição budista indiana clássica, desde o método inicial de cultivo de um relacionamento de trabalho com um mestre espiritual, até os mais elevados yogas tântricos de corpo ilusório e mente de clara luz que induzem à experiência final de iluminação.

Eu originalmente traduzi a *Essência* do terceiro Dalai Lama em 1978, em um pequeno livro sobre obras dos primeiros Dalai Lamas que publiquei pela Tushita Books da Índia. Muito curiosamente, no ano seguinte Sua Santidade visitou a Mongólia pela primeira vez (nessa encar-

Introdução

nação) e levou de presente várias cópias da *Essência do Ouro Purificado* impressas com tinta de ouro, visto que, quatro séculos antes, o terceiro Dalai Lama havia dado amplos ensinamentos sobre esse texto na Mongólia. Mais tarde descobri que Sua Santidade também levou 30 cópias de minha tradução em inglês para dar aos funcionários russos e mongóis que não sabiam ler tibetano, mas tinham acesso à língua inglesa.

Contudo, do ponto de vista dos leitores ocidentais, havia diversos problemas com essa tradução direta da *Essência do Ouro Purificado*. O texto tibetano é brilhante e poderoso, mas contém tamanho leque de ideias em uma forma tão concisa (apenas 23 fólios, ou 46 páginas) que não é facilmente entendido pelos não iniciados. O comentário oral sobre o texto proferido por Sua Santidade em 1976 funciona como um guia excelente para o texto básico. Além disso, o discurso era um "comentário sobre o sentido" (em tibetano, *don-'grel)* e abrangia assim o tema do texto do terceiro Dalai Lama de modo geral e direto, tratando dos assuntos centrais da obra, em vez de aspectos técnicos específicos. Por isso, em 1981 pedi permissão a Sua Santidade não apenas para traduzir seu ensinamento sobre a *Essência,* como também sua bênção para editá-lo para o público ocidental. Somado a isso, pedi e recebi sua permissão para entremear os comentários relevantes que ele fez com entrevistas privadas que assisti ao longo dos anos e que lançaram luz sobre os tópicos discutidos pelo terceiro Dalai Lama na *Essência.*

Também inclui neste livro uma oração do terceiro Dalai Lama para ser lida em conjunto com a meditação *Lam Rim*. O texto começa com os procedimentos habituais do Mahayana de tomada de refúgio; geração dos quatro pensamentos incomensuráveis de amor, compaixão, alegria e equanimidade; oferendas simbólicas para a assembleia visualizada e assim por diante. Prossegue com a invocação dos vários gurus da linhagem de transmissão do método *Lam Rim,* começando com o Buda e os primeiros mestres indianos, depois os gurus da ordem Kadam que se seguiram ao trabalho de Atisha no Tibete, e finalmente Lama Tsongkhapa e os mestres Gelugpa que vieram depois dele. A oração é concluída com o *Alicerce de Todas as Perfeições,* de Tsongkhapa, que proporciona ao meditante um lembrete dos pontos principais do *Lam Rim*. O ideal é que, depois de ler a oração, o praticante sente-se em meditação silenciosa por no mínimo meia hora.

Esse texto foi originalmente incluído pelo terceiro Dalai Lama na *Essência do Ouro Purificado*. Contudo, mediante permissão do falecido Kyabje Ling Rinpoche, tutor sênior de Sua Santidade o Dalai Lama, aqui eu o coloquei sozinho. Ele não se encaixa harmoniosamente no meio da *Essência* do ponto de vista do leitor ocidental, para quem interrompe o fluxo e perturba o tom de um trabalho que, de outra forma, é uma prosa clara. Entretanto, isolado, ele funciona muito bem como um texto independente. De fato, é mais comum encontrar uma oração de linhagem como essa no final de um tratado e não no meio. O primeiro Dalai Lama, por exemplo, faz exatamente isso em seu comentário curto para a tradição *Lojong* de Atisha.[12]

Também forneci como apêndice a tradução de uma biografia tradicional do terceiro Dalai Lama extraída de uma coleção de material biográfico intitulada *Lam Rim Lagyugi Namtar* (em tibetano, *Lam-rim-bla-rgyud-gi-rnam-thar)*, ou *Vidas dos Gurus da Transmissão Lam Rim*, o *magnum opus* de Tsechokling Kachen Yeshe Gyaltsen, o guru do oitavo Dalai Lama. Esse trabalho é uma fonte maravilhosa de conhecimento histórico, traçando a biografia dos principais mestres indianos e tibetanos na linhagem da transmissão *Lam Rim*, do Buda até o final do século XVIII. Relatos sobre todos os nomes listados pelo terceiro Dalai Lama em *Um Rito Preliminar Lam Rim* são encontrados na excelente história de Tsechokling. Sua biografia do terceiro Dalai Lama oferece um excelente retrato da vida, do tempo e das principais façanhas do mestre.

Os ensinamentos do terceiro Dalai Lama tiveram profundo efeito sobre o desenvolvimento da Ásia. Desejo sinceramente que seus ensinamentos também possam mostrar-se úteis ao Ocidente. Ele não disse nada que o Buda ou Tsongkhapa não tenham dito; mas reafirmou as palavras deles de um modo que deu a elas um novo significado. Por esse motivo, a *Essência do Ouro Purificado* é tão popular em círculos mongóis e tibetanos hoje quanto era há 400 anos.

Para encerrar, devo dizer algo a respeito de meu sistema de romanização dos nomes e termos tibetanos e sânscritos. Em geral, tentei simplificar a apresentação destes nomes e termos. A grafia tibetana formal é abundante em letras mudas – prefixos, sobrescritos, subscritos e sufixos – que ou são totalmente insonoras na fala, ou alteram por completo a pronúncia

INTRODUÇÃO

da letra-raiz da sílaba. Por exemplo: *mKhas-grub* é pronunciado simplesmente *Khe-drub;* e *bsTan-pa* é pronunciado *ten-pa* etc. Pareceu-me mais sensato escrevê-las como soam, e não como são transliteradas, exceto nos casos em que julgo a grafia formal relevante. Neste caso, a palavra é colocada entre parênteses, assim: (em tibetano, *grags-pa).* Contudo, nas notas e na bibliografia, o tibetano é todo apresentado em transliteração plena.

Agradecimentos

Gostaria de agradecer à generosa assistência das seguintes pessoas no desenvolvimento e preparação deste livro: S. S. o Dalai Lama, Kyabje Ling Rinpoche, Ven. Denma Locho Rinpoche e seu tradutor Tubten Tardo, Geshe Tsering do Mosteiro de Ganden, senhora Diane Short, Kevin Garreth, Tsepak Rigzin, Lozang Dawa, senhora Roberta Mandell, Vivienne Stewart, Hilary Shearman, Wayne Schlepp, Geshe Lobzang Tenpa, Geshe Tashi Wangyal, Gyatso Tsering e a equipe da Library of Tibetan Works and Archives, e Ven. Zasep Tulku.

Se essa versão atiçar uma faísca do espírito universal da iluminação dentro de um único leitor, emitirá uma onda de energia positiva que irá perdurar até o fim dos tempos. Mas isso também não passa de um piscar do olho cósmico.

Glenn H. Mullin
Ottawa, Canadá, 1994

A natureza da instrução

Tsongkhapa

Sua Santidade:

O Buda fez grandes esforços para despertar e consumar a mente de iluminação visando beneficiar os incontáveis seres sencientes. Relatos de seu treinamento podem ser lidos nas *Histórias Jataka,* bem como em vários Sutras e trabalhos posteriores. Após obter a iluminação, ele girou a Roda do Dharma para seres afortunados, revelando o que deve ser superado e o que deve ser aperfeiçoado a fim de se transcender os estágios e níveis que conduzem a nascimento mais elevado, liberação e perfeição onisciente. De fato, os seus ensinamentos são como um olho por meio do qual pode-se ver todos os níveis da realidade, um remédio fabuloso capaz de abrir as portas da sabedoria convencial e absoluta. Esses métodos cristalinos foram transmitidos e esclarecidos por uma cadeia ininterrupta de mestres indianos como Nagarjuna e Asanga. Por fim, espalharam-se pela Índia, sudeste da Ásia, China, Japão, Coreia, Nepal, Tibete e toda a Ásia Central. Nesses países, o Dharma puro foi moldado e formatado de acordo com as experiências dos mestres da linhagem, que expressaram os ensinamentos da maneira mais adequada à época, cultura e aptidão daqueles que treinavam sob sua orientação. Por isso, o Budismo veio a ter muitas faces, mas a essência de todas as transmissões válidas permanece a mesma: superar a negatividade, aumentar a bondade e cultivar e liberar a mente.

O Budismo foi transmitido por meio de várias linhagens no Tibete. Embora cada uma delas manifeste maneiras levemente diferentes de apresentar os ensinamentos de acordo com as necessidades dos discípulos e com a época e a região do Tibete onde as linhagens foram introduzidas, as diferenças não são tão importantes, tendo em vista que todas aceitam os quatro selos da doutrina budista, todas praticam um caminho que combina Sutrayana e Vajrayana, e todas possuem métodos pelos quais a iluminação pode ser atingida em uma única vida. Da mesma forma, existem diferenças em detalhes da prática do Budismo Theravada, Chinês, Japonês e Tibetano; não obstante, o fio essencial de que são tecidas é a substância fundamental das palavras de ouro do Buda. As diferenças são apenas ornamentos colocados sobre a trama para deleitar praticantes com necessidades específicas. Não precisamos de uma só forma de Budismo, assim como o mundo não requer só uma religião. Embora todos os humanos sejam iguais, cada um de nós tem uma formação individual, uma maneira única de ver e apreciar as coisas, gostos espirituais e filosóficos pessoais. Da mesma forma que o mundo desenvolveu uma variedade de alimentos para satisfazer os caprichos individuais de diferentes pessoas, a variedade de religiões e temas dentro das religiões é algo positivo, proporcionando caminhos para um espectro mais amplo de praticantes. No Tibete, encorajamos esse tipo de liberdade religiosa pessoal a ponto de ter surgido o ditado: "Cada lama é a sua própria seita". A diversidade é tanto linda quanto necessária.

Embora no último século tenha-se assistido um grande declínio no interesse religioso em todo o mundo, a esperança de que a abordagem materialista desprovida de alicerce espiritual pudesse trazer felicidade duradoura evaporou-se rapidamente ao longo da última década. As pessoas estão uma vez mais começando a apreciar a necessidade de desenvolvimento interior em oposição à costumeira existência animal elementar. Tecnologia e empenho materialista não são forças negativas em si, mas, quando não casados com treinamento espiritual, não trazem nenhum conhecimento e felicidade mais profundos à mente e são muito perigosos para o mundo. Bombas, poluição química e sociedades de estado policial controladas por espionagem ultramoderna e equipamentos mortais são alguns exemplos. Existe grande esperança para o nosso mundo se a tecnologia e o desenvolvimento espiritual puderem seguir de mãos dadas; mas, se continuarmos no rumo atual de usar nosso conhecimento tecnológico e científico para pouco mais do que exploração de gente e de recursos, para poder político e atividades de intriga internacional, será muito difícil dizer o quão desagradáveis os resultados poderão ser.

Muitas tradições espirituais ainda florescem em todo o planeta. A grande falta não está nos ensinamentos, mas sim no fato de não termos inclinação para estudar e praticar. Existem muitos mestres vivos hoje em dia, e eles podem nos mostrar caminhos e práticas, mas não nos dedicamos a treinar com eles. Quem podemos culpar a não ser nós mesmos se por causa disso não geramos experiência espiritual?

Terceiro Dalai Lama:

> Aos pés dos mestres consumados,
> personificação das Três Joias,
> volto-me profundamente em busca de inspiração espiritual:
> concedam a mim seus poderes transformadores.

Eis aqui, para seres com inclinação espiritual que desejem tirar vantagem das oportunidades propiciadas pela vida humana, um tratado da tradição *Lam Rim* de meditação, uma tradição conhecida como *Estágios do Caminho Espiritual que Leva à Iluminação*.

O que é a tradição *Lam Rim*? É a essência de todos os ensinamentos do Buda, o caminho único trilhado pelos seres elevados do passado, presente e futuro, o legado dos mestres Nagarjuna e Asanga, a religião das pessoas supremas que viajam para a terra da onisciência, a síntese integral de todas as práticas incluídas dentro dos três níveis de prática espiritual. Essa é a tradição *Lam Rim*.

O *Lam Rim* é um aspecto especialmente profundo do Dharma, pois é uma tradição de efeito prático por origem. Não tem nem falha nem defeito, pois é um treinamento completo, unindo tanto os aspectos de método quanto de sabedoria do caminho. Oferece todos os níveis e graus das técnicas passadas por Nagarjuna e Asanga, desde as práticas para iniciantes até a técnica final antes do estado de buda pleno, o estágio da não prática.

Esse Dharma estruturado de origem imaculada é como a joia que realiza desejos, pois, por meio dele, infinitos seres podem fácil e rapidamente atingir seus propósitos. Combinando os rios dos excelentes ensinamentos das escrituras do Hinayana e do Mahayana, é como um oceano poderoso. Revelando os pontos principais do Sutrayana e do Vajrayana, é uma tradição completa, com ensinamentos completos. Delineando as principais técnicas para domar a mente, é facilmente integrado a qualquer prática e, sendo um ensinamento que combina as linhagens de Guru Vidyakokila, um sábio da Escola de Nagarjuna, e de Lama Serlingpa (Dharmakirti), um sábio da Escola de Asanga, é um ornamento precioso. Portanto, ouvir, contemplar ou meditar a respeito de um discurso *Lam Rim* é algo de fato afortunado.

Para citar a *Canção dos Estágios do Caminho Espiritual*, de Je Rinpoche:

> De Nagarjuna e Asanga,
> expoentes de toda a humanidade,
> ornamentos entre os sábios do mundo,
> vem a sublime linhagem Lam Rim,
> preenchendo todas as esperanças dos praticantes.
> É uma joia que realiza desejos,
> combinando os fluxos de milhares de ensinamentos;
> é um oceano de excelente orientação.

Sua Santidade:

Os dois formuladores indianos da linhagem *Lam Rim* são Nagarjuna e Asanga, e ambos foram profetizados pelo Buda Shakyamuni em muitos Sutras e Tantras. A fonte última da linhagem, contudo, é o próprio Buda Shakyamuni,[13] que, em termos de bondade pessoal para com os seres dessa época, é um lótus branco entre milhares de budas desse éon afortunado. O Buda Shakyamuni girou a roda de 84 mil ensinamentos, que foram passados a seus sucessores por meio de duas linhagens principais: a linhagem da sabedoria profunda que chegou a Nagarjuna e a linhagem do método de vastas atividades que acabou chegando em Asanga. Ambos os mestres estudaram extensivamente, fizeram retiros intensivos e obtiveram grandes realizações. Escreveram numerosos textos elucidando a doutrina e a estruturando para estudo e prática efetivos. Por fim, essas duas linhagens chegaram a Dipamkara Atisha, que as unificou e levou para o Tibete.

A NATUREZA DA INSTRUÇÃO

Quando solicitado a ensinar um método de tradição oral que fosse o mais adequado à índole do povo tibetano, ele transmitiu os ensinamentos *Lam Rim*. A tradição tem sido passada adiante em uma linhagem ininterrupta desde aquela época até hoje.

O *Lam Rim* é um ensinamento dos mais excelentes, pois incorpora todas as instruções dadas pelo Buda, inclusive as do Sutrayana e do Vajrayana. Contendo ensinamentos básicos, bem como elevados, pode ser praticado por pessoas de todos os níveis de inteligência e desenvolvimento. Assim, é um vasto oceano contendo as joias de cada método do Dharma, joias que produzem benefícios que se estendem não só aos limites dessa vida, mas que vão além em existências futuras, até as metas de liberação e iluminação onisciente. Caso sejamos capazes de completar as práticas fundamentais do *Lam Rim* e nos dedicarmos aos extraordinários treinamentos do Tantra Superior, torna-se possível até mesmo a iluminação plena em uma só vida.

A meta no começo da prática *Lam Rim* é obter uma apreciação do potencial humano e ficar ciente da natureza insatisfatória das existências inferiores. Então ficamos atentos às leis kármicas da evolução e buscamos inspiração nos Iluminados, nos Ensinamentos e na Comunidade Espiritual. A meta no estágio intermediário da prática é transcender a esperança de um nascimento elevado e inspirar a mente a buscar o nirvana, ou liberação das formas mais sutis de sofrimento samsárico. Como o nirvana é consumado por meio de treinamentos superiores em disciplina, meditação e sabedoria, essas práticas são introduzidas aqui. Por fim, quando a estabilidade nesses dois níveis foi completada, contempla-se como todos os seres, e não apenas o indivíduo, estão imersos no sofrimento samsárico. Dessa maneira, gera-se a mente bodhi, a atitude Mahayana de responsabilidade universal que almeja a obtenção da iluminação onisciente como método supremo de beneficiar o mundo. Entra-se a seguir na prática das seis perfeições, nas quatro maneiras de reunir os praticantes, e nos dois estágios do Tantra, como métodos oportunos para se completar a iluminação e beneficiar tanto a si mesmo quanto a todos os outros sem exceção, de maneira final e absoluta.

Esse é o vasto e profundo espectro das práticas do *Lam Rim* conforme incorporadas por Atisha no curto tratado *A Lâmpada para o Caminho da Iluminação*. Atisha passou a transmissão para Lama Drom Tonpa, que a dividiu em três linhagens, repassadas para os três Irmãos Kadampa. Esses três mestres da ordem Kadampa propagaram amplamente os ensinamentos *Lam Rim*. A linhagem oriunda deles – *Shungpawa* ou Tradição Escritural, *Man-ngapa* ou Tradição Oral e *Lam Rimpa* ou Tradição Experiencial – tornou-se conhecida como as "Três Correntes Kadam". Lama Tsongkhapa recebeu as três linhas e as unificou de novo. De acordo com a natureza das "Três Correntes", ele compôs três comentários à *Lâmpada para o Caminho da Iluminação,* de Atisha.

No primeiro comentário, a *Grande Exposição dos Estágios do Caminho Espiritual,* Tsongkhapa deixa de lado as ramificações e seções dos ensinamentos e vai direto às práticas essenciais, colocando especial ênfase na concentração meditativa e no *insight* profundo. Essa parte do trabalho é apresentada a partir de suas reflexões pessoais e proporciona uma abordagem singular baseada nas meditações dele. O texto é abundante em citações de escrituras indianas antigas, indicando desse modo as fontes de várias práticas *Lam Rim*.

O segundo comentário de Tsongkhapa, *Uma Exposição Intermediária dos Estágios do Caminho Espiritual,* incorpora a tradição oral dos ensinamentos *Lam Rim*. Muito menor que a *Grande Exposição,* é menos enciclopédica e está estruturada para uma prática mais dinâmica.

Por fim, o terceiro comentário, *Uma Exposição Concisa,* também conhecido como *Canção dos Estágios do Caminho Espiritual,* é um poema que exprime as experiências dele no treinamento *Lam Rim*. A *Essência do Ouro Purificado,* do terceiro Dalai Lama, é no geral um comentário do significado dessa obra.

Ao longo dos séculos, muitas escrituras *Lam Rim* foram redigidas por grandes praticantes e gurus da linhagem. Dessas obras, uma das mais importantes é a *Essência do Ouro Purificado,* do terceiro Dalai Lama. Ela permanece sendo um dos manuais mais populares desde sua composição, há cerca de 400 anos.

Na visão *Lam Rim*, o impulso mais profundo de todos os seres sencientes é experienciar a felicidade e evitar o sofrimento. Diferentes culturas ao redor do mundo fizeram muitas investigações sistemáticas sobre como essas metas podem ser atingidas. Surgiram muitas filosofias sobre a felicidade humana e desenvolveram-se muitos métodos pelos quais a felicidade pode ser obtida. Contudo, a maioria desses métodos almeja produzir um tipo de felicidade que abarca apenas os limites dessa vida. Sua base e alcance são fundamentalmente materialistas. Demonstram uma espantosa falta de conhecimento sobre a morte e sua importância e sobre os processos espirituais que dão paz à mente nesta vida, bem como sobre o conhecimento que possibilita que se entre no estágio pós-morte com intrepidez e competência. Nesse contexto, o Buda Shakyamuni disse: "Aquele que teme quando não há motivo para temer é um tolo. Aquele que não teme quando há motivo para temer é um tolo. Ambos saem do caminho". Ignorar a morte e suas implicações não vai impedir a nossa morte, nem vai nos ajudar a entrar no estado pós-morte com qualquer grau de maturidade espiritual.

A dificuldade de uma interpretação puramente materialista da vida é que, somada ao fato de ignorar toda uma dimensão da mente, não lida de modo eficiente com os problemas dessa vida. Uma mente materialista é uma mente instável, pois sua felicidade é construída sobre circunstâncias transitórias, físicas. A doença mental é tão alta entre os ricos quanto entre os pobres, o que é um claro indicativo das limitações dessa abordagem. Embora seja essencial manter-se uma base material razoável para viver, a ênfase na vida deve ser cultivar as causas mentais e espirituais de felicidade. A mente humana é muito poderosa e nossas necessidades mundanas não são tão grandes que devam demandar toda a nossa atenção, especialmente à luz do fato de que o sucesso material resolve apenas uns poucos desafios e problemas enfrentados por homens e mulheres durante a vida, e não faz nada por eles na morte. Entretanto, ao se cultivar qualidades espirituais como harmonia mental, humildade, desapego, paciência, amor, compaixão, sabedoria e assim por diante, fica-se equipado com um vigor e inteligência capaz de lidar de modo eficiente com os problemas dessa vida; e, como a riqueza que se está amealhando é mental em vez de material, não terá que ser deixada para trás na morte. Não há necessidade de se entrar no estado pós-morte de mãos vazias.

É certo que todos nós vamos morrer. Embora o que ocorra com a mente após a morte do corpo não possa ser examinado e demonstrado aos olhos como um fenômeno material, a partir dos relatos dos sábios, dos filósofos e das pessoas clarividentes, resta pouca dúvida de que a mente continua a evoluir. Além disso, os tipos de seres vivos que existem não se limitam àqueles que possuem corpos físicos grosseiros como as pessoas, animais, insetos etc. que presenciamos à nossa volta. Não apenas o Budismo, mas muitas culturas espirituais independentes em todo o mundo perceberam a existência de outros reinos, como os seres dos infernos, fantasmas, vários seres celestiais e assim por diante.

Não é da natureza da evolução samsárica que a morte seja seguida pelo nada, nem que os humanos sempre renasçam como humanos e os insetos como insetos. Pelo contrário, todos carregamos dentro de nós as potências kármicas de todos os reinos da existência cíclica. Muitos seres transmigram dos reinos superiores para os inferiores e outros dos inferiores para os superiores. A seleção de um local de renascimento não está diretamente em nossas mãos, mas é condicionada por nosso karma e nossas delusões. Aqueles que possuem entendimento espiritual podem controlar seu destino na hora da morte, mas para os pessoas despreparadas o processo é uma reação automática em cadeia de sementes kármicas e padrões psíquicos habituais de resposta. Totalmente despreparadas para as situações espirituais com que são confrontadas após a morte, pessoas comuns são lançadas em um acesso de confusão e terror. Incapazes de reconhecer ou relacionar os estados de consciência que surgem, buscam um útero para escapar da dor, e vagam até encontrar o reino e as condições mais adequadas a seu nível espiritual e às forças kármicas de ações prévias que as impelem.

A morte guarda esperanças muito reduzidas para pessoas comuns sem experiência espiritual. Tendo passado a vida inteira ignorando a morte e refugiando-se em pensamentos a respeito, quando são atingidas por ela, essas pessoas ficam completamente chocadas e perdem toda a coragem e confiança. Tudo que as confronta é desconhecido, pois nunca ocuparam-se em aplicar métodos que revelem a natureza da mente, nascimento, vida e morte. O controle sobre a própria evolução futura deve ser conquistado em vida e não na hora da morte. O yogue Milarepa disse: "Temendo a morte, dirigi-me para as montanhas. Agora realizei a natureza última da mente e não preciso mais ter medo". A causa-raiz do desenvolvimento espiritual de uma pessoa é ela mesma. O Buda disse:

A NATUREZA DA INSTRUÇÃO

"Somos o nosso próprio salvador, ou somos o nosso próprio inimigo". Até o momento vivemos em grande parte sob o poder das delusões e, como resultado, embora desejemos a felicidade de modo instintivo, criamos apenas causas de frustração e dor. Desejamos evitar o sofrimento, mas como nossa mente não é cultivada na sabedoria, corremos direto para o sofrimento, como uma mariposa capturada pela luz de uma chama.

Nossa repetida experiência de frustração, insatisfação e miséria não tem condições externas como causa-raiz. O problema é principalmente nossa falta de desenvolvimento espiritual. Como resultado dessa deficiência, a mente é controlada basicamente por emoções aflitivas e ilusões. Apego, aversão e ignorância, em vez de um espírito livre, amor e compaixão, são as forças diretivas. Reconhecer essa simples verdade é o começo do caminho espiritual.

Nossa condição atual não é algo infundado, nem é provocada pelo acaso. É algo que nós mesmos construímos com constância por meio de uma série de decisões passadas e de ações de corpo, fala e mente surgidas a partir delas. Pôr a culpa em uma pessoa ou coisa é apenas uma fonte de mais confusão e negatividade, aumentando a dificuldade em vez de resolvê-la.

Como se pode romper o ciclo de evolução compulsiva e descontrolada? Apenas indo à causa-raiz, a mente deludida que nos amarra e controla e faz com que nos envolvamos na interminável cadeia de comportamentos sem sentido e negativos que nada mais fazem além de fatigar o espírito. O Buda disse: "A mente é a precursora de todos os eventos". Um sábio com uma mente de sabedoria, compaixão e poder mantém-se na alegria e cria apenas causas para alegria. De modo oposto, quanto mais deludido se é, mais miserável é a condição atual e poucas são as causas de alegria criadas pelas atividades ao longo da vida. Pessoas espiritualmente desenvolvidas beneficiam a si mesmas e aos outros como uma expressão espontânea de seu estado de ser exaltado, ao passo que pessoas não desenvolvidas apenas trazem sofrimento e confusão para si mesmas e para os outros. A presença de uma delusão dentro da mente cria tensão e seus efeitos sobre o fluxo de atividades da pessoa criam infinitas sementes de problemas futuros. Uma mente de serenidade traz paz e calma ao ambiente onde quer que vá, ao passo que uma mente negativa espalha apenas negatividade. Se queremos felicidade para nós mesmos e se queremos dar felicidade aos outros em nossos contatos com eles, não há alternativa a não ser cultivar um estado de harmonia espiritual dentro de nosso fluxo mental. Quando o estado de consciência foi purificado dos elementos distorcidos e das aflições emocionais, quando a ignorância é substituída pela sabedoria e a fraqueza pela força, então o fluxo de atividades que surge de modo espontâneo dá origem a incontáveis sementes de felicidade e alegria.

A felicidade espiritual não é como aquela obtida por meio de sucesso material, político ou social, que pode ser roubada de nós por uma mudança das circunstâncias a qualquer momento e que, de qualquer modo, será definitivamente deixada para trás na morte. Como a felicidade espiritual não depende unicamente de condições enganosas como apoios materiais, um ambiente particular ou uma situação específica, então, mesmo que estes sejam retirados, ela terá outros apoios.

Purificar a mente significa opor-se a todas as fontes de distúrbio emocional e delusão e extirpá-las – tanto aquelas inatas quanto as formadas de modo conceitual –, junto com as sementes dos instintos kármicos prévios que acumulamos em nosso fluxo mental ao longo de vidas desde tempos imemoriais. Quando as delusões são totalmente removidas, já não mais se possui as condições mentais que levam à criação de mais karma negativo futuro; e, quando as sementes de karma negativo são purificadas, já não se carrega mais dentro de si as causas de frustração e miséria. É por isso que pessoas que buscam a felicidade e desejam superar o sofrimento são sábias ao se empenhar em métodos espirituais.

Em *Carta a um Amigo,* Nagarjuna escreveu: "Desejamos a felicidade, mas perseguimos a dor. Desejamos evitar a dor, mas corremos direto para ela". Isso significa que desperdiçamos nosso tempo em comportamentos superficiais e negativos em vez de cultivar disciplinas espiritualmente sadias. Se desejamos eliminar o controle que o karma e a delusão exercem sobre nosso fluxo mental, devemos aplicar um método eficiente. Todos os seres buscam a felicidade, mas a maioria deles, carecendo de conhecimento sobre como obtê-la, encontram-se continuamente imersos em frustração e dor. O que precisamos é de uma abordagem eficiente.

Não existe reino do samsara onde não tenhamos nascido, nenhum prazer samsárico que não tenhamos desfrutado, e nenhuma forma de vida que não tenhamos conhecido ao longo de nosso incontável fluxo de vidas passadas. Contudo, mesmo agora, como humanos, a maioria de nós age como animais cegos, incapazes de discernir os padrões de vida a se desdobrar dentro de nós, deixando metas espirituais para trás e perseguindo apenas as necessidades biológicas e emocionais dos sentidos. Alheios por completo aos métodos espirituais que produzem alegria duradoura, admiramos o ignóbil e temos aversão ao nobre. Em vez de nos entregarmos a atividades vãs e negativas, devemos levar em conta as palavras de Kuntang Rinpoche: "Tendo encontrado um raro e precioso renascimento humano, proteja-o com o cajado da presença mental. Estenda-o ao reino da liberação".

No momento em que temos um corpo e mente humanos, e nos deparamos com os ensinamentos profundos do Grande Caminho, devemos tirar vantagem da oportunidade e nos empenharmos em métodos espirituais. Se não praticarmos agora, enquanto temos uma encarnação das mais adequadas para atingir a iluminação, que esperança temos de progresso para o futuro? Muitas espécies de seres sencientes, tais como cachorros e insetos que vivem perto de um templo, deparam com os ensinamentos, mas, sem ter uma base física ou mental apropriada, são incapazes de compreendê-los ou colocá-los em uso. Não importa quanto amor tenhamos por um animal: não somos capazes de ensinar a ele como meditar e cultivar qualidades espirituais. Sempre que Atisha encontrava um cachorro, ele o afagava com carinho e sussurrava em sua orelha: "Por causa de suas ações kármicas prévias negativas, você agora é incapaz de praticar os ensinamentos sagrados". Atisha não fazia isso por falta de compaixão, mas sim porque o cachorro carecia de uma base apta para a prática, e ele desejava depositar um instinto sobre os ensinamentos no fluxo mental do animal.

Diferente dos animais, nós, seres humanos, somos capazes de nos envolvermos em meditações superiores e de atingir a iluminação em uma só vida. Além disso, se nos envolvemos em comportamentos negativos e visões erradas, em vez de nos aplicarmos nos métodos espirituais, ou se nascemos em regiões remotas onde a linhagem de instrução não existe, nossa vida humana não nos dá as mesmas oportunidades de crescimento. Embora o Tibete, por exemplo, tenha sido durante séculos um país rico no estudo e prática do Grande Caminho, os chineses proibiram atividades espirituais lá já faz várias décadas. A falta dessa liberdade básica é um grande obstáculo para a obtenção da iluminação. Aqueles de nós que têm a oportunidade de estudar e meditar são de fato afortunados. Como disse Shantideva: "Agora que temos a capacidade e nos deparamos com os ensinamentos, devemos nos empenhar na prática espiritual".

A vida humana é algo raro e precioso, e também bastante impermanente. Mesmo enquanto estamos aqui sentados, ela está passando por mudanças contínuas. Se olharmos ao redor e nos perguntarmos quantos de nossos amigos e conhecidos morreram no último ano, a sempre presente realidade de nossa natureza impermanente torna-se óbvia. Quando alguém morre, há uma grande dor e lamentações de parte dos amigos e parentes, mas não muito depois esse sentimento desaparece. O corpo é cremado ou enterrado, todos os bens são distribuídos e logo, até mesmo o nome do falecido está esquecido. Em termos intelectuais, todos nós estamos cientes de que vamos morrer, mas a mente sempre tenta isolar-se desse fato. De algum modo nos sentimos imortais e imaginamos que a realidade de nossa morte esteja em algum lugar muito distante do futuro. Mas, a cada momento, ela se esgueira para mais perto, e nenhum de nós pode garantir que continuará vivo nem mesmo até hoje à noite.

Um aspecto da morte que mais aterroriza muitos seres é que de repente fica-se totalmente sozinho e sem apoio de nada a não ser o próprio conhecimento espiritual. Quando esse conhecimento é forte, a pessoa é capaz de lidar de maneira eficiente com cada circunstância que a morte traz; mas, quando é fraco, a pessoa deve entrar no perigoso caminho do bardo de mãos vazias. Então seu coração ficará cheio de arrependimento, e a pessoa perceberá o erro de não ter buscado metas mais profundas.

O Budismo fala das Três Joias de Refúgio – os Iluminados, os Ensinamentos e a Comunidade Espiritual. Em determinado sentido, os Iluminados são o refúgio máximo, porque são eles que dão os ensinamentos. Mas, na verdade, o refúgio máximo é o Dharma que eles ensinam, pois é por meio do estudo e da prática dos ensinamentos que obtemos a iluminação e proteção contra o sofrimento. Dharma aqui tem dois significados: a transmissão dos ensinamentos, que devem ser estudados e dominados, e a transmissão da realização, que deve ser obtida por meio da prática. É pela aplicação dos métodos do Dharma que removemos falhas, aumentamos as forças e damos origem ao *insight* e conhecimento que a existência dos Iluminados nos proporcionam. Desse modo, o Dharma é o objeto imediato de refúgio, e os Iluminados e a Comunidade Espiritual são os mestres e amigos no caminho.

Das três metas espirituais discutidas na literatura *Lam Rim* – renascimento elevado, liberação e iluminação completa –, a maior parte das religiões do mundo expõe métodos relativamente uniformes para se produzir um renascimento elevado como humano ou em um paraíso. Todas as escolas budistas expõem os dois primeiros caminhos – aqueles que conduzem a um renascimento elevado e ao nirvana, ou liberação da existência cíclica. Uma qualidade exclusiva do Mahayana é enfatizar caminhos que levam à onisciência. Dentro do Mahayana, apenas as escolas que contêm métodos tântricos têm capacidade de produzir iluminação completa em um ser humano em uma única vida; escolas baseadas somente nos métodos do Sutrayana devem trabalhar no princípio de estabelecer uma direção espiritual nessa vida que culminará em iluminação apenas depois de uma série de vidas futuras. Embora existam muitos níveis e formas de prática do Dharma, todos compartilham da meta fundamental de conduzir os seres sencientes da escuridão para a luz, da maldade para a bondade, da ignorância para o conhecimento.

Desde o início de nossa prática devemos cultivar a disciplina de abandonar comportamentos nocivos e destrutivos, e cultivar virtudes simples como bondade, paciência, não violência e assim por diante. Em vez de literatura inútil, devemos tentar ler as biografias e obras dos mestres do passado. Atentos a todas as atividades de corpo, fala e mente, devemos levar nossa vida tendo nossa prática como um tesouro interior, não como um ornamento para ser ostentado diante dos outros. Existe um ditado tibetano: "Mude sua mente; deixe o resto como está". Esse é um conselho particularmente bom para iniciantes.

Como seres humanos, temos uma oportunidade muito especial, uma oportunidade que não se encontra em formas de vida inferiores. A mente humana é algo muito singular e precioso. Possui uma elasticidade e capacidade de sabedoria incomuns, podendo evoluir a níveis não encontrados em outras formas de vida. Os seres humanos podem cair na mais profunda escuridão espiritual ou atingir o estado exaltado da iluminação perfeita. O que acontece conosco está em nossas mãos. Se cultivarmos nossa mente com métodos espirituais e gerarmos um estilo de vida e rumo positivos e criativos, sem dúvida seremos beneficiados. Por outro lado, se perseguirmos apenas metas superficiais e não prestarmos atenção às necessidades mais profundas da mente, estaremos destinados a cair em frustração e confusão.

Quando olhamos para as fontes de todos os problemas que confrontam a vida humana, em geral culpamos tudo, menos a causa-raiz: nossa falta de disciplina e de realização espiritual. Especialmente nessa era degenerada, em que a atmosfera do mundo é tão negativa e as condições a nossa volta favorecem o mau karma e as distrações inúteis, não ter a proteção do conhecimento espiritual significa estarmos totalmente indefesos contra a mente negativa. Quando as delusões dominam a mente, é certo que se seguem ações destrutivas e sofrimento. Desse modo, o círculo vicioso da existência samsárica pega-nos em sua corrente, e em pouco tempo somos incapazes de exercer sequer um arremedo de controle. Nossa vida passa em escuridão e a morte deixa-nos nus, com nada além de memórias de buscas infrutíferas para nos acompanhar pelas existências futuras.

Agora é o momento de extrair a essência da vida. Devemos olhar para os Iluminados, para as linhagens de transmissão espiritual e para a comunidade de praticantes consumados, e devemos nos dedicar aos ensinamentos. Isso não significa que hoje somos despreparados, e amanhã estaremos adaptados a todas as instruções, mas sim que estudamos e contemplamos os ensinamentos lenta e cuidadosamente, e a seguir avançamos através dos vários níveis de meditação. Nossa mente esteve familiarizada com os comportamentos samsáricos por incontáveis vidas, de modo que não devemos esperar que o caminho seja rápido ou fácil. Os pré-requisitos para o sucesso são esforço constante e persistente e uma mente clara e inquisitiva. Diferentes praticantes geram progresso espiritual de graus diferentes, dependendo de sua base kármica e do vigor e correção de sua prática, de modo que devemos nos dedicar sem expectativas. Um monge ocidental contou-me certa vez que, embora praticasse há cinco anos, não havia obtido resultados. Respondi que, como a mente dele não havia conhecido nada a não ser o samsara por milhões de vidas, ele deveria ser mais rigoroso e persistente em seus esforços. Se praticarmos bem, sem dúvida o progresso um dia se abrirá dentro de nós.

A natureza da instrução

Será que a prática espiritual realmente vale a pena? Será realmente possível eliminar de dentro de nós as forças que dão origem ao sofrimento? Como se diz: "A natureza última da mente é a clara luz". A consciência tem muitos níveis e, embora os níveis mais grosseiros sejam afetados pelas forças maculantes, o nível mais sutil permanece livre de negatividades grosseiras. No Vajrayana, o nível sutil de consciência é chamado mente de clara luz. As delusões e aflições emocionais, bem como a mente dual de certo e errado, amor e ódio etc. estão associadas apenas aos níveis grosseiros de consciência. Neste momento, estamos totalmente absortos na interação desses estados grosseiros; por isso devemos começar a prática trabalhando dentro deles. Isso significa encorajar de modo consciente o amor em vez do ódio, a paciência no lugar da raiva, a liberdade emocional em vez do apego, a bondade em vez da violência, e assim por diante. Fazer isso traz uma paz e calma imediatas à mente, tornando possível, por consequência, a meditação mais elevada. Tendo em vista que o apego ao eu e aos fenômenos como sendo verdadeiramente existentes é a causa de todo o vasto leque de estados distorcidos da mente, cultiva-se a sabedoria que elimina esse apego ao ego. Superar o apego ao ego é superar toda a hoste de distorções mentais.

As delusões não são algo sólido, não são fundamentadas na realidade. Elas simplesmente desaparecem quando aplicamos os antídotos meditativos. Como são baseadas em crenças profundamente enraizadas sobre uma realidade que não existe, são rapidamente extirpadas pela sabedoria e outras qualidades espirituais. É assim que a mente é separada das forças negativas dentro dela, e é assim que o sofrimento é superado para sempre.

Para alcançar a liberação do samsara, devemos aperfeiçoar os três treinamentos superiores: autodisciplina, concentração meditativa e sabedoria da vacuidade. Em certo sentido, o mais importante é a sabedoria da vacuidade, pois, quando entendemos a natureza vazia e não inerente do eu e dos fenômenos, as infindáveis formas de delusão que surgem do apego à existência verdadeira são eliminadas de maneira direta. Contudo, a fim de que o treinamento na sabedoria amadureça e se torne forte, deve-se primeiro desenvolver concentração meditativa; e, a fim de desenvolver e sustentar a concentração, deve-se cultivar o treinamento na autodisciplina, que acalma a mente e proporciona uma atmosfera propícia à meditação. Quando se pratica os três treinamentos superiores e se chega à perfeição, a liberação do samsara é definitiva.

Os três treinamentos superiores estão contidos basicamente no Veículo Hinayana, que no sistema *Lam Rim* de prática não se refere a uma escola de Budismo, mas sim a um conjunto de disciplinas e meditações a serem dominadas. Contudo, a substância do treinamento *Lam Rim* está contida no Mahayana. Como se faria em uma democracia, olha-se para as exigências de todos os seres e se pensa: "A maioria é mais importante do que apenas eu, que sou uma só pessoa. Além disso, nessa e em muitas vidas passadas os outros mostraram grande bondade para comigo. Como posso negligenciá-los trabalhando apenas para o meu próprio nirvana? Até mesmo minha capacidade para praticar os ensinamentos deve-se à bondade deles. Para retribuir, que eu possa sempre manifestar apenas benefícios para eles. Entretanto, como a dádiva absoluta é a dádiva da sabedoria, a fim de ser capaz de ajudá-los, devo primeiro desenvolver o *insight* nos níveis mais profundos da verdade. E como só os budas oniscientes têm poder e conhecimento completos que lhes permitem comunicar-se com os outros seres em plena harmonia com suas índoles e necessidades, devo me esforçar para atingir o estado de buda perfeito". Essa aspiração de obter a iluminação a fim de ser de máximo benefício para o mundo deve ser cultivada e sustentada até permear de modo espontâneo cada uma de nossas atividades, do sono à meditação. Base e essência do Grande Caminho, ela abre a porta para a prática das seis perfeições, das quatro maneiras de reunir praticantes e dos dois estágios do Tantra, e transforma cada um de nossos pensamentos, palavras e ações em causas potenciais para a iluminação completa.

Por isso, embora a *Essência do Ouro Purificado* do terceiro Dalai Lama seja um texto curto, contém um guia para o conjunto completo do pensamento e prática budistas, incluindo os métodos Hinayana, Mahayana e Vajrayana. Uma palestra a seu respeito pode ser dada em poucas horas, ou pode-se estender por muitos meses, ou até mesmo anos.

A principal fonte da tradição *Lam Rim* é a coleção dos Sutras-mães, ou os *Sutras sobre a Perfeição da Sabedoria,* proferidos pelo Buda Shakyamuni. Nagarjuna estudou-os com o Bodhisattva Manjushri e, após adquirir o entendimento final sobre o significado da doutrina da vacui-

A natureza da instrução

dade do Buda, escreveu importantes compêndios que foram considerados a base da visão do caminho do meio da Escola Madhyamaka, que é livre dos extremos filosóficos. A apresentação de Nagarjuna é definitivamente profunda, de modo que transcende as inconsistências lógicas das escolas budistas inferiores e chega de modo mais direto à intenção do Buda.

Outra fonte da abordagem *Lam Rim* do caminho é o *Ornamento da Compreensão Clara*,[14] de Maitreya. Diz-se que Asanga, insatisfeito com seu entendimento dos *Sutras sobre a Perfeição da Sabedoria*, entrou em um retiro de meditação intensiva que se prolongou por 12 anos. Entretanto, o retiro não teve êxito e, frustrado pela decepção, ele desistiu e foi embora. Na beira da estrada, encontrou uma cadela quase morta, infestada de vermes. Dentro dele brotou uma grande compaixão e Asanga decidiu remover os vermes. Para evitar feri-los, Asanga cortou uma tira de carne de seu próprio corpo para nela depositar os vermes. De repente, a cadela transformou-se no Bodhisattva Maitreya e os objetivos do retiro de Asanga foram preenchidos. Baseado em sua visão de Maitreya, Asanga posteriormente redigiu *O Ornamento da Compreensão Clara*, uma elucidação e resumo de todas as vastas doutrinas referentes aos caminhos, práticas e estágios encontrados nos *Sutras sobre a Perfeição da Sabedoria*. Com frequência é dito que o *Lam Rim* é fundamentalmente a instrução oral perfeita do *Ornamento da Compreensão Clara*.

Atisha, que levou a tradição *Lam Rim* para o Tibete, estudou por 12 anos com Serlingpa, um detentor da linhagem de Asanga, e muitas vezes é dito que, de seus 55 professores, Serlingpa foi o mais bondoso. Na vida de Atisha também foram muito importantes Vidyakokila, o Mais Moço, de quem recebeu a linhagem da sabedoria de Nagarjuna, e Rahulagupta da Montanha Negra, de quem recebeu muitas doutrinas tântricas.

O *Lam Rim* foi, então, passado por uma série de mestres Kadampa e, ao longo dos séculos seguintes, influenciou grandemente todos os ramos do Budismo Tibetano. Na Nova Kadam, ou ordem Gelug, o *Lam Rim* foi adotado como a abordagem fundamental para a prática do Dharma. No começo de sua *Grande Exposição*, Tsongkhapa declara claramente que a inspiração essencial em sua composição pode ser atribuída de modo direto a Atisha e sua *Lâmpada para o Caminho da Iluminação*.

O CAMINHO PARA A ILUMINAÇÃO

O autor da *Essência do Ouro Purificado* nasceu na região de Tolung no Tibete. Pouco depois de seu nascimento, um yogue clarividente que vivia na área profetizou que ele era a encarnação do recentemente falecido Gyalwa Gendum Gyatso (o segundo Dalai Lama). A notícia sobre a profecia espalhou-se, veio uma delegação que examinou o menino e colocou-o em uma lista de candidatos. Posteriormente, o Oráculo de Nechung garantiu que o menino era a verdadeira reencarnação de Gendum Gyatso e também uma emanação de Guru Padma Sambhava. Ainda jovem, Sonam Gyatso experienciou uma visão de Tsongkhapa. Muitas maravilhas desse tipo ocorreram em sua infância. Ele foi recebido em Drepung para ser educado, e lá estudou e praticou por muitos anos.

Uma piada bastante engraçada: como o nome do primeiro Dalai Lama era Gendun Drub e o do segundo era Gendun Gyatso, de acordo com a profecia o terceiro Dalai Lama foi originalmente chamado de Gendun Drakpa, "o famoso como Gendun". Mais tarde, quando foi ordenado por Panchen Sonam Drakpa, o Lama ancião mudou o seu nome para Sonam Gyatso. Os monges de Drepung reclamaram, mas não obstante ele conservou o nome. Assim, parece que ele viveu a vida inteira sob um nome que contradizia a profecia. Em suas obras, o quinto Dalai Lama criticou Panchen Sonam Drakpa por sua decisão incomum de mudar o nome de Gendun Drakpa.

Gyalwa Sonam Gyatso foi particularmente bondoso com as populações que na época viviam nas regiões mais remotas e primitivas da Ásia Central, passando o final da vida a ensinar, construir mosteiros e disseminar os ensinamentos do *Lam Rim* pela Mongólia e muitos lugares do leste do Tibete. Kumbum, o mosteiro que ele construiu em Amdo, tornou-se uma das maiores instituições monásticas do Tibete.

2

Três perspectivas sobre a prática

Sua Santidade:

A *Essência do Ouro Purificado,* do terceiro Dalai Lama, abre com um verso em homenagem a Jetsun Lama,[15] o mestre consumado. Aqui, *Je* refere-se à liberdade espiritual onde não existe atração por atividades grosseiras, e em vez disso a mente deleita-se na busca da bondade superior. A obtenção desse estado é a qualificação do primeiro dos três níveis da prática *Lam Rim*. *Tsun* refere-se à liberdade de espírito, na qual a mente não é atraída nem pelo nível mais elevado de perfeição samsárica, nem pelo êxtase da serenidade do nirvana. Esses estados são as qualificações do segundo e terceiro níveis de prática *Lam Rim*, respectivamente. As sílabas *je* e *tsun* também indicam a perfeição dos dois estados yogues do Tantra Superior e, por consequência, a obtenção da forma e sabedoria da iluminação plena. Em termos de passado, essa linha de homenagem dirige-se à linhagem dos gurus de transmissão; em termos de presente, significa o mestre ou mestres de uma pessoa; em termos de futuro, é feita para a própria pessoa como o refúgio resultante, um ser que há de alcançar a iluminação. Refletimos sobre esse Jetsun Lama no começo do texto a fim de adquirir inspiração e levar nosso estudo para uma estrutura propícia à assimilação espiritual.

O *Lam Rim* é chamado de essência de todo o ensinamento do Buda porque sua fonte principal são os *Sutras sobre a Perfeição da Sabedoria* e, com base nisso, apresenta um leque de caminhos e práticas que incorporam os ensinamentos de todo o Hinayana, do Mahayana geral e do Vajrayana secreto, provenientes do Buda. Como sua base principal são os *Sutras sobre a Perfeição da Sabedoria,* cujo tema é a natureza mais profunda da existência, trata-se do caminho percorrido pelos seres superiores do passado, do presente e do futuro, pois nada mais é do que o entendimento da verdade mais profunda que torna uma pessoa superior, no sentido de ficar acima das forças da delusão, das emoções aflitivas e dos instintos kármicos negativos. O *Lam Rim* incorpora as práticas dos três níveis, contudo, como sua meta é conduzir o praticante ao nível mais elevado – a realização da iluminação onisciente a fim de beneficiar o mundo –, é chamado "Dharma para os praticantes supremos".

O *Lam Rim* é como uma joia que realiza desejos, pois contém todas as diversos práticas pelas quais se pode obter toda alegria, força e nível de realização, incluindo o nirvana e o estado de buda. É um oceano no qual desaguaram as correntes de incontáveis linhagens indianas do Budismo e do qual podem ser retiradas as gemas de cada prática. Elas são apresentadas dentro de uma estrutura projetada para aplicação metódica e interpenetrante. Por exemplo, o primeiro tema de meditação discutido na *Essência do Ouro Purificado* – como cultivar atitudes corretas em relação ao mestre espiritual – não é ensinado unicamente conforme os métodos inferiores, mas é temperado com influências da filosofia do Tantra Superior. Essa abordagem de prática combinada é da máxima eficiência, pois a mente é amadurecida na direção das técnicas superiores mesmo quando a pessoa está empenhada unicamente nos métodos básicos; de modo inverso, mesmo quando absortos na prática tântrica mais elevada, mantemos um olho aberto para garantir que as disciplinas mais convencionais não sejam violadas. Desse modo, podemos preencher o ditado: "Uma prática externa do Hinayana, uma prática interna do Mahayana e uma prática secreta do Vajrayana esotérico". No *Lam Rim* esse leque de temas não se destina ao consumo intelectual, mas puramente à facilidade e eficiência da prática.

Um estudo do *Lam Rim* proporciona quatro grandes benefícios ao praticante: as várias doutrinas do Buda serão vistas como não contraditórias; os vários ensinamentos serão tomados como conselho pessoal; o pensamento do Buda será facilmente verificado e a pessoa se absterá do grande engano de abandonar qualquer aspecto do Dharma sagrado.

Três perspectivas sobre a prática

Terceiro Dalai Lama:

O ensinamento *Lam Rim* tem quatro facetas especialmente notáveis:

1. Revela como todas as várias doutrinas do Buda são não contraditórias.

Se a pessoa confiar no ensinamento *Lam Rim*, todas as palavras do Buda serão efetivamente compreensíveis. A pessoa verá que existem práticas-raiz e práticas derivadas, e que existem ensinamentos diretos e indiretos, sendo que todos almejam criar circunstâncias úteis ao longo dos estágios do desenvolvimento espiritual para um praticante.

Sua Santidade:

Buda caminhou pela Índia por quase 50 anos ensinando as pessoas conforme suas índoles individuais. Às vezes ensinou grandes yogues, eruditos e meditantes, às vezes reis e rainhas, às vezes pessoas comuns. Por consequência, suas palavras registradas possuem muitos níveis e propósitos, alguns dos quais pelo menos aparentemente contraditórios. Por exemplo, em determinados *Sutras sobre Disciplina* (Hinayana), vemos passagens descrevendo quais carnes podem ser comidas e quais são proibidas, ao passo que no *Sutra da Descida ao Lanka*, um tratado Mahayana, a carne é totalmente proibida; e em certas escrituras do Vajrayana somos exortados a comer carne. Quando estudamos e praticamos o *Lam Rim*, vemos como, em diferentes estágios do treinamento, ou para praticantes de índoles variadas, a classificação do que são métodos raiz e o que são métodos derivados evoluem de forma constante. Obtemos o embasamento para entender por que Buda ensinou certos métodos para determinados estágios da prática e tipos de praticantes, e métodos bastante diferentes para praticantes de estágios e índoles diferentes. Possuir esse entendimento nos proporciona a capacidade de ler qualquer tratado espiritual com compreensão, ou estudar qualquer linhagem de ensinamentos sem ficarmos confusos ou perturbados por aparentes contradições. A pessoa ficará habilitada a apreciar cada ensinamento por seu valor singular em situações, níveis de prática e tipos de praticante específicos.

Terceiro Dalai Lama:

2. Todos os vários ensinamentos serão tomados como conselho pessoal.

Os profundos ensinamentos dos Sutras e Tantras, bem como os tratados e dissertações escritos por mestres posteriores, e todos os níveis e ramificações da prática, serão vistos como métodos a ser usados para superar aspectos negativos da mente. A importância de todos os ensinamentos do Buda e de seus sucessores – desde o ensinamento sobre como seguir um mestre espiritual até aqueles sobre como perceber os aspectos mais profundos da realidade – será apreendida. A pessoa vai aprender a praticar meditação contemplativa sobre as palavras dos ensinamentos e a seguir meditação estabilizadora sobre os temas centrais daquelas palavras. Desse modo, todos os ensinamentos serão vistos dentro da perspectiva da vida pessoal e do progresso individual.

Sua Santidade:

Uma vez que se obtenha uma perspectiva global sobre os vários caminhos e práticas, tem-se condições de entender não apenas como todas as instruções espirituais são não contraditórias, mas também como todas devem ser adotadas e integradas no treinamento. Conforme Tsongkhapa escreveu em sua *Grande Exposição:* "Estaremos habilitados a avaliar quais práticas devem ser enfatizadas e aplicadas como métodos raiz nos vários estágios de nosso treinamento, e como todos os outros ensinamentos tornam-se então temporariamente secundários, instruções filiadas àquelas". Isso proporciona a capacidade de explorar de forma segura e benéfica o âmbito completo dos ensinamentos, de tal modo que todos os preceitos são vistos como instruções pessoais do Buda a ser aplicadas pela pessoa

TRÊS PERSPECTIVAS SOBRE A PRÁTICA

para a domesticação e cultivo da mente. Como no exemplo mencionado anteriormente, sobre comer produtos animais, quando nos dedicamos a certas práticas do Hinayana podemos comer apenas tipos específicos de carne e devemos excluir outros; em certas práticas do Mahayana geral e também no Kriya Tantra e assim por diante, a carne deve ser evitada por completo; e quando nos dedicamos ao Tantra Superior podemos comer carne de acordo com os ritos e meditações prescritos. Nesse sentido, todos os níveis de prática são vistos não apenas como não contraditórios, mas também como métodos a serem adotados pelo praticante para a geração e obtenção de várias qualidades espirituais.

Somado à apresentação de todas as práticas e técnicas a ser usadas no treinamento de uma pessoa, o *Lam Rim* nos proporciona um caminho satisfatório tanto prática quanto intelectualmente. Por exemplo, no treinamento *Lam Rim* em guru yoga, a pessoa não recebe apenas uma visualização ou uma contemplação simples para realizar, mas é encorajada a explorar os motivos para encontrar um guru e cultivar um relacionamento efetivo com ele. Essa combinação de aplicação meditativa e investigação intelectual é mantida em todo o *Lam Rim,* proporcionando ao aspirante espiritual um entendimento bem-acabado e sólido de todos os estágios do treinamento. Isso encoraja a confiança individual e o senso de responsabilidade pessoal, duas importantes qualidades no caminho budista.

Terceiro Dalai Lama:

> *3. O pensamento do Buda será facilmente verificado.*
> Claro que as palavras originais do Buda e as dos primeiros comentadores são ensinamentos puros, mas para um iniciante eles são esmagadoramente numerosos e, por consequência, é difícil sondar seu significado. Portanto, embora a pessoa possa estudá-los e contemplá-los, provavelmente não obterá a experiência de sua verdadeira essência; ou, mesmo que a obtenha, será necessário um esforço e um período de tempo tremendos. Entretanto, visto que a tradição *Lam Rim* tem como fonte a *Lâmpada para o Caminho da Iluminação*, de Atisha, que incorpora todos os vários ensinamentos

orais dos maiores mestres indianos, qualquer pessoa pode chegar fácil e rapidamente ao pensamento do Buda por meio dela.

Sua Santidade:

As palavras originais do Buda são vastas e extensas. Só o *Kangyur* (conjunto de palavras traduzidas do Buda) contém mais de uma centena de grossos volumes de escrituras, e o *Tengyur* (conjunto de trabalhos de mestres indianos posteriores) tem mais de 200 volumes. Um iniciante acharia muito difícil percorrer essa quantidade de material e, mesmo que alguém fosse capaz de ler todas essas obras, a chance de que fosse capaz de assimilá-las intelectualmente ou integrá-las na prática pessoal seria pequena. Como a maioria são sobre aspectos específicos do Dharma, seria difícil e tedioso estruturá-las dentro de uma prática efetiva. Contudo, contando com uma tradição oral como a *Lâmpada para o Caminho da Iluminação*, de Atisha, pode-se captar muito facilmente o âmago dos ensinamentos do Buda e rapidamente desenvolver uma prática abrangente de todos os ensinamentos dentro do próprio ser.

Terceiro Dalai Lama:

4. O grande engano de abandonar a linhagem do Dharma será coibido de modo espontâneo.

Quando se percebe a intenção do Buda, todos os ensinamentos diretos e indiretos são vistos como meios sábios e hábeis para satisfazer as diversas necessidades espirituais dos mais variados seres. Dizer que algumas linhagens do Dharma são métodos perfeitos e devem ser praticadas e que outras linhagens são imperfeitas e devem ser ignoradas é o karma chamado "abandonar o Dharma", uma grande negatividade, de fato. Contudo, se a pessoa estudar o *Lam Rim*, verá como todas as doutrinas do Buda e as linhagens provenientes dele são não contraditórias. Então o grande engano de abandonar um aspecto do Dharma jamais ocorrerá.

Três perspectivas sobre a prática

Sua Santidade:

Ao conquistar uma visão global dos caminhos e práticas, e a seguir contemplar por que, para quem e para qual natureza de treinamento o Buda os expôs, a pessoa passa a apreciar todos os ensinamentos com base nas premissas de cada um deles. Assim, fica a salvo de cair no maior dos pecados – que é dizer: "Esse ensinamento é excelente e aquele é inútil, essa seita é boa e aquela é ruim" etc.

Nos Sutras está dito que o sectarismo é um mal mais grave do que matar mil budas. Por que isso?

O objetivo essencial dos budas ao dar ensinamentos é eliminar tanto os estados equivocados da mente quanto a experiência de sofrimento. Atingir essa meta é também o motivo pelo qual eles trabalharam para atingir a iluminação. A única motivação dos budas é beneficiar os outros, e eles a preenchem por meio do ensinamento. Assim, desprezar qualquer um de seus ensinamentos é pior do que desprezar os budas. É isso que implica seguir uma tradição do Dharma e ao mesmo tempo depreciar as outras.

Além disso, os próprios budas respeitam todas as tradições de ensinamento, de modo que não fazermos o mesmo significa desonrar todos os budas. Existem muitas maneiras de se olhar essa citação dos Sutras. Qual é, por assim, dizer, o dever de um buda? Apenas ensinar o Dharma. E é o Dharma que levou aquele buda ao estado iluminado. No Budadharma não aceitamos a teoria de um criador; tudo depende da própria pessoa. Os budas não podem preencher seu desejo de ajudar os seres de modo direto. Podem fazer isso apenas por meio dos ensinamentos. Podemos dizer que eles têm uma incapacidade. Portanto, os ensinamentos que eles dão são mais preciosos e importantes do que eles mesmos. Devido às variadas capacidades e inclinações dos seres, os budas ensinaram várias filosofias e métodos de prática. Se seguimos um deles e, não obstante, menosprezamos os outros, abandonamos o Dharma e, por consequência, os budas também.

Terceiro Dalai Lama:

Essas são as quatro grandes facetas da tradição *Lam Rim*. Quem com qualquer senso comum não seria beneficiado ao ouvir um discurso a respeito disso, algo com que os afortunados da Índia e do Tibete contam há tempos, um ensinamento genuinamente elevado, para deleitar o coração, a tradição conhecida como os *Estágios do Caminho Espiritual* para os três níveis de prática espiritual?

Para citar Je Rinpoche sobre os quatro efeitos surgidos de ouvir, contemplar e meditar sobre um discurso *Lam Rim:*

[Por meio dele] percebe-se todas as doutrinas como não contraditórias,
 todos os ensinamentos surgem como conselho pessoal,
 a intenção do Buda é facilmente verificada
 e fica-se protegido do penhasco do maior dos enganos.

Desse modo, os sábios e afortunados da Índia e do Tibete confiam inteiramente nesse excelente legado
 [Conhecido como] os estágios das práticas dos três seres espirituais.
 Quem com uma mente resoluta não ficaria interessado nele?

Sua Santidade:

Pelo estudo e prática de um ensinamento de tradição oral que capta a essência de todas as escrituras, obtemos o benefício de estudar e praticar todos os ensinamentos. Contudo, a fim de acercar-se dessa doutrina essencial, de maneira que faça os efeitos benéficos amadurecerem em nós, devemos abordar nosso estudo e prática de forma correta. Isso significa que devemos limpar nossa mente de ideias preconcebidas e superstição, devemos fazer um esforço atento e devemos tentar manter consistência e regularidade em nossa prática. Estudar e praticar o Dharma com base em ideias preconcebidas é como despejar comida pura dentro de um pote contaminado; ser desatento é como tentar despejar comida dentro de um pote emborcado e ser irregular e inconsistente no estudo e na prática é como despejar comida dentro de um pote com um buraco no fundo. Se desejamos adquirir plenos benefícios a partir de nossos esforços, devemos substituir essas três atitudes erradas por imparcialidade, clareza e consistência na prática.

Devemos estar constantemente cônscios dos seis reconhecimentos: estamos espiritualmente enfermos; os Iluminados são os médicos; o Dharma é o remédio de que precisamos; a prática do Dharma é como seguir um tratamento médico; o Buda Shakyamuni foi o mais bondoso e gentil dos seres; essa linhagem de ensinamentos é dos mais preciosos e valiosos tesouros para a humanidade.

Terceiro Dalai Lama:

> Possuidora de tanto vigor e impacto, essa tradição capta o coração de todos os ensinamentos do Buda e o estrutura em etapas para evolução gradual por meio de experiências sucessivas do caminho, atravessando os três níveis de aplicação espiritual. Que abordagem do Dharma! Como sua grandeza poderia ser descrita um dia?
>
> Considere os efeitos benéficos de ouvir ou ensinar o *Lam Rim* mesmo por uma só vez que seja: surge um entendimento do Buda e seus ensinamentos e, por meio de atitudes puras e aplicação, a pessoa que é um vaso adequado para o Dharma colhe benefícios equivalentes àqueles obtidos por se ouvir todas as palavras do Buda. Assim, abandone as três atitudes erradas – comparadas a um pote sujo, um pote com um buraco no fundo e um pote emborcado – e gere os seis reconhecimentos. Dessa maneira, você será capaz de acumular a riqueza de abordar o tema de forma adequada. Quer esteja estudando ou ensinando um texto *Lam Rim*, faça-o de modo puro e intenso.

O caminho para a iluminação

Para citar Je Rinpoche:

Uma sessão ouvindo ou ensinando
essa tradição que incorpora a essência de todas as palavras do Buda,
acumula ondas de mérito equivalentes
a ouvir ou ensinar todo o Budadharma.

Como guru e discípulo
se encontram

3

Terceiro Dalai Lama:

Embora apenas ouvir o ensinamento *Lam Rim* com a atitude adequada seja em si uma experiência extremamente dinâmica, algo deve ser dito sobre as qualidades de um mestre do *Lam Rim*.

Sua Santidade:

A fim de percorrer em segurança os caminhos e estágios que desatam os nós da escravidão emocional e kármica, deve-se aplicar um método efetivo de forma correta. A maneira infalível de garantir a aplicação correta é confiar em um amigo espiritual plenamente qualificado, alguém que tenha realizado pessoalmente os frutos do treinamento espiritual e obtido a capacidade de comunicar suas experiências aos praticantes.

As escrituras do Vinaya (Hinayana), do Mahayana geral e do Vajrayana dão definições próprias das qualificações que um mestre competente deve possuir. Dentro do Vajrayana, os Tantras Inferior e Superior requerem qualificações específicas de um professor.

O motivo por trás da necessidade de qualidades diferentes no mestre conforme os diferentes tipos de estudo e prática é, simplesmente, que a natureza de qualquer nível específico de treinamento requer uma relação guru-discípulo específica. Em geral, quanto mais poderoso o método aplicado, mais qualificado deve ser o mestre. Por exemplo, deve-se confiar em um guru que seja um buda plenamente iluminado a fim de se engajar com sucesso nos yogas finais do Tantra Superior, ao passo que um discípulo que requeira orientação nas instruções inferiores necessita basicamente procurar alguém apenas bem embasado no ensino das escrituras e no *insight* das práticas relevantes. Contudo, a *Essência do Ouro Purificado* sugere que se procure um mestre que possua as seis qualificações básicas e as altruísticas citadas no *Ornamento dos Sutras do Mahayana*.

As três primeiras das seis qualidades básicas exigidas de um mestre do *Lam Rim* são os três treinamentos superiores. Embora tenham raízes no Hinayana, todas as seis podem receber interpretações do Hinayana, do Mahayana geral ou do Vajrayana.

A primeira é o treinamento superior na disciplina. A disciplina é o alicerce do caminho e um guru que não a possua não será capaz de inspirá-la em seus discípulos. Nesse caso, o resultado será que, mesmo que os discípulos empenhem-se nos yogas mais potentes do Tantra Superior, permanecerão como crianças brincando com soldadinhos de chumbo. O gelo sobre o qual é construído o palácio yogue deles derreterá ante os ventos quentes de verão trazidos pelos desafios da vida.

Em segundo lugar, um mestre do *Lam Rim* deve ter uma mente que repouse na serenidade da concentração meditativa, onde os níveis grosseiros das perturbações emocionais e psíquicas tenham sido subjugados. Sem isso, ele não terá conquistado muita experiência pessoal nos processos meditativos a ser ensinados, e não será capaz de gerar a terceira qualidade – o treinamento superior na sabedoria. Gurus sem *insight* nos níveis mais profundos da verdade serão de pouca valia como guias espirituais, pois suas mentes não estarão pacificadas quanto às delusões e, por consequência, seus ensinamentos não soarão conforme o Dharma puro. Gurus sem sabedoria são perigosos tanto para si mesmos quanto para os outros, pois todo o alicerce de sua experiência será distorcido. Eles podem facilmente manifestar qualidades como sectarismo e apego materialista, que são sintomáticos em mestres ineptos. A situação é de fato precária caso venham a conduzir estudante por tais caminhos.

A quarta e a quinta qualidades referem-se ao guru como detentor das transmissões escriturais e experienciais do Dharma. Um professor que detém ambas as transmissões será capaz de empreender difíceis e extensas práticas sem distorção ou erro, e terá condições de conduzir os discípulos através dos estágios do ensino em equilíbrio com a experiência interior. Um caminho que combina essas duas transmissões será sempre sólido e estável. Um mestre deve no mínimo ter mais conhecimento e *insights* sobre o tema em pauta do que o discípulo, e deve possuir também as quatro qualidades altruísticas mencionadas na *Essência do Ouro Purificado*.

Como todas as qualidades positivas benéficas para esta e para as futuras existências devem ser obtidas por meio do desenvolvimento da amizade com um mestre espiritual, isso deve ser tratado de modo sábio e cuidadoso. Não há muito propósito em se devotar a um mestre que apenas fará com que se perca tempo e que conduzirá a pessoa por experiências distorcidas dos ensinamentos. É melhor saber o que procurar em um guru e examinar qualquer provável mestre bem antes de se comprometer a praticar com ele.

O relacionamento com nossa prática deve ser baseado na razão e no senso comum. O tema principal a ser aprendido é a natureza dos dois níveis da realidade, cujos estágios podem ser abordados por uma combinação de audição, contemplação e meditação. É muito importante lembrar sempre da contemplação, que é a análise e investigação dos ensinamentos pelo uso da razão. As duas verdades falam sobre a realidade, não sobre alguma fabricação intelectual. Investigar o ensinamento de forma crítica é plenamente encorajado, do mesmo modo que estudante de medicina são encorajados a aplicar suas teorias na vida real e com isso testemunhar sua validez. O Budismo fala sobre a vida e a situação humana, e não é uma mera relíquia cultural do passado. O tempo passa, mas a natureza essencial dos problemas e mistérios mais profundos que os seres humanos encontram no curso de suas vidas permanece a mesma. A contemplação dos ensinamentos do Buda Shakyamuni é a mera contemplação de certas facetas da realidade, e fará desenrolar dentro de nós um entendimento mais profundo de nós mesmos, de nossa mente e da natureza de nosso senso de ser. Como os ensinamentos apenas apontam fatos-chave da vida, fatos que, se percebidos, fazem com que a pessoa evolua em rumos sadios, uma investigação crítica irá apenas inspirar confiança nos praticantes. Raciocine direito desde o começo, e então jamais haverá necessidade de olhar para trás em confusão e dúvida. É importante não irmos além de nossas possibilidades de aplicação.

A natureza essencial das duas verdades está presente em todas as ocasiões, embora não estejamos cientes disso. Assim, a visão de nossa mente não está sintonizada com a real natureza da realidade em que vivemos. O objetivo do caminho espiritual é propiciar essa sintonia. Quando seguimos um mestre que realizou as naturezas convencional e absoluta da realidade, nos colocamos em uma situação de imensa oportunidade. Como as escrituras foram bem detalhistas ao descrever as características de um amigo espiritual qualificado, devemos fazer a nossa parte e exercer pleno raciocínio em nossa escolha. As linhagens das transmissões budistas são bastante claras, e não é difícil averiguar se um determinado mestre recebeu treinamento adequado ou não. A seguir, temos que decidir se o guru em questão tem ou não uma personalidade e maneira de ensinar atraente para nossa natureza e sensibilidade. É difícil treinar com alguém se, ao chegar mais perto da pessoa, descobrimos que o jeito dela nos incomoda em tudo. Pense bem sobre o que significa um mestre espiritual, e a seguir trate do assunto com pleno uso do raciocínio crítico.

Terceiro Dalai Lama:

Em geral, as qualidades dos vários mestres dos métodos do Hinayana, Mahayana e Vajrayana são múltiplas, e qualquer mestre budista é um guru valioso; contudo, as qualidades específicas exigidas daqueles que discursam sobre a preciosa tradição *Lam Rim* estão descritas no *Ornamento dos Sutras do Mahayana:* devem ter realização, ou seja, seus fluxos mentais devem estar: 1 domados pela realização do treinamento superior na disciplina ética, 2 serenados pela realização do treinamento superior em concentração meditativa, e 3 completamente temperados pela realização do treinamento superior na sabedoria; 4 devem ter conhecimento autorizado das escrituras, ou seja, devem ter ouvido muitos ensinamentos sobre os Três Cestos das Escrituras e outros mais de mestres competentes; 5 devem possuir uma percepção que possa compreender a vacuidade; e 6 devem ter mais conhecimento e realização que os discípulo. Essas são as seis qualificações necessárias para os mestres do *Lam Rim*.

Eles também devem possuir as quatro qualidades altruísticas: 1 habilidade e criatividade espontânea na aplicação de métodos para gerar progresso nos discípulos, a quem ensinam movidos por uma motivação pura, livre de apego à riqueza, fama ou poder; 2 entusiasmo e alegria ao dispender tempo e energia ensinando; 3 diligência e perseverança no ensino, e 4 nunca devem perder a paciência com discípulos que praticam de forma insatisfatória.

Se você conseguir achar um guru que possua as seis qualidades pessoais e as quatro qualidades altruísticas, suplique por ensinamentos. E, depois, siga-os corretamente.

Sua Santidade:

A *Essência do Ouro Purificado* descreve a seguir as qualidades que um discípulo do *Lam Rim* deve possuir. A primeira é um espírito de indagação sincera. Se apenas lermos as instruções de modo irrefletido, ou lermos pensando: "Sou dessa ou daquela tradição, e isso é apenas Budismo Tibetano", ou: "Sou Kagyu, e isso é apenas doutrina Gelug", iremos nos fechar para a obtenção de qualquer benefício significativo em nosso estudo.

Ler a *Essência do Ouro Purificado* com atitudes preconceituosas é como pôr um brinco de ouro em um jumento, que é estúpido demais para distinguir entre ferro e um metal precioso. Atisha escreveu a *Lâmpada para o Caminho da Iluminação* quando solicitado pelo povo do Tibete ocidental a dar um ensinamento oral quintessencial talhado especialmente para os tibetanos; talvez o *Lam Rim* pudesse em certo sentido ser chamado "Lamaísmo". Mas, visto que sua fonte não é outra senão as doutrinas do Buda, reunidas e esclarecidas por mestres indianos profetizados como Nagarjuna e Asanga, cada tradição budista deve ser capaz de ver reflexos de suas próprias práticas ao longo do *Lam Rim*. Como o *Lam Rim* combina todas as práticas essenciais do Hinayana, do Mahyana geral e do Vajrayana, conforme são ensinadas e praticadas em linhagens ininterruptas desde o Buda Shakyamuni, seu estudo deve acentuar o treinamento da pessoa, independentemente de seita ou tradição.

Como eu disse antes, dentro do Budismo Tibetano os ensinamentos *Lam Rim* permeiam todas as seitas direta ou indiretamente. O próprio Marpa encontrou-se com Atisha no Nepal, onde trocou muitos ensinamentos com ele. Gampopa, o principal discípulo de Milarepa, era famoso por combinar as correntes da tradição *Lam Rim* de Atisha com a linhagem do Mahamudra de Milarepa. Quando Atisha foi ao Tibete e viajou para o norte a caminho de Toling, passou pela montanha que mais tarde se tornaria conhecida como Sakya, onde a seita Sakyapa haveria de estabelecer sua sede principal alguns anos depois. Atisha desmontou, prostrou-se na direção da montanha e profetizou o estabelecimento do Mosteiro Sakya e a sucessão dos primeiros patriarcas da escola. As próprias linhagens de Atisha, incluindo o *Lam Rim,* posteriormente haveriam de se tornar uma base fundamental e integral da doutrina Sakyapa.

Às vezes ouvimos dizer que o Gelugpa é intelectual demais e que seu uso da análise e do raciocínio são obstrutores da meditação e do caminho espiritual. Pessoalmente, acho isso uma conversa tola de gente com conhecimento limitado. O primeiro, segundo, terceiro, quinto e 13º Dalai Lamas praticaram amplamente dentro de todas as seitas do Budismo Tibetano, em particular dentro da ordem Nyingma. Esses Dalai Lamas também eram chamados "Lamas de Deprung" e "Detentores do Chapéu Amarelo", mas não obstante respeitavam todas as escolas igualmente e estudavam com mestres que detivessem linhagens que os interessassem, independentemente da seita. Ser refratário a uma escritura ou linhagem do Dharma por intolerância sectária é transformar um remédio sadio em veneno. O complexo de superioridade religiosa apenas faz da pessoa um tolo. Tenho ordenação e treinamento Gelugpa, mas as linhagens tibetanas são muito inter-relacionadas, e uma das principais meditações da Gelugpa é uma linhagem levada para o Tibete pelo fundador da Kagyu, Marpa Lotsawa. Trinta por cento do restante de minha prática centra-se em uma linhagem Nyingma. Também encontrei e troquei ideias com muitos mestres japoneses, theravadas e outros. A maioria dos lamas tibetanos pratica assim. Quando se entende a natureza do caminho espiritual, jamais há necessidade de se ver contradição entre os tipos de treinamento budista. O Buda não conferiu sua vasta série de ensinamentos apenas para confundir as pessoas quanto ao que é Budismo puro e o que não é, o que é superior e o que é inferior. Qualquer um que tenha obtido um entendimento fundamental sobre as intenções dos Iluminados pode ver o Dharma puro refletido em cada palavra de cada mestre, independentemente da tradição ou linhagem. Do mesmo modo que um viajante adotará trajes diferentes a fim de se adaptar ao clima de países diferentes, cada linhagem do Dharma emprega uma característica levemente exclusiva, conforme os tempos e a cultura onde se desenvolveu. Contudo, quando conferimos a fonte da linhagem, descobrimos que ela vem em uma sequência ininterrupta desde o Buda Shakyamuni. Talvez remonte ao Primeiro Giro da Roda e, como tal, esteja na categoria de práticas que tomam as Quatro Nobres Verdades, a renúncia e os três treinamentos superiores como pontos principais. Talvez venha do Segundo Giro e enfatize a visão do caminho do meio do Mahayana ou talvez pertença ao Terceiro Giro e esteja baseada na doutrina da mente apenas. A linhagem também pode ser um método Vajrayana transmitido de forma secreta ou uma tradição oral que una várias linhagens. Um praticante que tenha obtido apreço pela amplitude e profundidade das doutrinas budistas reunidas e expostas pelos primeiros mestres budistas indianos, como Nagarjuna, Asanga, Vasubandhu, Dharmakirti e outros, será imediatamente capaz de respeitar cada linhagem do Dharma em seu próprio terreno. Nós mesmos devemos tentar seguir essa abordagem eclética que tantos mestres do passado adotaram. Isso não significa que devemos misturar nossas práticas e fazer um sopão com elas. Em vez disso, devemos ficar abertos a todos os ensinamentos como transmissões válidas do pensamento dos Iluminados e como fontes de conhecimento que podem apoiar e fortalecer qualquer linhagem específica que estejamos seguindo.

A segunda qualidade prévia necessária a um praticante do *Lam Rim* é inteligência crítica. Ensinar um discípulo a quem falte esse senso de curiosidade é como andar por aí com um macaco em uma corrente. Não importa quanta fé tenhamos, se não mantivermos uma atitude indagadora e crítica constantemente, nossa prática permanecerá sempre um tanto tola. Mesmo as quatro iniciações no Tantra Superior não serão de nenhuma valia para nós se não cultivarmos a estrutura mental correta.

A meta de todo ensinamento do Iluminado é acalmar a mente negativa e dar à luz qualidades espirituais. Mas quando nos falta senso indagador somos incapazes de determinar como aplicar instruções específicas ao nosso próprio ser. Passar uma vida inteira no estudo e prática do Dharma e ao mesmo tempo manter uma mente bárbara é permitir que um ser divino torne-se um demônio. Quando a leitura de dúzias de escrituras não reduz nosso apego, aversão, orgulho e todo o resto, é hora de reconsiderar nossos métodos para trazer os ensinamentos para dentro de nosso coração e entendê-los como experiências vivas.

Isso é especialmente verdadeiro para iniciantes. É muito importante ter uma abordagem equilibrada de estudo e prática e, embora o uso do intelecto seja importante e obrigatório, devemos ter certeza de que nosso treinamento vai além da mera intelectualização e chega ao objetivo de cultivar a mente e eliminar fraquezas internas. Devemos ser como Lama Drom Tonpa, discípulo de Atisha, que disse: "Sempre que estudo, eu também contemplo e medito; sempre que contemplo, eu também estudo e medito; e, sempre que medito, eu sempre estudo e contemplo. Esse é o caminho Kadampa". Essa abordagem tripla interpenetrante evita sempre que se entre por caminhos incorretos ou que se seja desencaminhado por instruções errôneas.

Essas são as duas qualidades mais importantes de um aspirante espiritual. Deve-se tentar cultivá-las, bem como os outros pré-requisitos listados na *Essência do Ouro Purificado*. Mesmo o melhor guru e o mais elevado ensinamento são incapazes de nos ajudar se não fizermos os esforços necessários para cultivar atitudes e qualidades efetivas dentro de nós mesmos.

Como disse Maitreya[16]: "A essência de buda permeia todas as vidas". A natureza do nível de consciência mais sutil, que é puro e livre de máculas, é algo que todos os seres sencientes possuem. Nesse sentido, todos os seres vivos são iguais. Todos nós compartilhamos a mesma situação: quando surgirem as condições corretas, nossa natureza de buda evoluirá para o estado onisciente de buda. Contudo, em termos do caminho para a iluminação, nós, humanos, estamos de certa forma em posição superior às formas de vida inferiores, graças a algumas características especiais de nosso corpo e mente. A sofisticação de nosso sistema nervoso físico e nossa capacidade superior de percepção discriminatória proporcionam oportunidades muito maiores de desenvolvimento espiritual. Até os vermes alcançarão a iluminação um dia; assim, por que haveríamos de achar que o progresso espiritual é algo além de nosso alcance? Nesse momento podemos ter muitas falhas e fraquezas, mas, se nos aplicarmos nos ensinamentos por meio do estudo, da análise crítica e da meditação, não há motivo para não experienciarmos as qualidades internas que eliminam as negatividades de dentro da mente. Essas qualidades internas são como antídotos que combatem a influência venenosa da mente negativa. Por meio da familiaridade prolongada com os antídotos meditativos, a força da distorção mental e da aflição emocional por fim é mitigada e a mente surge em seu estado puro e sem distorção.

A palavra tibetana para Buda é *Sang-gyey*.[17] *Sang* indica um estado purificado de todas as falhas e fraquezas; *gyey* refere-se à expansão da sabedoria aos limites da existência. Visto que todos nós possuímos um certo grau de pureza e conhecimento, pode-se dizer que todos nós somos budas de portes variados. Embora o buda dentro de nós ainda seja bastante pequeno em comparação com um plenamente iluminado, o pleno estado de buda não é algo que não possamos alcançar. A imperfeição pode ser eliminada de dentro da mente de modo sistemático, e cada qualidade da realização pode ser gerada por meio do treinamento correto. Tudo que se requer é o cultivo de certas condições. Nossa mente hoje é marcada pela imperfeição, mas, caso façamos esforços intensos para desenvolver a competência nas várias meditações que combatem esses traços imperfeitos, sem dúvida eles serão superados. De momento ainda existem muitas linhagens de ensinamentos válidos, capazes de nos conduzir aos estados de conhecimento imaculado onde todas as falhas internas são superadas e a mente repousa alegremente em total liberdade da distorção, das aflições emocionais e da interminável hoste de sofrimentos que esses elementos negativos produzem. Também existem vários mestres espirituais vivos na face da terra. Mas, a menos que façamos um esforço pessoal para tirar vantagem desses fatos, nosso precioso renascimento humano não se mostrará muito significativo no fim das contas.

Terceiro Dalai Lama:

> O discípulo deve ter três qualidades fundamentais: 1 sinceridade, 2 inteligência capaz de discriminar entre forças benéficas e desencaminhadoras no caminho e 3 um intenso anseio de obter entendimento espiritual e experiência. O discípulo deve ter também uma quarta qualidade – estima pelo Dharma e pelo professor do Dharma.

Às vezes são mencionadas seis qualidades. Um discípulo habilitado a ser conduzido ao longo da prática do caminho sublime do *Lam Rim* deve: 1 ter grande interesse no Dharma; 2 ser capaz de manter a mente alerta e bem focada durante o ensinamento em si; 3 ter confiança e respeito em relação ao mestre e ao ensinamento; 4 abandonar atitudes erradas em relação ao mestre e manter as receptivas; 5 manter condições propícias ao aprendizado; e 6 eliminar quaisquer condições não-propícias.

Se você for proferir um discurso sobre o *Lam Rim*, tente manter as qualidades de um mestre descritas acima; e, se for ouvir um discurso, cultive as qualidades acima, de um discípulo ideal, dentro de si.

Sua Santidade:

Nós, humanos, na verdade não estamos tão longe assim da iluminação. Nossos cinco sentidos são como o Corpo de Emanação de um buda; nosso corpo de sonho, semelhante à forma pós-morte, é como a Forma Beatífica de um buda; e a base de ambos é a mente sutil de clara luz que compartilha a natureza do Corpo de Sabedoria de um buda. Tudo o que precisamos fazer é aprender a transformar esses elementos ordinários em suas naturezas puras. Então o estado de buda chega até nós de forma natural.

Terceiro Dalai Lama:

Enquanto treina na tradição *Lam Rim*, sob a orientação de um mestre espiritual plenamente qualificado, a pessoa deve tentar viver em um lugar tranquilo e agradável à mente. Organize um altar com imagens de seus mestres, do Senhor Buda, uma stupa e uma escritura, bem como oferendas frescas e puras. Diante do altar, prepare um assento de meditação confortável e, por quatro ou seis vezes ao dia, sente-se na postura de meditação de sete pontos, pratique o *Rito Preliminar Lam Rim* e medite conforme as instruções.

COMO GURU E DISCÍPULO SE ENCONTRAM

Sua Santidade:

No Tibete, havia uma tradição de se estudar o *Lam Rim* vivendo em retiro ou semirretiro. O discípulo aprendia um tema de meditação de cada vez e continuava a praticar por semanas ou meses, até surgirem estabilidade e sinais de progresso. Aqui é importante escolher um local tranquilo e agradável como local de prática, onde a beleza natural do ambiente impregne nossa mente de serenidade e alegria. Sentamos duas, quatro ou seis vezes por dia, começando com o *Rito Preliminar Lam Rim*[18] e a seguir nos dedicamos ao tema principal da meditação. Começamos com meditação contemplativa sobre o leque de tópicos e depois ficamos absortos em meditação estabilizadora sobre um tema específico. Em semirretiro, geralmente são realizadas apenas uma, duas ou três sessões por dia.

Terceiro Dalai Lama:

Como confiar em um mestre espiritual
A melhor maneira de confiar em um mestre espiritual é praticar meditação contemplativa sobre as qualidades místicas do mestre e a função benéfica dele na sua vida espiritual.

Considere as incontáveis maneiras pelas quais o mestre é bondoso com você: o mestre espiritual é a raiz de todo o êxito místico, a fonte de toda a bondade nesta e em vidas futuras e o médico que erradica a doença das perturbações mentais e psicofísicas com a pílula do Dharma. Embora você tenha vagado pelo samsara ao longo do passado infinito, nunca encontrou um guru antes; ou, se encontrou, não seguiu os ensinamentos de forma correta, pois você ainda não é um buda. Pense: "Agora encontrei um mestre espiritual e por isso tenho que tentar praticar conforme seja de seu agrado".

É mais bondoso dar uma tigela de alimento simples para alguém que está morrendo de fome do que dar um punhado de moedas de ouro para alguém que dispõe de todos os luxos. Por esse motivo, diz-se que o guru de alguém é mais bondoso do que o próprio Buda. A escritura *Cinco Estágios* afirma:

O Buda autonascido
é um ser que chegou à perfeição;
mas mais bondoso que o Buda é o mestre de alguém
que ministra pessoalmente ensinamentos orais a essa pessoa.

Contemple como o seu guru é mais bondoso do que todos os budas do passado, presente e futuro.

Sua Santidade:

O método efetivo de cultivar as atitudes corretas em relação ao mestre espiritual é praticar meditação contemplativa sobre as boas qualidades do guru e os efeitos benéficos que ele introduz na vida do aluno. Refletindo repetidamente sobre a grande bondade que o guru manifesta, nasce uma confiança adequada no treinamento com ele. O processo de refletir sobre o papel do guru é importante nas práticas iniciais, bem como nas superiores, pois quando sentamos em contemplação somos confrontados por um fluxo de reações que, se entendidas em um estágio inicial, podem limpar a mente de muita dúvida, confusão e superstição.

O mestre espiritual é a fonte de todo o progresso espiritual. Nesse contexto, Geshe Potowa certa vez disse: "Se mesmo aqueles que querem aprender um ofício mundano comum devem estudar com um mestre qualificado, o que dizer então de nós que buscamos a iluminação? A maior parte de nós veio dos reinos inferiores e não tem embasamento ou experiência nos caminhos e estágios para a iluminação; se desejamos obter essa experiência, como não haveríamos de estudar com pessoas qualificadas para nos ensinar os métodos que a desenvolvam?"

No começo de sua *Grande Exposição,* Lama Tsongkhapa escreveu: "A raiz do desenvolvimento espiritual é o cultivo de um relacionamento efetivo com um mestre". Isso significa que devemos cultivar as atitudes corretas e a seguir demonstrá-las corretamente na ação. Essa é a raiz que, se forte, sustenta o tronco, galhos, folhas e flores da prática. Quando as raízes de uma árvore são fortes, a árvore inteira torna-se forte, ao passo que, quando as raízes são fracas, a árvore inteira permanece fraca.

Como guru e discípulo se encontram

As duas principais atitudes a serem cultivadas são respeito pelo guru e estima pelos efeitos benéficos que ele traz para a sua vida. Devemos nutrir tamanho respeito que vejamos o guru como um buda. Se conseguirmos fazer isso, então experienciaremos o guru como faríamos com um buda e, por consequência, seremos inspirados o suficiente para praticar o que ele ensinar. Quanto mais íntimos somos de alguém, maior a probabilidade de que sejamos influenciados por seu conselho. O mestre espiritual pode nos mostrar o caminho para a iluminação; não obstante, para que o conselho dele nos seja benéfico, devemos realizar as práticas pessoalmente. Quando vemos o guru como um buda, fica muito fácil integrar nossas atividades de corpo, fala e mente ao que ele ensina.

A instrução de ver o guru como um buda não é desarrazoada, pois o mestre espiritual é um buda sob muitos aspectos. O Buda, considerado fundador do Budismo e que ensinou os vários caminhos para a iluminação, morreu há 25 séculos. O trabalho de nos introduzir e guiar em nossa experiência dos ensinamentos é desempenhado hoje por ninguém mais que nosso guru, o mestre espiritual. Desse modo, se o consideramos uma pessoa comum e falhamos no cultivo de um relacionamento efetivo, fica restando uma lacuna entre o Buda e a pessoa que está desempenhando seu trabalho. O Buda é a suprema das Três Joias de Refúgio, a fonte de toda a excelência; se respeitamos as Três Joias, como podemos não respeitar a pessoa que desempenha seu trabalho especificamente para nós?

O ensinamento de ver o guru como um buda na verdade provém do Tantra Superior. Tanto as escrituras do Hinayana quanto do Mahayana geral falam dos tipos de gurus, da necessidade de se ter um guru qualificado, dos pré-requisitos necessários a um guru, das atitudes a serem mantidas pelo discípulo, e assim por diante. Esses tópicos também são discutidos nas escrituras tântricas, só que, somados às qualidades mencionadas nas categorias de sutras acima, um guru tântrico deve ser um buda. Ele deve ser capaz de expressar os ensinamentos sobre os dois estágios da prática de acordo com sua experiência pessoal. Em especial, o guru tântrico deve ser capaz de ministrar a "quarta iniciação" a partir de sua própria experiência, o que significa introduzir o discípulo às "grandes uniões do treinamento e além". Apenas um Buda Vajradhara pode fazer isso. Um mestre que de fato detenha os quatro níveis de iniciação deve ter realizado tanto a luz aparente quanto a clara luz, bem como o corpo ilusório que é o veículo da mente de clara luz; também deve ter realizado o estado de grande união ao qual o discípulo está sendo introduzido.

De nossa parte, mesmo que o guru não possua realmente essa realização, e esteja ministrando a iniciação basicamente para depositar instintos auspiciosos no fluxo mental dos praticantes, tendo em vista que a força do instinto é determinada pelo estado da mente em que é plantado, vamos obter o mais forte dos instintos ao considerarmos o mestre que dá a iniciação como um buda. Isso de fato é o que o guru deve ser caso vá dar as quatro iniciações.

O relacionamento entre o guru e o discípulo é muito importante. O primeiro passo que se deve dar no que concerne ao estabelecimento dessa relação é conhecer as qualidades de um mestre ideal. Antes de aceitar qualquer pessoa como guru, examine bem para ter certeza de que ele está qualificado para atuar como guia espiritual. Analise minuciosamente seu sentimento em relação àquela pessoa e certifique-se de ter ou não capacidade de treinar conforme o estilo de ensino dela e de vê-la como um buda. Uma vez que esteja convencido de que será capaz de manter a fé e as atitudes corretas em relação àquela pessoa, há muito a ser obtido pelo cultivo do relacionamento. Por outro lado, não importa o quanto um mestre seja qualificado: se você for incapaz de sentir qualquer confiança nas capacidades dele, haverá pouca inspiração a ser obtida pelo estudo de um tema espiritual com esse mestre. Portanto, é nosso direito e responsabilidade sermos muito seletivos ao aceitar qualquer um como nosso guru.

O motivo para as qualidades de um mestre serem descritas com tanta minúcia nas escrituras é que devemos saber o que procurar ao buscarmos um guru capaz de abrir os caminhos budistas dentro de nós. Começar o treinamento com um mestre desqualificado pode ser desastroso. As escrituras tântricas dizem que não é imprudente examinar um guru por 12 anos antes de aceitar aquela pessoa como mestre. A escolha dos mestres é importante e deve ser feita com cuidado.

O guru não só desempenha o trabalho dos budas, e assim iguala-se a eles em atividade, como os supera em termos de bondade. De todos os budas do passado que se manifestaram como mestres universais, diz-se que o Buda Shakyamuni é o mais bondoso para conosco, pois é com seus ensinamentos que tomamos contato. Os ensinamentos do Buda

Kashyapa, que viveu antes dele, não chegaram até nós. Além disso, embora o Buda Shakyamuni seja o mais bondoso dos budas do passado, não temos condições de receber ensinamentos dele ou de testemunhar sua presença inspiradora. Assim, nenhum desses dois budas do passado é capaz de nos ajudar de forma direta.

Ainda que os budas e mestres de linhagem do passado se manifestassem diante de nós neste exato instante, não seríamos capazes de reconhecê-los como seres iluminados. Devido ao fato de não termos uma conexão kármica suficientemente forte com eles, esses budas não teriam condições de nos afetar. O guru desempenha a grande bondade de vir a nós com uma forma ordinária que podemos perceber e com a qual podemos nos relacionar, e executa o trabalho dos budas em nossa vida. O fato de que tanto um jumento como nós sejam levados para a família dos seres espirituais deve-se unicamente à bondade do guru. Os budas só podem vir a nós por meio dele. Assim, se não respeitamos o guru ou não damos atenção a seus ensinamentos, que esperança temos? Devemos meditar sobre a bondade insuperável do guru e gerar uma profunda estima.

O motivo para estarmos vagando sem cessar pela existência cíclica desde tempos imemoriais é não termos encontrado um mestre espiritual antes; ou, tendo encontrado, não termos cultivado um relacionamento efetivo com ele. Devemos nos decidir a agarrar as oportunidades propiciadas por nossa atual condição humana e cultivar uma prática espiritual sob a orientação de um mestre.

Terceiro Dalai Lama:

Aproximando-se do mestre espiritual

Visando obter instrução espiritual, o próprio Buda fez oferendas de coisas materiais, serviços e prática. Por exemplo: em uma vida anterior, ele ofereceu 100 mil peças de ouro para receber meio verso: "Se há nascimento, há morte; parar esse processo é a bem-aventurança em si". Em outra vida, dessa vez como rei, ele abandonou a esposa e o único filho por um único verso do Dharma. Em outra ocasião, transformou o corpo em uma lamparina e o queimou como oferenda ao guru. Dessas e de outras maneiras ele sacrificou riqueza, bens e demais objetos de apego, e, visto que se é um seguidor do Buda, deve-se agir de modo semelhante. Se você ouviu muitos ensinamentos de seu guru, a bondade dele não é incomensurável?

Algumas pessoas acham que um mestre só deve ser reverenciado se possui muitas qualidades óbvias. Elas dizem: "Vou para ouvir as palavras dele sobre o Dharma, não para vê-lo", ou: "Não consigo ver traços grandiosos nele, por isso não é necessário reverência". Que tolos! Por exemplo: mesmo que os pais de alguém não tenham boas qualidades, a pessoa deve apreciar a bondade deles, pois, assim fazendo, surgem grandes benefícios, ao passo que não apreciá-los resulta apenas em dor e confusão. O mesmo é verdade quanto a atitude em relação ao guru.

As pessoas acham que quem dá uma pequena riqueza a outro é muito bondoso, mas o guru pode dar toda a benevolência nesta e em vidas futuras. Se você contempla profundamente, fica óbvio que todos os estágios de desenvolvimento – desde o do simples praticante leigo até os estados de bodhisattva e buda – dependem por completo de se agradar o guru. Existem muitos exemplos de pessoas que atingiram a iluminação plena em uma única e curta vida por se devotar ao mestre de modo correto, e, se você agradar seu mestre com oferendas de coisas materiais, devoção e prática intensiva, não há motivo pelo qual não possa fazer o mesmo. Por isso, nunca é demais ressaltar a importância de se aproximar corretamente de um guru todo bondoso. Encontrar um guru com quem se mantém um relacionamento dhármico e ser cuidado por ele nesta e em vidas futuras é de responsabilidade unicamente do aluno; portanto, sirva seu guru corretamente.

Sem seguir um mestre qualificado, não existe absolutamente nenhum método que traga a iluminação. Esse ponto é enfatizado em todos os sutras e comentários. "Pratique de modo a agradar o guru", é repetido várias vezes. Isso não deve ser considerado uma tarefa desagradável, tal como uma sentença de prisão ou algo assim, pois quem não deseja a boa fortuna? E, conforme declarado em muitos Sutras, Tantras e Shastras, não existe meio mais rápido ou mais poderoso de aumentar nosso estoque de boa fortuna do que seguir um guru de maneira correta.

Contudo, ao treinar com um mestre espiritual, certifique-se de manter uma atitude correta em relação a ele. Aconteça o que acontecer, não permita que surja o pensamento de que o guru possa ter falhas ou defeitos. Medite sobre isso não só em palavras, mas do fundo do coração, até que o mero som do nome do guru faça os pelos de seu corpo se arrepiarem e seus olhos encherem-se de lágrimas.

Em geral, todos os budas e bodhisattvas disseram que jamais se deve ver as falhas ordinárias de um ser humano no guru. Se você acha que vê algo inferior ou vil em seu mestre, considere apenas como um reflexo de suas próprias atitudes impuras. Como você seria capaz de saber realmente o que é vil ou não? Certa vez, quando Arya Asanga fez um retiro sobre o Buda Maitreya, ele percebeu Maitreya como uma cadela infestada de vermes. Naropa inicialmente viu seu mestre Tilopa como um lunático pegando peixes e comendo-os vivos. E, no Sutra chamado *Encontro Entre Pai e Filho*, o Buda manifestou-se como um demônio para trabalhar pelo bem do mundo. Em vista desses episódios, como você poderia acreditar que as falhas que parece ver no seu guru são reais? Crie a convicção de que ele é a manifestação do Buda.

No *Texto-Raiz do Tantra de Guhyasamaja* e também nos *50 Versos sobre Guru Yoga*, de Ashvagosha, é ensinado que não existe erro mais grave do que dizer ou acreditar que o seu guru tem falhas. Portanto, pratique guru yoga conforme relatado na biografia de Lama Drom Tonpa – sem dúvidas ou vacilação. Uma vez que tenha aceitado um guru, medite de modo a não dar origem a quaisquer pensamentos desrespeitosos ou indignos, mesmo que sua vida esteja em perigo.

Conforme escreveu Je Rinpoche:

A raiz de todas as causas que produzem
felicidade aqui e daqui em diante é a prática

de confiar em pensamento e ação
nos amigos sagrados que revelam o caminho.
Ao ver isso, siga-os a qualquer custo
e agrade-os com a oferenda da prática.
Eu, um yogue, fiz isso;
você, ó buscador da liberação, deve fazer o mesmo.

Je Rinpoche deu esse conselho unicamente por grande compaixão e não porque quisesse que seus discípulos o honrassem ou glorificassem.

Sua Santidade:

Como ter um mestre espiritual traz grande benevolência para nossa vida, devemos tentar encontrar um e estabelecer uma conexão com ele por meio de três tipos de oferendas: objetos materiais, serviço e prática correta. Nesse contexto, Milarepa disse: "Não tenho riqueza suficiente para fazer uma oferenda material, mas em vez disso agradarei meu guru oferecendo-lhe prática correta". O resultado foi que obteve a iluminação em uma única vida. A oferenda de praticar os ensinamentos que se recebe às vezes pode ser difícil de se fazer, mas, graças a seus frutos, é a mais preciosa. Os mestres não devem enaltecer as oferendas materiais acima da oferenda da prática, e os discípulos devem aplicar todo o seu esforço para fazer essa oferenda.

A oferenda da prática significa viver sempre de acordo com os ensinamentos do guru. Mas o que acontece quando o guru nos dá um conselho que não desejamos seguir ou que contradiz o Dharma e a razão? O parâmetro deve ser sempre o raciocínio lógico e o Dharma. Qualquer conselho que contradiga isso deve ser rejeitado. Isso foi dito pelo próprio Buda. Se alguém duvida da validade do que está sendo dito, deve levantar a questão gentilmente e esclarecer todas as dúvidas. Essa tarefa torna-se de certo modo mais delicada no Tantra Superior, onde a rendição total ao guru é um pré-requisito; mas mesmo aqui a rendição deve ser feita apenas em um sentido específico. Se o guru aponta para o leste e manda ir para o oeste, restam poucas alternativas ao discípulo além de fazer uma queixa.

Como guru e discípulo se encontram

Entretanto, isso deve ser feito com respeito e humildade, pois demonstrar qualquer negatividade em relação ao professor não é uma maneira nobre de retribuir sua bondade.

A prática de guru yoga significa ignorar quaisquer traços negativos que o guru possa parecer possuir, e meditar sobre as qualidades positivas dele. Se conseguimos desenvolver o hábito de sempre ver o guru por meio de suas boas qualidades, nossa confiança cresce naturalmente e por fim nos tornamos capazes de pegar nossas ideias preconcebidas sobre as falhas que ele parece exibir e transformá-las em ferramentas espirituais úteis. A percepção de falhas no guru não deve nos levar a sentir desrespeito, pois, ao nos demonstrar falhas, o guru na verdade está mostrando o que devemos abandonar. Essa é, pelo menos, a atitude mais útil a adotarmos. Um ponto importante aqui é que o discípulo deve ter um espírito de indagação sincero e deve ter uma devoção clara, em vez de cega.

Com frequência é dito que a essência do treinamento em guru yoga é cultivar a arte de ver tudo que o guru faz como perfeito. Eu pessoalmente não gosto de levar isso tão longe. Muitas vezes vemos registrado nas escrituras: "Toda ação vista como perfeita". Contudo, essa frase deve ser vista à luz das palavras do Buda Shakyamuni: "Aceitem meus ensinamentos apenas depois de examiná-los como um analista compra ouro. Não aceitem nada pela mera fé em mim". O problema com a prática de ver tudo o que o guru faz como perfeito é que ela muito facilmente torna-se veneno tanto para o guru quanto para o discípulo. Por isso, quando ensino essa prática, sempre defendo que não se enfatize a tradição de "cada ação vista como perfeita". Caso o guru manifeste qualidades não dhármicas ou dê ensinamentos que contradigam o Dharma, a instrução de ver o mestre espiritual como perfeito deve dar lugar à razão e à sabedoria do Dharma.

Vejam eu mesmo, por exemplo. Como muitos Dalai Lamas anteriores eram grandes sábios, e dizem que sou a reencarnação deles, e também porque nessa vida dou discursos religiosos frequentes, muita gente deposita muita fé em mim, e em sua prática de guru yoga visualizam-me como um buda. Essas pessoas também me consideram seu líder secular. Assim sendo, o ensinamento de "cada ação vista como perfeita" pode facilmente transformar-se em veneno para mim no relacionamento com meu povo e em minha administração efetiva. Eu poderia pensar comigo mesmo:

"Todos me veem como um buda, e por isso vão aceitar qualquer coisa que eu diga". Fé excessiva e pureza de percepção imputada podem facilmente arruinar as coisas. Sempre recomendo que o ensinamento sobre ver as ações do guru como perfeitas não deve ser enfatizado na vida dos praticantes comuns. Seria um infortúnio se o Budadharma, que é estabelecido pelo raciocínio aprofundado, viesse a ficar em segundo plano.

Talvez vocês pensem: "O Dalai Lama não leu as escrituras do *Lam Rim*. Ele não sabe que não existe prática do Dharma sem o guru". Não estou sendo desrespeitoso com os ensinamentos do *Lam Rim*. Um estudante do caminho espiritual deve confiar em um mestre e meditar na bondade e nas boas qualidades daquele mestre; mas o ensinamento sobre ver as ações dele como perfeitas só pode ser aplicado dentro do contexto do Dharma como um todo e da abordagem racional do conhecimento que ele defende. Como o ensinamento sobre ver as ações do guru como perfeitas é retirado do Tantra Superior e aparece no *Lam Rim* basicamente para preparar o discípulo para a prática tântrica, os iniciantes devem tratar disso com cuidado. Quanto aos mestres espirituais, se deturpam esse preceito do guru yoga para tirar vantagem de discípulos ingênuos, suas ações são como despejar fogo líquido dos infernos diretamente dentro de seus estômagos.

O discípulo deve manter sempre o raciocínio e o conhecimento do Dharma como suas diretrizes principais. Sem essa abordagem é difícil assimilar as experiênciais pessoais do Dharma. Faça um exame cabal antes de aceitar alguém como guru, e então o siga dentro das convenções da razão conforme apresentadas pelo Buda. Os ensinamentos de ver as ações do guru como perfeitas devem ser em grande parte deixados para a prática do Tantra Superior, onde assumem um novo significado. Um dos principais yogas no veículo tântrico é ver o mundo como uma mandala de grande bem-aventurança e ver a si mesmo e a todos os outros como budas. Sob tais circunstâncias torna-se absurdo pensar que você e todos os demais são budas e que seu guru não é!

No Tibete, devido ao Dharma ser tão disseminado e devido à bondade de muitos mestres do passado, as pessoas eram inspiradas por uma fé muito grande. Mesmo um retalhinho de tecido vermelho era considerado a verdadeira Sangha. Elas não tinham dificuldade em praticar "cada ação vista como perfeita". Por isso, a responsabilidade pela pureza da tradição repousava nas mãos dos lamas, e, infelizmente, é muito fácil para um lama ser estragado pelo ensinamento de "cada ação vista como perfeita".

Na verdade, quanto mais respeito a pessoa recebe, mais humilde deve tornar-se, mas às vezes esse princípio fica invertido. Um mestre espiritual deve vigiar-se atentamente e lembrar as palavras de Lama Drom Tonpa: "Use o respeito demonstrado a você como um motivo para humildade". Essa é a responsabilidade do mestre. O discípulo tem a responsabilidade de usar a sabedoria em sua demonstração de fé e respeito.

A fé que se gera é uma virtude, mas pode nos meter em encrenca se não é guiada pela sabedoria. Em geral, nós, tibetanos, temos tanta fé que subestimamos as práticas do Dharma. Um monge que vive das oferendas dos benfeitores, mas não persevera na prática, cria karma negativo igual a roubar de um templo. Alguém que possua qualidades espirituais ou esteja empenhado no estudo ou prática intensivos preenche as qualificações para receber oferendas, e sua aceitação é significativa. Mas para um mau monge seria melhor engolir uma bola de ferro quente. O problema é que geralmente observamos apenas os ensinamentos que alimentam nossas delusões e ignoramos os que a superariam. Essa leniência pode facilmente levar à derrocada. Por isso digo que o ensinamento de ver todas as ações do guru como perfeitas pode ser um veneno. Muitos problemas de sectarismo no Tibete nasceram e foram nutridos por isso.

O primeiro Dalai Lama escreveu: "O verdadeiro mestre espiritual olha todos os seres vivos com pensamentos amorosos e mostra igual respeito pelos professores de todas as tradições. Alguém assim causa dano apenas à delusão, o inimigo interior". As diferentes tradições surgiram principalmente como ramificações de métodos hábeis para praticantes de capacidades variadas. Se tomamos um aspecto dos ensinamentos dessas tradições, como o preceito de "todas as ações vistas como perfeitas", e o usamos para propósitos sectários, como retribuímos aos mestres do passado por sua bondade em dar e transmitir o Dharma? Não os desgraçamos? Se entendemos e praticamos seus ensinamentos de modo errôneo, dificilmente iremos agradá-los. De modo semelhante, é meritório para um lama executar rituais ou conferir iniciações para beneficiar as pessoas, mas se a motivação dele é apenas benefício material, seria melhor que, em vez disso, ele fosse para o mundo dos negócios. Usar a máscara do Dharma para explorar as pessoas é um grande dano. O que os chineses fizeram conosco foi ruim, mas não tão ruim quanto os efeitos que criaríamos ao pegar o Dharma e usá-lo com propósitos sectários ou para explorar as pessoas. Isso corrompe o alicerce.

Nesse contexto, o grande yogue Milarepa disse: "Quando os praticantes do Dharma não perseveram em suas práticas, tudo o que fazem é danificar os ensinamentos". Assim como vermes intestinais podem matar um leão, usar os ensinamentos para sectarismo e exploração pode facilmente destruir o Dharma.

Montamos altares rebuscados e fazemos extensas peregrinações, mas melhor do que isso é lembrar dos ensinamentos do Buda: "Jamais crie qualquer ação negativa; sempre crie bondade; dirija todas as práticas para o cultivo da mente". Quando nossa prática aumenta a delusão, a negatividade e os estados perturbados da mente, sabemos que há alguma coisa errada.

Às vezes é dito que um importante motivo para o declínio do Budismo na Índia há 800 anos foi a prática do Vajrayana por gente desqualificada e o sectarismo causado pela corrupção dentro da Sangha. Qualquer um que ensine Budismo Tibetano deve ter isso em mente quando se referir ao preceito "cada ação vista como perfeita". Esse é um ensinamento extremamente perigoso, em especial para os iniciantes.

4

A condição humana

Terceiro Dalai Lama:

A essa altura, pode surgir a pergunta: "Se a pessoa deve tentar confiar em um mestre espiritual que indique o caminho para a iluminação e deve tentar agradar ao mestre fazendo a oferenda da prática de seus ensinamentos, o que exatamente significa 'oferenda da prática'?"

Prática significa tomar para si a responsabilidade de viver continuamente de acordo com o Dharma sagrado, os ensinamentos dados a você por seu mestre espiritual. Por meio do trabalho com o guru e das leis de causa e efeito, você pode tirar vantagem de sua vida humana extremamente valiosa, uma forma de vida difícil de se encontrar e, uma vez encontrada, muito significativa; um tesouro mais precioso do que uma joia que realiza desejos. Sem ser isso, não existe oferenda da prática. Cerre os dentes, e não deixe que, uma vez obtida, a oportunidade propiciada pela vida humana escape. Se você não utilizar essa imensa potencialidade, seu coração não seria fútil?

Sua Santidade:

Neste momento, obtivemos uma forma humana, tendo as oito liberdades e os dez dons propícios para a prática espiritual. Embora em certo sentido todos os humanos sejam iguais, do ponto de vista da prática do Dharma alguém que possua todos os 18 é especial entre os iguais.

Várias das 18 qualidades são compartilhadas por todos os humanos, em todas as épocas, mas algumas são exclusivas a seres de grandes méritos.

As quatro primeiras das oito liberdades são comuns a todos os humanos: ser livre do renascimento: 1) nos infernos, 2) nos reinos dos fantasmas, 3) no mundo animal, 4) nos céus dos deuses de vida longa. As quatro restantes referem-se à liberdade de quatro estados humanos desfavoráveis: 1 e 2) ser livre de nascer em um local remoto ou bárbaro, onde um ser iluminado jamais tenha vivido ou ensinado, 3) não possuir todas as faculdades de corpo e mente, 4) viver sob a influência cega de atitudes e crenças distorcidas de modo grosseiro.

Os cinco primeiros dos dez dons são chamados pessoais: 1) ter um corpo humano completo, 2) ter nascido em uma terra com forte cultura espiritual, 3) ter todas as faculdades normais, 4) estar livre de ter cometido qualquer uma das cinco ações kármicas inexpiáveis, 5) ter interesse pelo caminho espiritual. Os cinco dons restantes são ambientais: ter nascido num tempo em que 1) um ser iluminado manifestou-se, 2) esse ser ensinou o caminho, 3) os ensinamentos ainda florescem, 4) os seguidores da linhagem ainda existem, e 5) ter a assistência compassiva de outros no estudo e prática do Dharma.

A primeira coisa que se deve fazer é reconhecer essas qualidades e identificar quais delas possuímos e quais nos faltam. Ter todas as 18 é a condição ideal para a prática do Dharma.

Todos nós somos muito afortunados por termos nascido nesta era. Um vida humana nesta era é extremamente significativa e poderosa, sendo capaz de alcançar qualquer meta, incluindo o exaltado estado de iluminação onisciente. Quando consideramos esse fato, percebemos que temos diante de nós uma oportunidade das mais preciosas e que, se a desperdiçarmos, sofreremos uma grande perda. O valor de reconhecer as liberdades e dons é que experienciaremos espontaneamente o desejo de usar nossa vida na busca de uma existência significativa.

Para apreciar o significado de um renascimento humano é preciso apenas contemplar a vida de um ser do inferno ou de um fantasma, ou mesmo de um animal ou inseto. Por exemplo, um cachorro andando pelo templo durante um sermão não pode fazer muito mais do que abanar a cauda e adormecer ao sol. Se compararmos o que ele entende do discurso com o que um humano entende, o contraste é óbvio. A capacidade dos humanos de perceber e comunicar verdades profundas é muito significa-

A CONDIÇÃO HUMANA

tiva em termos espirituais, pois nos dá o poder de olhar para empreendimentos que transcendem as limitações dessa única vida.

É por um golpe de bom karma que não renascemos nos reinos inferiores ou em um tempo ou lugar onde os ensinamentos de um ser iluminado não podem ser encontrados, ou em um éon sombrio em que a prática do Dharma não é possível. Também é por boa fortuna que não renascemos em um local remoto ou bárbaro onde os ensinamentos espirituais não chegaram. Quando refletimos sobre as 18 qualidades a partir desse ponto de vista, experienciamos pensamentos de apreço por nossa situação auspiciosa e sua raridade. O que se deve fazer quando se tem oportunidade tão valiosa? Praticar o Dharma e pegar a essência da vida, a obtenção da iluminação. Depois das 18 qualidades estarem identificadas, deve-se contemplar o significado de uma vida humana preciosa. Com um corpo e mente humanos, pode-se meditar; obter um entendimento das leis kármicas de causa e efeito; gerar uma noção da importância das Três Joias; cultivar os três treinamentos superiores de disciplina, concentração meditativa e sabedoria da vacuidade; desenvolver qualidades do Mahayana, tais como grande compaixão, amor e mente bodhi; engajar-se nas seis perfeições e quatro maneiras de beneficiar os praticantes; e praticar os yogas do Tantra Superior, incluindo os yogas do estágio de geração grosseiro e sutil, e os cinco passos do estágio de perfeição. Em resumo, qualquer homem ou mulher desse continente meridional que possua uma forma humana completa, com os seis elementos e os canais de energia em funcionamento normal, pode empenhar-se na prática do Tantra Superior e atingir a iluminação plena e perfeita nesta mesma vida. Claro que também deve-se possuir as causas kármicas que encorajem a prática espiritual exitosa, mas isso é outro assunto.

Se, ao contar com essa base humana rara e preciosa podemos produzir o mais alto feito, devemos tirar vantagem de nossa situação e cultivar a série de práticas espirituais que são as causas dos feitos superiores. Por meio da meditação sobre as 18 qualidades e sua natureza significativa, nasce a confiança de que se pode praticar o Dharma e atingir pessoalmente estados superiores de existência. A persistência na meditação faz com que essa confiança adquira força, criando assim uma sólida base mental capaz de sustentar a prática do Dharma.

O CAMINHO PARA A ILUMINAÇÃO

    O precioso renascimento humano não é apenas nobre, mas também muito poderoso, sendo capaz de cumprir metas tanto materiais quanto espirituais de modo efetivo. Assim, vale a pena irmos além da visão das formas inferiores de vida, como os animais, que só sabem satisfazer necessidades materiais, e cultivar a consecução de objetivos superiores – as metas espirituais de renascimento mais elevado, liberação do samsara e iluminação onisciente. Contudo, se não usarmos esse nascimento humano para propósitos significativos agora, devemos entender que existe pequena possibilidade de obtermos uma forma humana de novo no futuro. Pensar que não se vai praticar o Dharma nesta vida, mas deixar para uma encarnação futura é uma esperança vã. Por ser muito nobre e poderosa, a forma humana requer causas kármicas igualmente nobres e poderosas.

    Três causas kármicas principais devem ser cultivadas caso se deseje conquistar um novo nascimento humano após a morte: disciplina ética pura, a prática das seis perfeições e firmes aspirações espirituais. Apenas estando cônscio dessas causas ao longo da vida é que se pode esperar a obtenção de uma forma humana no futuro. Além disso, a potência dessas causas kármicas deve ser nutrida e sustentada sem degeneração. A chance de se adquirir um renascimento humano não é muito grande ao se viver a vida samsárica comum. Mesmo que se crie algumas forças kármicas positivas, elas perdem a potência rapidamente quando não protegidas e cultivadas através da prática espiritual. As pequenas virtudes que desempenhamos, geradas com grande esforço, são rapidamente neutralizadas pelos efeitos das atividades negativas, que parecem brotar mediante a mais leve provocação. A bondade supera a maldade apenas com grande afã e persistência, ao passo que, uma vez que entre na mente, a força terrível da negatividade pode neutralizar e destruir rapidamente qualquer ínfima bondade que se tenha obtido, em especial nessa era degenerada, quando a prática da maioria das pessoas é débil e construída sobre alicerces frágeis. O karma positivo é gerado em nossas vidas, mas raramente e com pouco vigor, enquanto as ações negativas ocorrem de modo quase contínuo e com grande vigor. Mesmo agora, que experienciamos o fruto do karma positivo como humanos e encontramos mestres espirituais e ensinamentos sobre o caminho para a iluminação, continuamos mais com as atitudes negativas do que positivas por causa da força da delusão e das condições tumultuadas ao nosso redor. Se é assim até mesmo quando temos condições excelentes, pode-se imaginar o fluxo ininterrupto de forças kármicas negativas que se gerou em incontáveis vidas prévias durante as quais não se teve mestre, nem ensinamentos, nem a sabedoria do Dharma. As marcas dessas forças ainda vivem dentro de nós e, se não forem purificadas durante esta vida, podem nos influenciar facilmente na morte e nos levar a assumir um renascimento inferior. Os três venenos psíquicos da ignorância, do apego e da aversão têm estado conosco desde tempos imemoriais e, sem dúvida, deram origem a incontáveis ações negativas de corpo, fala e mente. Basta olhar para nosso atual estado imperfeito para saber disso. Mesmo agora, que temos a proteção de nossa prática do Dharma, as três delusões ainda nos dominam. Quanto mais não terão nos influenciado quando não tínhamos tal autodisciplina? Quando meditamos sobre esse fato, experienciamos um forte interesse espontâneo em cultivar ganhos espirituais e eliminar os venenos psíquicos e os padrões kármicos por eles criados. Assim é o ensinamento que leva praticantes afortunados a decidir obter o máximo de sua vida humana.

Se perguntarmos como podemos nos apoderar da essência da vida humana, o terceiro Dalai Lama nos dará a resposta nas linhas seguintes do texto.

Terceiro Dalai Lama:

> Contudo, é de valor duvidoso escutar ou praticar o Dharma com uma motivação misturada com aspectos brancos, negros ou cinza dos oito dharmas mundanos, ou seja, a motivação de sobrepujar inimigos e proteger amigos, que é louvada por pessoas mundanas, mas que na verdade é banal; a motivação de acumular benefícios materiais de modo egoísta, uma motivação universalmente condenada; e a motivação de impressionar os outros, que alguns acham boa e outros desprezam. Se não se medita sobre a impermanência, a morte e assim por diante, ultrapassando os padrões de pensamento mundanos, corre-se grande risco de ter a mente dominada por motivações negativas. No entanto, caso se pratique

o Dharma puro corretamente e sem intenções escusas, os alicerces da felicidade duradoura serão rapidamente assentados.

Descarte como a casca de um grão todas as ocupações mundanas desprovidas de essência – trabalhos sem nenhuma consequência positiva e de grande perigo em termos espirituais. Dedique-se à essência do Dharma, de modo que, no momento em que este alquebrado corpo humano for deixado para trás, você não abandone a vida com pesar. Além disso, pense na prática imediatamente. Beba as águas da meditação agora e alivie a sede do anseio de possuir a essência da vida. Conforme disse Je Rinpoche:

> Vida humana, encontrada apenas dessa vez,
> mais preciosa que a joia que realiza desejos,
> tão difícil de se reconquistar e tão fácil de se perder,
> é breve como o lampejo de um raio.
> Ao ver isso, descarte a atividade mundana como a casca de um grão
> e se empenhe dia e noite para se apoderar da essência da vida.

Três níveis de aplicação espiritual

Sua Santidade:

Todos os ensinamentos dados pelo gentil e habilidoso Buda Shakyamuni pretendiam apenas beneficiar os seres e preencher suas necessidades espirituais. Essas necessidades são duas: a obtenção temporária de uma condição samsárica propícia ao progresso e à alegria e a obtenção eterna ou da liberação do samsara ou da iluminação onisciente. Quando falamos do caminho de três níveis, o primeiro caminho preenche o primeiro objetivo – obtenção temporária de uma condição samsárica propícia ao progresso e à alegria. O segundo caminho preenche a necessidade de liberação do samsara e o terceiro preenche a necessidade de estado de buda onisciente. Todas as práticas ensinadas pelo Buda enquadram-se dentro de um desses três caminhos; certas partes dos ensinamentos almejam a produção de uma condição samsárica elevada, outras a produção da liberação do nirvana, e outras ainda almejam a iluminação onisciente.

Terceiro Dalai Lama:

Se devemos nos apoderar da essência das oportunidades proporcionadas por um receptáculo humano, como se deve fazer isso?

Aqui é extremamente importante ter um entendimento das maneiras de se gerar uma verdadeira experiência dos alicerces gerais dos caminhos e práticas, e por isso explicarei o processo brevemente.

A explicação será feita sob dois tópicos: como o caminho dos três níveis de aplicação espiritual condensa todos os ensinamentos do Buda e o motivo para se conduzir os aspirantes através desses três níveis.

O CAMINHO PARA A ILUMINAÇÃO

Como o caminho dos três níveis de dedicação espiritual condensa todos os ensinamentos do Buda

O próprio Buda desenvolveu primeiro uma mente bodhi – a aspiração de obter a compaixão, sabedoria e poder perfeitos como os melhores meios de beneficiar todos os seres sencientes. No fim, para beneficiar todos os seres sencientes, ele de fato atingiu a iluminação plena. Então, apenas para o benefício dos seres, ensinou o Dharma sagrado.

As práticas que ensinou encaixam-se dentro de duas divisões: aquelas que almejam dar aos seres o benefício temporário de um renascimento elevado como humano ou deus; e as que almejam dar os dois benefícios definitivos da liberação do samsara e a obtenção da onisciência plena.

O primeiro grupo de práticas é conhecido como as práticas do ser da perspectiva inicial da aplicação espiritual. Como servem de base para todas as práticas superiores, são chamadas "Dharma Comum da Perspectiva Inicial".

A natureza do praticante da perspectiva inicial é esboçada na *Lâmpada para o Caminho da Iluminação*, de Atisha:

> Aqueles que por meio dos vários métodos
> almejam uma maior felicidade samsárica,
> com seus próprios interesses em mente,
> são conhecidos como aspirantes espirituais da perspectiva inicial.

Os praticantes da perspectiva inicial são aqueles que não trabalham para os prazeres dessa vida, mas sim voltam a mente para as práticas que levam a renascer ou em um paraíso celeste ou como ser humano.

As práticas que rendem benefício definitivo são de dois tipos: aquelas que garantem o nirvana, ou uma liberação que é apenas a liberdade do sofrimento samsárico; e aquelas que garantem a liberação dotada de onisciência. As primeiras são conhecidas como práticas da pessoa da perspectiva intermediária ou "Dharma Comum da Perspectiva Intermediária".

Três níveis de aplicação espiritual

Para citar a *Lâmpada para o Caminho da Iluminação*, de Atisha:

Aqueles que, com a meta de paz para si mesmos,
dão as costas à felicidade samsárica
e revertem todo o karma negativo
são conhecidos como aspirantes espirituais da perspectiva intermediária.

Assim, praticantes intermediários dão as costas à segurança e às alegrias das condições samsáricas mais elevadas e empenham-se nas práticas dos três treinamentos superiores – disciplina ética, concentração e sabedoria – a fim de obter para si mesmos a liberação livre de todas as compulsões cíclicas, como karma e delusão.

Por fim, somados às práticas do Hinayana já delineadas, os métodos que resultam no estado liberado de onisciência incluem todas as práticas do Veículo da Perfeição (ou Mahayana exotérico) e o Veículo do Vajra (Mahayana esotérico, ou Vajrayana). Esses métodos são conhecidos como "Dharma Exclusivo da Perspectiva Superior".

Citando a *Lâmpada para o Caminho da Iluminação*, de Atisha:

Aqueles que veem sofrimento em suas próprias vidas
e, percebendo que os outros sofrem da mesma maneira,
desejam pôr fim a toda miséria,
são conhecidos como os aspirantes espirituais do objetivo supremo.

Em outras palavras, praticantes supremos são aqueles que, dotados de grande compaixão, dedicam-se a métodos como as seis perfeições e os dois estágios do Tantra a fim de obter o pleno estado de buda para si mesmos como método para extinguir o sofrimento dos outros.

É assim que o caminho das três perspectivas da aplicação espiritual condensa todos os ensinamentos do Buda.

O caminho para a iluminação

O motivo para se conduzir os aspirantes através desses três níveis
Embora as práticas dos três níveis de aplicação espiritual sejam ensinadas na tradição *Lam Rim*, isso ocorre apenas porque é necessário passar pelas duas perspectivas inferiores da prática como galhos que conduzem à terceira e mais elevada perspectiva. Na tradição *Lam Rim* não se abraça as práticas de perspectiva inferior apenas para se obter o conforto samsárico de um renascimento mais elevado, nem se abraça as do nível intermediário meramente para se atingir o nirvana, ou liberação da existência cíclica. Ambas são realizadas puramente como preliminares para as práticas da perspectiva superior. O verdadeiro corpo da prática *Lam Rim* é a mais elevada das três.

Por que se coloca tanta ênfase nas práticas da perspectiva superior? Porque não existe outra porta para o Mahayana a não ser a mente bodhi, e essa mente bodhi é a qualidade singular dos praticantes da perspectiva superior. Portanto, ela deve ser desenvolvida.

Para se fazer isso, deve-se começar contemplando seus efeitos benéficos, gerando por consequência o anseio de obtê-la. Esses efeitos são condensados em duas categorias: temporária e definitiva. O efeito temporário é que a mente bodhi assegura o fruto jubiloso de um renascimento elevado. O efeito definitivo é que por fim ela dá origem à sabedoria liberada e onisciente do estado de buda. Assim sendo, é indispensável.

Como pré-requisito para a mente bodhi, deve-se gerar a grande compaixão, que é incapaz de tolerar o sofrimento de todos os seres sencientes. Essa grande compaixão pelos outros depende de uma intensa percepção das experiências indesejáveis e do sofrimento do próprio *continuum*, de modo que, primeiro, treina-se nas práticas da perspectiva inferior, contemplando-se as misérias experienciadas nos reinos inferiores. A partir dessa contemplação, surge uma mente que anseia pela liberação de tal existência insatisfatória.

Entra-se então nas práticas intermediárias, contemplando-se a natureza transitória das alegrias celestiais. A partir dessa contemplação, surge a renúncia a tudo do samsara. Finalmente, pensando que todos os outros seres mães enfrentam o mesmo sofrimento, gera-se compaixão (que anseia ver todos os seres livres do sofrimento), amor (que deseja que todos eles tenham felicidade), e, por fim, a mente bodhi, a aspiração pela iluminação plena como melhor maneira de preencher o amor e a compaixão. Assim, conduzir os aspirantes para a perspectiva superior da prática, treinando primeiro suas mentes nas duas perspectivas inferiores, é uma abordagem suprema e perfeita do Dharma.

Sua Santidade:

Na tradição *Lam Rim,* esses três caminhos não são ensinados de forma individual, mas sim como práticas inter-relacionadas. A perseverança no primeiro caminho nos qualifica para praticar o segundo, e, de modo similar, o progresso nos métodos do segundo caminho nos qualificam para entrar nas práticas do terceiro. Dessa maneira, nem o primeiro, nem o segundo caminhos são finais; em vez disso, são degraus para o terceiro e mais elevado caminho, que resulta no estado de buda final.

Por que o Buda ensinou os três caminhos em vez de apenas o superior? Quando o terceiro caminho é praticado sem as realizações de base geradas nos dois primeiros, pode facilmente produzir efeitos incorretos na mente do praticante, criando complexo de superioridade e ilusões de grandeza. Contudo, o caminho avançado de fato não está em contradição com os dois caminhos inferiores, mas é um suplemento e um preenchimento deles. Praticar os dois caminhos inferiores não significa afastar-se do caminho avançado e sim o contrário. Os caminhos inferiores fortalecem e proporcionam uma perspectiva mais equilibrada para as práticas superiores, tornando o caminho superior mais integrado à vida da pessoa, e, com isso, mais sadio. Sem os dois primeiros como preliminares, é difícil experienciar o terceiro caminho, cuja essência é a mente bodhi.

Entretanto, embora a prática dos dois primeiros deva preceder a prática do terceiro, é útil desenvolver desde o começo um interesse pela mente bodhi, visto que ela direciona as práticas inferiores para que se tornem motivo da prática superior. Desenvolver tal interesse é feito pela contemplação da excelência e dos efeitos benéficos de se possuir a mente bodhi.

Contudo, não é possível apreciar as implicações mais profundas da mente bodhi sem a experiência gerada pelo progresso através do primeiro e segundo caminhos. A menos que se tenha meditado sobre a natureza preciosa da vida humana, bem como sobre temas como a morte, as leis kármicas de causa e efeito, a natureza do samsara como sofrimento, o significado do refúgio e os três treinamentos superiores, existe pouca esperança de que se tenha uma atitude realista em relação à mente bodhi.

A mente bodhi é baseada na grande compaixão ou desejo de libertar os seres sencientes do sofrimento samsárico. Essa base significa que se deve entender a natureza e os padrões do sofrimento geral que permeia todo o samsara, bem como o sofrimento específico dos reinos individuais, em particular dos três reinos inferiores. Essa percepção é gerada nos dois primeiros caminhos. A compaixão que não entende a natureza da existência samsárica é uma compaixão desanimada. Assim, os dois primeiros caminhos são muito importantes para um praticante que tem esperança de entrar no caminho superior.

Terceiro Dalai Lama:

> Para se apoderar da essência da vida humana, existem três práticas efetivas, ou níveis de prática, a serem consumadas, isto é, as práticas das três perspectivas delineadas acima.

6

Morte e reinos inferiores

Terceiro Dalai Lama:

A forma humana preciosa, difícil de se obter e, uma vez achada, extremamente significativa, na verdade já foi alcançada; agora já se é um ser humano. Contudo, esta vida não vai durar para sempre, e é certo que um dia se vai morrer. Além disso, não se sabe quanto tempo a morte vai esperar antes de nos atingir. Por isso, a pessoa deve empenhar-se imediatamente em se apoderar da essência da vida. Já tivemos infinitas vidas prévias nos reinos superiores, inferiores e intermediários, mas o Senhor da Morte, tal qual um ladrão em um rico mercado, roubou todas elas indiscriminadamente. Que afortunado que ele tenha nos deixado viver por tanto tempo! Gere uma mente tão repleta de percepção da morte que você fique como uma pessoa caçada por um assassino desatinado.

Na hora da morte, nem dinheiro, bens, amigos ou empregados serão capazes de ir com você; todavia, os traços de qualquer karma negativo criado por causa desses objetos vão persegui-lo como uma sombra. É assim que você vai deixar a vida. Pense bem. No momento, ficamos contentes por comer, beber e consumir; não obstante, a vida, a riqueza, os objetos sensuais e os alimentos apenas esgotam-se sem cessar, e nada é realizado. Deve-se direcionar por completo tudo o que reste de vida no sentido de praticar o Dharma de verdade. Além disso, deve-se pensar em fazer isso de hoje em diante, não a partir de amanhã, pois a morte pode sobrevir esta noite.

Sua Santidade:

Quando contemplamos a morte e a impermanência de nossa vida, nossa mente automaticamente começa a adquirir interesse em conquistas espirituais, do mesmo modo que uma pessoa comum fica apreensiva ao ver o cadáver de um amigo. A meditação sobre a impermanência e a morte é muito útil, pois corta a atração por atividades transitórias e fúteis, e faz com que a mente volte-se para o Dharma.

Dois métodos principais do Sutrayana para meditação sobre a morte são a técnica das "três raízes" e o método de imaginar a própria morte repetidas vezes. Em geral, este último é praticado por um tempo antes do primeiro.

O primeiro método tem três objetos principais de meditação: a certeza da morte, a incerteza quanto à hora da morte e a verdade de que na hora da morte só o desenvolvimento espiritual tem valor.

Não é difícil reconhecer a certeza da morte. O mundo é muito antigo, mas não existe um ser senciente que possamos apontar como imortal. A própria natureza de nosso corpo é vulnerável e impermanente. Bonito ou feio, gordo ou magro, todos nós nos aproximamos inabalavelmente da morte, e nada pode impedir isso. Força física, adulação, propina e todas as coisas desse mundo não podem persuadir a morte a se afastar.

Ao saber que temos uma doença fatal, corremos freneticamente de um médico para outro, e quando isso falha vamos aos lamas e pedimos que façam adivinhações para nos ajudar. Por fim, nos vemos comendo nossa última refeição e sentando em nosso último assento. Depois, nosso corpo tomba no chão como um pedaço de madeira.

A meditação sobre a morte nos propicia uma espécie de inquietação, um desassossego, como se alguém perigoso estivesse nos vigiando. Esse sentimento é muito real e útil, pois, na verdade, a certeza da morte assoma diante de nós.

O momento em que a morte vai nos atingir não é de nosso conhecimento. Não sabemos o que virá primeiro, o amanhã ou a próxima vida. Nenhum de nós tem condições de garantir que ainda estará vivo hoje à noite. O mais leve problema de saúde pode fazer com que deixemos esse mundo de repente. Mesmo condições que sustentam a vida, como alimentos e remédios, podem agir como venenos e destruir a vida de alguém.

Quando morremos, nosso corpo e todos os seus poderes se perdem. Bens, poder, fama e amigos são todos incapazes de nos acompanhar. Peguem a mim como exemplo. Muitos tibetanos depositam uma enorme fé em mim e fariam qualquer coisa que eu pedisse; mas, quando eu morrer, deverei morrer sozinho e sequer um deles será capaz de me acompanhar. Tudo o que se leva junto são os métodos espirituais e as marcas kármicas das ações durante a vida. Se ao longo da vida a pessoa praticou métodos espirituais e aprendeu técnicas meditativas que preparam a mente para a morte, então manterá a confiança e será capaz de lidar de modo eficiente e destemido com as experiências que ocorrem na morte. Treinando durante a vida e cultivando uma percepção do processo da morte, quando nossa respiração cessar e os elementos de nosso corpo dissolverem-se gradualmente, seremos capazes de lidar com os estágios do processo e reconhecer a clara luz da morte quando surgir. A passagem dessa consciência de clara luz marca o momento exato da morte. Dizem que, antes da consciência de clara luz, cai-se em um desmaio profundo e, estando confusa ao recobrar-se, a pessoa comum fracassa em reconhecer a aparição da clara luz; mas quem treinou as meditações mais elevadas reconhece os estágios da morte e estabelece uma presença mental ao entrar no desmaio. Desse modo, transforma os efeitos desse estado muito sutil de consciência e, quando emerge dele, reconhece a clara luz da morte. Mesmo depois que a clara luz terminar, e deixarmos o corpo para entrar no estado intermediário, seremos capazes de reconhecer o bardo como bardo e experienciar as alucinações e visões que ocorrem com equanimidade e *insight*. Nesse ponto, a pessoa comum cai sob o poder da raiva, apego, ignorância etc., e age de acordo. O ser espiritualmente treinado repousa na sabedoria e serenidade. A clara luz da morte é transformada no Corpo de Sabedoria Perfeito e a experiência do bardo no Corpo Beatífico Puro. Para preencher as aspirações de beneficiar os seres, pessoas espiritualmente treinadas podem direcionar seu renascimento conforme desejarem para qualquer lugar do universo.

Aqueles de nós que são incapazes de se engajar nessas práticas yogues na hora da morte devem ao menos tentar aplicar a clara presença mental ao longo de todo o processo e manter pensamentos de amor, compaixão e a mente bodhi. Também é muito benéfico recordar-se do guru e das Três Joias de Refúgio, orando por sua orientação. Isso ajudará a entrar no bardo com uma mente voltada para o espiritual, o que por sua vez garante um renascimento elevado propício a mais progresso espiritual.

Todos nós carregamos dentro do fluxo mental instintos infinitamente numerosos de atividades passadas tanto positivas quanto negativas. A principal esperança de uma pessoa não treinada é que, ao manter um fluxo positivo de pensamento enquanto morre, ative um forte instinto kármico positivo no exato momento da morte, fazendo com que, desse modo, esse instinto seja a influência dominante ao longo da experiência do bardo. Essa é a melhor abordagem para uma pessoa não treinada. O yogue e o ser comum possuem métodos bastante diferentes.

Devemos direcionar nossa mente na hora da morte conforme dito anteriormente. Quanto ao ambiente, é importante que, durante a morte ou depois dela, o quarto não fique cheio de gente chorando ou se lamentando, ou de qualquer tipo de evento que possa incomodar a mente da pessoa que morre.

Não é comum para alguém que viveu uma vida negativa ter pensamentos positivos na morte ou uma experiência controlada no bardo. Portanto, de agora em diante devemos ficar cientes da morte e nos empenharmos em práticas que gerem qualidades espirituais, qualidades que não apenas irão nos beneficiar em vida, mas nos proporcionarão a capacidade de encarar a morte e o bardo com competência.

Assim, na meditação de "três raízes" sobre a morte, contemplamos que a morte é certa e decidimos praticar o Dharma; contemplamos a incerteza quanto à hora da morte e decidimos praticar imediatamente; e contemplamos que apenas a sabedoria do Dharma tem valor na hora da morte e decidimos praticar o Dharma de forma pura.

Agora que, como humanos, encontramos os ensinamentos espirituais e um mestre, não devemos ser como um mendigo, sem fazer nada de significativo ano após ano, acabando de mãos vazias na morte. Eu, um monge comum na linhagem do Buda Shakyamuni, humildemente insisto com vocês para que se esforcem na prática espiritual. Examinem a natureza de sua mente e cultivem o seu desenvolvimento. Levem em conta seu bem-estar nesta e em existências futuras e desenvolvam competência nos métodos que produzem felicidade aqui e na próxima vida. Nossas vidas são impermanentes, e assim são os ensinamentos sagrados. Devemos cultivar nossa prática com cuidado.

Como o Dharma nos ajuda e o não Dharma nos prejudica na hora da morte?

O amor e a compaixão dos Iluminados não são forças suficientes para nos salvar. Se fossem, teriam feito isso em qualquer uma das experiências prévias de morte pelas quais passamos desde tempos imemoriais. Não fazer nada de nossa parte é como querer bater palmas com uma só mão.

Terceiro Dalai Lama:

Você pode perguntar: se, com exceção do Dharma, nada ajuda na hora da morte, então como o Dharma ajuda? E como o não Dharma prejudica?

Na morte, a pessoa não se evapora pura e simplesmente. A morte é seguida do renascimento e o que determina se meu renascimento é feliz ou miserável, elevado ou baixo, é o estado de minha mente na hora da morte. Agora, com exceção do poder do karma, as pessoas comuns são impotentes. Elas devem aceitar o renascimento lançado sobre elas pela força de seus karmas negros e brancos, ou pelas impressões psíquicas deixadas pelas ações prévias de corpo, fala e mente. Se na hora da morte um pensamento positivo predominar, a seguir virá um renascimento feliz. Se um pensamento negativo predominar, a pessoa nascerá na dimensão apropriada de um dos três reinos inferiores, onde deve sofrer dor intensa.

Quais são os tormentos dos três reinos inferiores? Citando Acharya Nagarjuna:

Lembre-se de que nos infernos inferiores
os seres queimam como o sol, e
nos infernos superiores congelam.

> Lembre-se de como fantasmas e espíritos
> sofrem devido à fome, à sede e ao clima.
> Lembre-se de como os animais sofrem
> as consequências da estupidez.
> Abandone as causas kármicas de tal miséria
> e cultive as causas de alegria.
> A vida humana é rara e preciosa;
> não faça dela um motivo de dor.
> Preste atenção; use-a direito.

Conforme Nagarjuna indica, os sofrimentos dos infernos quentes e gelados são insuportáveis, os sofrimentos dos fantasmas são horrendos e os sofrimentos dos animais – comer uns aos outros, ser domesticado e dominado pelos humanos, ser ignorante e assim por diante – são avassaladores. De momento, não conseguimos manter nossa mão no fogo sequer por uns poucos segundos. Não conseguimos ficar parados no gelo durante o inverno por mais de alguns minutos. Passar até mesmo um só dia sem comer ou beber nada é considerado uma grande dificuldade e o mero ferrãozinho de uma abelha parece terrível. Como então você será capaz de suportar o calor ou frio dos infernos, a angústia de um fantasma ou os horrores da vida animal?

Medite sobre os sofrimentos dos reinos inferiores até ficar tomado pelo terror e apreensão. Agora que você obteve a auspiciosa forma humana, abandone as causas de renascimento inferior e cultive as causas para um renascimento positivo. Decida empenhar-se nos métodos que interrompem a estrada para os reinos inferiores.

Sua Santidade:

Algumas pessoas duvidam da existência dos reinos infernais. Contudo, muitas diferentes culturas do mundo falam desses reinos e existem pessoas com poderes de clarividência que podem visualizá-los. No Budismo, diz-se que, através da meditação, nós mesmos podemos desenvolver certos poderes extraordinários de memória e, assim, relembrar algumas de nossas vidas prévias, sendo que, nesse caso, seríamos capazes de recordar de nossas próprias experiências no inferno.

Existem muitos níveis da lei natural que estão além da compreensão dos seres ordinários e podem ser percebidos apenas por seres com estados de consciência altamente desenvolvidos. O funcionamento das leis do karma é uma dessas verdades mais sutis.

Não há dois seres humanos com corpo ou mente idênticos. Cada um de nós é completamente único, até no menor fio de cabelo, ruga ou feição muscular. Por que somos tão complexos? Por que os animais e insetos são individualmente tão únicos? É onde entra em foco a teoria budista do karma e sua evolução. Mas isso será abordado mais adiante.

Numerosas escrituras budistas falam dos infernos em termos muitos reais, a ponto de descrever suas localizações exatas e assim por diante. É tema de debate dentro do Budismo se esses reinos são ou não locais externos reais, ou se são apenas estados da mente. Shantideva escreveu: "Quem criou os guardiões e as armas de tortura dos infernos? Na verdade, eles são formados a partir das impressões kármicas que se carrega dentro do fluxo mental". Contudo, sejam estados externos ou meramente estados mentais, isso não afeta o nosso problema – como evitar experienciá-los. Se nos encontrarmos nos reinos dos infernos, a experiência de sofrimento será inevitável. Os tipos de sofrimento característicos dos infernos – intenso calor, frio, tortura física etc. – não são experiências impossíveis, não são algo além da imaginação humana.

Caso os infernos e outros reinos de sofrimento não existissem, não haveria muita necessidade de estudo e prática do Dharma. Mas, se olhamos em volta, podemos ver que estamos enredados em sofrimento por todos os lados. Como podemos esperar que condições semelhantes não estejam presentes conosco depois que o corpo morrer? Mas, então, não teremos riqueza, poder, amigos, nem mesmo um corpo com que nos proteger. Não haverá nada além de nossas marcas kármicas positivas e negativas e nosso conhecimento espiritual, ou a falta dele. Quando não se tem sabedoria e se carrega as marcas principalmente de ações kármicas negativas, o bardo se transforma em visões infernais e o coração se enche de pesar. Seria melhor não ser tão orgulhoso e confiante na suposta não existência dos infernos quando ainda se possui poderes de discernimento.

Desse modo, o praticante da perspectiva inicial prossegue na meditação prolongada sobre os tipos de sofrimento dos reinos infernais particulares e decide abandonar as causas desses renascimentos inferiores – ações negativas executadas por uma mente deludida. Essa meditação deve ser realizada regularmente, não só por alguns dias, mas por meses a fio, até se desenvolver uma aversão natural ao envolvimento em atividades degeneradas. De momento, fazemos grandes esforços para nos proteger de frio, calor, mordidas de inseto e assim por diante. Não seria sábio nos protegermos também de futuros sofrimentos dessa natureza evitando suas causas, as ações negativas de corpo, fala e mente?

As escrituras são abundantes em descrições da natureza dos vários infernos. Falam de quatro tipos principais: os oito infernos quentes, os oito infernos frios, os quatro infernos circundantes aos infernos mais baixos e os infernos ocasionais onde os seres têm folga temporária. Cada um desses reinos é descrito como possuindo uma intensidade diferente de miséria, uma duração de vida e assim por diante. A principal característica é o sofrimento intenso e violento e a causa principal é o karma negativo criado por raiva violenta e por fazer mal aos outros.

Eu realmente gostaria que não houvesse sofrimento nesse mundo, nem sofrimento após a morte. Gostaria que não houvesse infernos ou regiões dos fantasmas. Mas não seria sábio acreditar que isso não existe e continuar com as atitudes negativas que arrastam a mente para esses reinos. A distância entre a nossa existência atual e os infernos pode ser tão curta quanto uma simples respiração.

Atitudes negativas não têm efeitos benéficos sobre a mente nem mesmo nesta vida. Se existe uma vida futura, como podemos esperar que a negatividade a beneficie? Porém, atitudes positivas têm efeitos positivos sobre a mente nesta vida e assentam o alicerce para a felicidade após a morte. Deve-se contemplar o sofrimento dos infernos sob essa luz e resolver evitar os caminhos que levam e ele.

Os reinos dos fantasmas também não podem ser vistos por pessoas comuns que habitam neste reino, embora existam episódios isolados de contato inter-reinos entre seres com fortes conexões kármicas. Muitas culturas do mundo também falaram de modo individualizado desses reinos e muitos místicos e clarividentes escreveram sobre eles.

As principais aflições dos fantasmas são fome e sede intensas. Embora sejam continuamente torturados por esses desejos insaciáveis, eles não morrem por muitos séculos. A principal causa para renascimento nesse reino é o karma negativo criado por apego e ganância. Deve-se manter a contemplação dos sofrimentos dos reinos dos fantasmas e resolver evitar os karmas negativos que o provocam. Neste instante, achamos difícil praticar até mesmo um jejum religioso pela metade de um dia; como haveríamos de tolerar mil anos de tais anseios?

Os sofrimentos dos reinos dos animais são óbvios para nós. Animais de carga e de fazendas experienciam ser conduzidos, espancados, mortos e comidos por seres humanos. Nós iríamos a uma entidade e reclamaríamos nossos direitos humanos se alguém tentasse fazer essas coisas conosco, mas os animais não podem fazer nada a não ser olhar assustados e tristes. Os peixes do Lago Kangra não são respeitados como donos do lago; para os humanos eles são meras fontes de alimento. Esquecemos que eles são seres vivos que, como nós, agarram-se a um "eu" e aspiram a felicidade. Esquecemos que eles não querem dor e não querem morrer, e os puxamos para fora d'água em anzóis e redes, fazendo com que morram em medo e agonia. É o mesmo no caso de galinhas, gado, cabras e assim por diante. Não há ninguém a quem eles possam recorrer, e eles não possuem inteligência para ajudar a si mesmos. Esse é o karma e sofrimento de seu reino. Devemos meditar sobre o que experienciaríamos se renascêssemos entre eles.

Os animais selvagens, pássaros, insetos e assim por diante em geral sofrem ainda mais intensamente. Para eles é a lei da selva e os velhos e fracos são devorados vivos. Tendo que caçar comida e buscar abrigo constantemente, eles muitas vezes experienciam longos períodos de privação. Sua grande falha é a falta de sabedoria e, por consequência, são incapazes de cultivar progresso espiritual. Dessa forma, suas vidas são controladas pelas forças do karma e da delusão, até que morram em terror.

Devemos meditar sobre os vários sofrimentos do mundo animal e nos perguntarmos: "Será que eu quero esse sofrimento? Posso suportá-lo?" Se você não pode, então tome a resolução de evitar sua causa, a atividade sem sentido e deludida baseada na mente ignorante.

Nesta e em muitas existências prévias, criamos muitos karmas que podem resultar em renascimento em qualquer um dos três reinos inferiores. Devemos cessar a criação de tais causas e buscar os métodos que purificam a mente de instintos kármicos prévios e a elevam das trevas para a alegria duradoura.

7

*Buscando um lugar
de refúgio*

Sua Santidade:

Um aspirante espiritual requer um modelo, algo que possa olhar como um ideal e dessa forma encontrar orientação e inspiração. No Budismo existe a Gema Tripla, ou as Três Joias de Refúgio: os Budas, o Dharma e a Sangha.

Quando pensamos nos Budas plenamente iluminados – os seres que purificaram suas mentes de todas as máculas e obscurecimentos e que expandiram sua sabedoria aos limites da existência –, nos sentimos muito atraídos e estupefatos; mas, de certo, modo sempre parece haver uma grande distância entre os Budas e nós. Por esse motivo existe o refúgio da Sangha, a comunidade de aspirantes espirituais, a assembleia dos praticantes situados nos vários estágios de prática e realização. Esses seres nos proporcionam uma perspectiva sobre o caminho. Temos que erguer os olhos para a Sangha, mas não tanto quanto para os Budas. A Sangha nos faz pensar: "Essa pessoa não está tão na minha frente. Se eu fizer um pouquinho mais de esforço..." Eles nos dão confiança para a prática espiritual. Às vezes nos fazem sentir até que podemos disputar uma corrida junto com eles rumo à iluminação. Essa é a Sangha dos amigos espirituais.

Pensamentos sobre os Budas nos deixam pasmos de admiração; pensamentos sobre a Sangha nos fazem aderir na hora e nos aplicarmos com zelo no caminho espiritual. Esse caminho e os métodos para percorrê-lo são a terceira Joia de Refúgio, o Dharma. É o conjunto de ensinamentos a ser praticados e as realizações a ser cumpridas.

Terceiro Dalai Lama:

Quais são exatamente os métodos que interrompem a estrada para o renascimento inferior? Conforme explicado anteriormente, o medo do sofrimento de um renascimento inferior é útil. O reconhecimento de que o Buda, o Dharma e a Sangha têm o poder de nos conduzir para longe de tal renascimento também ajuda. Crie o medo por meio da meditação e depois volte-se para as Três Joias Supremas do fundo de seu coração.

Sua Santidade:

Existem diferentes maneiras de se falar sobre as Joias de Refúgio. Em termos de ordem cronológica, a primeira a aparecer historicamente é um Buda, um ser plenamente iluminado. Ele dá origem à Joia do Dharma, os ensinamentos sobre o caminho para a iluminação. A partir da prática do Dharma, surge a comunidade de praticantes de vários níveis, a Sangha.

Como as Três Joias podem nos beneficiar? Os Budas têm quatro qualidades que os tornam objetos efetivos de refúgio: estão livres da imperfeição samsárica, junto com seus medos e sofrimentos; possuem habilidade onisciente no ensino dos caminhos para a iluminação; mantêm perfeita compaixão por cada ser vivo e manifestam equanimidade em relação a todos. A Sangha também possui essas quatro qualidades, embora em um grau limitado. O Dharma tem a capacidade de gerar as qualidades dentro de nós.

É importante que todas as quatro qualidades estejam presentes em um objeto de refúgio espiritual. Se os mestres espirituais não estiverem livres da existência mundana, não serão capazes de conduzir os outros rumo à liberdade. Se não possuírem habilidade onisciente, não serão capazes de guiar os praticantes conforme as complexidades de seus antecedentes kármicos e suas índoles espirituais individuais. Se não dispuserem de grande compaixão, vão optar por permanecer em bem-aventurança meditativa em vez de ensinar; e se sua compaixão for parcial é de duvidar que escolham nos beneficiar e, mesmo que optem por nos ensinar, é de duvidar que tenham paciência para nos guiar pelos desafios da prática.

Como os Iluminados atingem o estado de buda onisciente? Purificando e expandindo suas mentes por meio da prática do Dharma, que posteriormente ensinam movidos pela compaixão. Nosso Buda Shakyamuni treinou com muitos mestres ao longo de uma série de vidas. Por fim, sua prática do Dharma transportou-o à iluminação. Por isso se diz que o Dharma é o verdadeiro refúgio, os Iluminados são os mestres do refúgio e a Sangha são os amigos do refúgio. Se admiramos os Iluminados, como poderíamos não admirar a força que os levou à iluminação?

O Dharma, ou os ensinamentos, não é uma série de instruções para se acreditar e seguir com fé cega. A prática do Dharma deve ser executada com base na razão e na contemplação. Se a pessoa aceita um ponto da prática ou da doutrina por fé cega, está aceitando pelo motivo errado e da maneira errada. Quando encontro uma contradição entre doutrina e razão, sempre dou prioridade à razão. O Buda ensinou muitos níveis e tipos de doutrina dependendo da qualidade de sua plateia, e devemos discernir por nós mesmos o que tinha significado literal e o que era apenas figurado.

Terceiro Dalai Lama:

Como as Três Joias têm o poder de proteger dos terrores dos reinos inferiores? A Joia do Buda é livre de todo o medo e, sendo onisciente, é um mestre dos caminhos que protegem de todos os medos. Além disso, como ele repousa em uma grande compaixão, que vê todos os seres sencientes com equanimidade, é um objeto de refúgio valioso tanto para aqueles que lhe são benéficos quanto para os que não são. Visto que ele possui essas qualidades, é de se deduzir que seus ensinamentos e a Sangha estabelecida por ele também sejam valiosos. Não se pode dizer isso dos fundadores de muitas escolas religiosas, dos quais poucos eram perfeitos; nem de muitas doutrinas, cuja maioria está cheia de falhas na lógica; nem ainda de muitas tradições religiosas, a maioria das quais são fragmentadas. Como o Buda, o Dharma e a Sangha possuem essas qualidades sublimes, de fato são valiosos.

Como se toma refúgio nas Três Joias Supremas? Entoe três vezes: "Tomo refúgio no Buda perfeito. Por favor, mostre-me como ficar livre dos sofrimentos do samsara em geral e dos reinos inferiores em particular. Tomo refúgio no Dharma supremo, isento de desejos. Por favor, seja meu verdadeiro refúgio e conduza-me à liberdade dos terrores do samsara em geral e dos reinos inferiores em particular. Tomo refúgio na suprema Sangha, a Comunidade Espiritual. Por favor, proteja-me da miséria do samsara e especialmente dos reinos inferiores". Enquanto recita essas linhas, crie uma verdadeira determinação de buscar inspiração no Buda, no Dharma e na Sangha do fundo de seu coração.

Sua Santidade:

Tomamos refúgio nos Budas recordando-nos dos Iluminados, os seres supremos, possuidores de sabedoria onisciente, solicitando a eles para que girem a Roda do Dharma e sejam nossos guias espirituais. Aqui tomamos refúgio causal nos Budas como modelo externo e também o refúgio resultante de nossa própria obtenção do estado de buda.

A seguir, recordamos do Dharma, que acalma os desejos e leva ao estado de liberação de todo o anseio mundano. Por que o desejo é especificado dentre os numerosos venenos psíquicos? Porque, embora a ignorância seja uma aflição mais penetrante que o desejo, consta nas escrituras que o desejo é a força que nos prende à vida samsárica de modo mais instantâneo. Como o Dharma é o agente que extingue o samsara, é por isso chamado "isento de desejo".

A prática do Dharma, que é a quarta Nobre Verdade exposta pelo Buda, dá origem à Nobre Verdade da cessação, a terceira verdade, que é o estado de nirvana, dentro do qual a distorção mental está totalmente pacificada. Assim, nosso verdadeiro refúgio é o Dharma, tanto como a Nobre Verdade do caminho a ser praticado, quanto como a Nobre Verdade da cessação a ser gerada dentro de nosso *continuum*.

Em terceiro lugar, voltamo-nos para a Joia da Sangha, a comunidade suprema, a assembleia de aspirantes espirituais que se situam entre os seres mais rigorosos do mundo. Refletindo sobre a excelência deles, solicitamos que sejam nossos amigos e guias no caminho para a iluminação.

Em geral, é dito que são necessárias duas causas para que o refúgio seja sólido: noção da natureza insatisfatória das formas inferiores de existência e reconhecimento de que, confiando nos objetos de refúgio, seremos capazes de transcender a estados mais elevados. Se geramos essas duas causas e lemos as linhas do texto enquanto recordamos as qualidades das Joias de Refúgio, não há dúvida de que nascerá um forte senso de refúgio.

Terceiro Dalai Lama:

Contudo, tomar refúgio, mas depois não observar os preceitos do refúgio, é de pouco benefício, e o poder de ter tomado refúgio logo é perdido. Portanto, esteja sempre cônscio dos preceitos. Tendo tomado refúgio no Buda, não mais confie em deuses mundanos como Shiva e Vishnu, mas veja todas as estátuas do Buda como manifestações reais do próprio Buda. Se você tomou refúgio no Dharma, nunca mais cause mal a um ser senciente, e jamais mostre desrespeito pelas escrituras sagradas. Por fim, o refúgio na Sangha significa que você não deve mais perder tempo com professores falsos, ou com amigos imprestáveis ou desencaminhadores, e que você jamais deve demonstrar desrespeito pelo traje açafrão ou castanho-avermelhado.

Além disso, entendendo que cada felicidade temporária e definitiva é resultado da bondade das Três Joias Supremas, faça-lhes uma pequena oferenda de sua comida ou bebida a cada refeição, e confie nelas em vez de confiar nos políticos ou nos adivinhos para todas as suas necessidades imediatas e definitivas. Da mesma forma, em conformidade com seu vigor espiritual, mostre aos outros a importância do refúgio nas Três Joias e jamais renuncie a seu refúgio, nem mesmo de brincadeira ou para salvar a sua vida.

Sua Santidade:

Uma vez que se tenha tomado refúgio nas Três Joias, deve-se tentar integrar os preceitos do refúgio. Cada uma das Três Joias tem um preceito concernente a uma atividade a ser evitada e um concernente a uma atividade a ser praticada. Se colocamos nosso refúgio no Buda, não mais devemos buscar proteção definitiva em deuses e espíritos mundanos, embora com certeza eles possam ser invocados ocasionalmente para necessidades específicas. Contudo, visto que são ciumentos, poderiam facilmente nos fazer mal e à nossa prática caso ficássemos envolvidos demais com eles, de modo que não devemos considerá-los fontes últimas de refúgio.

O preceito a ser praticado é de considerar todas as imagens dos Iluminados como verdadeiras manifestações dos seres que representam e não considerá-las superiores ou inferiores com base no valor artístico. Todas as imagens sagradas devem ser honradas como sendo os próprios Budas. Então a imagem serve ao propósito pretendido. Não obstante, os artistas devem tentar produzir obras de elevada qualidade, ou apenas fazem as pessoas criar karma negativo por serem desrespeitosas. Por exemplo: as pessoas trazem constantemente pinturas e estátuas para que eu consagre, e, embora ao longo de todo o ritual de consagração eu deva respeitar a imagem do Buda como a ele mesmo, às vezes preciso segurar riso ao ver narizes tortos e queixos caídos. Os artistas não devem presumir que esse preceito signifique que eles não precisem se preocupar com a qualidade artística de seu trabalho. Um trabalho bem-feito terá valor artístico e espiritual, ao passo que um trabalho desleixado às vezes é pouco mais do que um constrangimento.

A conduta a ser evitada, uma vez que se tenha tomado refúgio no Dharma, é a de fazer mal aos seres sencientes. Uma vez que os Iluminados ensinam o Dharma unicamente por compaixão, qualquer um com refúgio no Dharma deve respeitar essa compaixão e se afastar das atitudes danosas. O preceito a ser praticado é considerar todas as escrituras como representações do Dharma e tratá-las com o respeito condizente. Qualquer um que publique e venda escrituras deve ter o cuidado de fazê-lo com base no benefício para os outros e não com ideias de lucro.

A atividade a ser evitada por qualquer um que mantenha refúgio na Sangha é passar tempo demais com pessoas que ensinam ou seguem caminhos errôneos, e aquelas cuja influência atrapalha a prática e perturba a mente. O preceito a ser praticado aqui é considerar todos os seres que vestem trajes monásticos como corporificações da Sangha e respeitá-los como seres da Arya Sangha que transcenderam limitações mundanas por meio da sabedoria da vacuidade. Sempre que o grande Upasika Drom Tonpa passava até mesmo por um pedaço de tecido jogado fora que fosse da cor dos trajes dos monges, ele o pegava, tocava-o com a cabeça e recitava a fórmula de refúgio. Pessoas leigas devem tentar honrar a Sangha dessa maneira e monges e monjas devem ser conscienciosos sobre esse respeito e usá-lo para inspirá-los na prática em vez de ficarem orgulhosos e arrogantes.

O preceito de evitar passar uma quantidade excessiva de tempo com mestres que expõem caminhos contrários aos princípios budistas deve ser aplicado com sabedoria e tolerância. O ponto é evitar apenas a criação de instabilidade desnecessária na própria prática. Devemos respeitar todas as outras religiões e seus mestres; mas, se o mestre está falando de uma maneira que vai abalar nossa prática, criará problemas em nosso caminho para a iluminação. Quando o quinto Dalai Lama foi indicado senhor do Tibete, na metade do século XVII, promulgou leis concedendo direitos e condições iguais para a antiga religião Bon. Também decretou leis, protegendo da intromissão de budistas. O Bon prosperou livremente no Tibete até hoje, e muitos Bonpos partiram em autoexílio depois da invasão chinesa e da perseguição religiosa. Também havia uma grande comunidade muçulmana no Tibete que gozava de plena liberdade religiosa. A atitude tibetana é que, se as pessoas não têm um elo kármico com o Dharma, deve-se deixar que sigam seu próprio caminho. Diferentes mestres expõem diferentes caminhos a fim de satisfazer a variedade de índoles humanas, e não para criar discórdia. O preceito da Sangha de evitar professores de caminhos errados não pretende de modo algum criar atitudes sectárias. A meta é manter uma prática sólida, concentrada e bem dirigida.

Devemos recordar as qualidades das Três Joias e recitar a fórmula do refúgio três vezes de dia e três vezes à noite. Jamais quebrar os preceitos do refúgio, nem de brincadeira, nem usar seus nomes de forma desonrosa. Quando os velhos tibetanos ficavam zangados, diziam como imprecação:

"Ah, as Três Joias!" E ouvi dizer que, depois da invasão chinesa, quando meu nome tornou-se uma espécie de símbolo religioso para o povo de Lhasa, as crianças pegaram o hábito de usá-lo como uma palavra de blasfêmia: "Ah, Yeshin Norbu!" Isso deixou os chineses zangados, e eles disseram às crianças que, se queriam praguejar, deveriam usar o nome do presidente Mao: "Ah, Mao Tse-tung!" Conseguiram fazer algumas criancinhas usar o nome dele para praguejar por um breve período de tempo. Às vezes, os comunistas chineses parecem realmente bobocas.

Terceiro Dalai Lama:

> Com a consciência da necessidade de evitar perder tempo com meras palavras, recite a seguinte fórmula de refúgio três vezes durante o dia e três vezes durante a noite: *NAMO GURU BHYAH, NAMO BUDDHA YA, NAMO DHARMA YA, NAMO SANGHA YA*. Enquanto faz isso, mantenha-se cônscio das qualidades insuperáveis das Três Joias e de suas singularidades e compromissos individuais.

Sua Santidade:

Quando se medita sobre a tomada de refúgio nas Três Joias, deve-se primeiro gerar uma recordação de suas qualidades e potências individuais. Esse pode ser um tópico amplo, pois tomar refúgio no Buda significa que se deve meditar sobre as qualidades, sabedorias e poderes do corpo, fala e mente de Buda; refúgio no Dharma significa que se deve meditar sobre todos os caminhos e práticas que levam à verdade da cessação (do sofrimento) ou à paz do nirvana; e refúgio na Sangha requer uma percepção sobre os 20 tipos de Sangha e assim por diante.

Como o refúgio envolve todos os caminhos e estágios da iluminação, bem como os tipos de seres situados no caminho e além dele, é um assunto que pode ser explicado com brevidade ou expandido em muitos volumes. Uma das melhores escrituras indianas em termos de profundidade e inteireza da apresentação dos caminhos, estágios e tipos de ser espiritual é o *Ornamento da Compreensão Clara,* de Maitreya. Quando se experiencia o refúgio baseado no entendimento de grandes tratados como esse, o refúgio torna-se correto e efetivo.

Deve-se tomar refúgio nas Três Joias, entendendo-se suas naturezas singulares e funções individuais. A função proporcionada pelo refúgio no Buda é a orientação espiritual; a função do refúgio no Dharma é a prática; a função do refúgio na Sangha é o apoio espiritual. Com esses três auxílios, tem-se tudo o que se requer para percorrer os caminhos e estágios e obter condições elevadas de existência, liberação e iluminação.

8

As leis de evolução kármica

Terceiro Dalai Lama:

A pessoa pode se indagar: concedida, a permanência no refúgio nas Três Joias pode me proteger da desgraça de um renascimento inferior; mas como posso produzir as causas que ocasionam um renascimento elevado?

Para isso devemos considerar os quatro aspectos da lei kármica: ações positivas e negativas plantam sementes que vão render frutos condizentes, ou seja, bondade produz felicidade futura e maldade produz miséria futura; uma semente produz muitos frutos, cada um dos quais possui muitas sementes de natureza semelhante; uma ação não realizada não produz resultados; e cada ação de corpo, fala e mente deixa uma semente kármica no *continuum* que jamais se esgota (a menos que liquidada ou neutralizada por exercícios espirituais). Quando se contempla os quatro aspectos da lei kármica, a importância de viver de acordo com os ensinamentos de abandonar a negatividade e cultivar o bem torna-se óbvia.

Provar as leis do karma unicamente por meio da força da lógica é um processo extremamente difícil e cansativo, e apenas uma pessoa bem versada em raciocínio lógico conseguiria sequer acompanhar o processo. Assim, em vez disso vou citar um verso do *Sutra Rei das Absorções:*

> A lua e as estrelas podem cair na terra,
> montanhas e vales podem desmoronar,
> e até mesmo o céu pode desaparecer;
> mas você, ó Buda, não fala nada falso.

Mantendo essas palavras em mente, podemos considerar o seguinte ensinamento do próprio Buda:

Do mal vem o sofrimento;
por isso, dia e noite
deve-se pensar e repensar
sobre como escapar da miséria para sempre.

E também:

As raízes de toda a bondade jazem
no solo da apreciação da bondade.
Medite constantemente sobre como amadurecer
os frutos que dali podem crescer.

Sua Santidade:

O principal preceito do refúgio é desenvolver consciência sobre a lei kármica. Para isso, deve-se primeiro obter um entendimento sobre os princípios do karma e sua evolução, e então tentar praticar de acordo.

Diz-se que quando uma pessoa gera clarividência é capaz de perceber os níveis mais grosseiros das operações do karma, e que um ser plenamente iluminado vê a causa kármica mais sutil de cada evento. Para uma pessoa comum, entretanto, o conhecimento das leis kármicas de causa e efeito é adquirido apenas pela confiança nas escrituras. Existem muitos tratados lógicos estabelecendo a teoria do karma por meio do uso da razão, mas só podem ser entendidos por meio de estudo extensivo.

O terceiro Dalai Lama faz a citação: "Mas você, ó Buda, não fala nada falso". Antes que as pessoas comuns sejam capazes de se sentir inclinadas a confiar nas escrituras, devem primeiro adquirir respeito pelo Iluminado. Devem ser capazes de se abrir para os ensinamentos. Esse respeito pode ser gerado em alguns seres pela meditação sobre as qualidades e características do Buda, do Dharma e da Sangha. Mas um método superior é estudar primeiro os ensinamentos sobre os dois níveis da realidade – absoluta e convencional –, com ênfase no tema da vacuidade.

As leis de evolução kármica

A doutrina da vacuidade é tanto vasta quanto profunda, e seu entendimento dá à pessoa grande confiança nos ensinamentos gerais. Nesse contexto, Lama Tsongkhapa escreveu: "O *insight* nos ensinamentos sobre a relatividade realça a apreciação por todos as obras do Buda".

As duas metas espirituais fundamentais são renascimento elevado e bondade absoluta. Esta última significa qualquer um dos dois estágios: a liberação do nirvana ou a onisciência da iluminação. A bondade absoluta é uma meta mais sublime do que o renascimento elevado, e os ensinamentos sobre ela baseiam-se na lógica e na razão. Os ensinamentos sobre as leis do karma, cujo entendimento e prática resultam em renascimento elevado, podem ser apresentados a uma pessoa comum apenas com base na evidência das escrituras. Quando estudamos os ensinamentos mais elevados sobre a bondade última e adquirimos entendimento a respeito, analisando-os cuidadosamente com raciocínio lógico, contemplando-os em profundidade e vendo como coincidem com nossas experiências de vida, adquirimos uma confiança neles baseada em nossas próprias reflexões. Isso abre nosso coração para os ensinamentos dos Iluminados. Chegamos à sensação de que, visto que o Buda deu tais instruções profundas e lógicas sobre a natureza do eu e dos níveis de verdade mais profundos, com certeza suas outras doutrinas estão corretas. O estudo das escrituras que tratam da vacuidade, a natureza última das coisas, é benéfico não só porque decepa a cabeça feiosa do apego ao ego, mas também porque realça nossa receptividade em relação a todos os ensinamentos, incluindo aqueles como a doutrina do karma, que só seremos capazes de verificar pessoalmente como verdadeiros quando obtivermos realizações meditativas mais elevadas.

Fundamental a todas as escolas do Budismo é a doutrina das Quatro Nobres Verdades: a verdade de que a existência imperfeita está enredada no sofrimento; de que o sofrimento tem uma causa; de que existe um estado onde há a cessação do sofrimento e de que existe um caminho espiritual que leva ao estado além de todo sofrimento. Elas devem ser entendidas também em sua ordem sequencial: a partir da causa do sofrimento surge a realidade do sofrimento; a partir da causa da prática surge a realidade onde existe a cessação do sofrimento. Desse modo, as duas primeiras verdades descrevem o samsara e como vagamos nele; as duas últimas referem-se à paz absoluta e como a obtemos.

Os níveis iniciais dos ensinamentos – aqueles sobre como evitar degenerar-se em estados inferiores de existência e como obter os estados de humano ou deus – estão desse modo mais conectados com as duas primeiras verdades. Seu tema é como abandonar o sofrimento samsárico e obter a felicidade samsárica. Os ensinamentos para obter liberação e onisciência, as respectivas metas de praticantes de média e grande perspectiva, estão mais relacionadas às segundas duas verdades.

Tradicionalmente, na literatura *Lam Rim*, os ensinamentos das três perspectivas são dados de acordo com a natureza da qualidade espiritual a ser experienciada pelo praticante em seu nível específico de alcance. Um problema aqui é que, como as práticas da perspectiva inicial estão mais relacionadas às duas primeiras verdades, que descrevem o samsara e sua evolução, seus assuntos principais giram em torno da doutrina do karma. Agora, conforme eu já disse, a menos que se tenha clarividência ou onisciência, é preciso confiar nas escrituras para formular um entendimento das leis do karma. Assim, a fim de seguir a abordagem tradicional, requer-se uma sólida fé, um requisito que de certo modo contradiz o conselho do Buda para sempre se avançar com base na razão.

Minha opinião pessoal é de que, como uma preliminar para a prática do *Lam Rim*, deve-se estudar escrituras como o *Tratado Fundamental sobre Sabedoria*, de Nagarjuna, e *Guia para a Visão Intermediária*, de Chandrakirti. Essas obras são as substâncias essenciais dos ensinamentos sobre sabedoria penetrante quanto à vacuidade, que, em geral, são dados nos estágios superiores do treinamento *Lam Rim* (como no caso da *Essência do Ouro Purificado*). Estudando os ensinamentos de sabedoria sobre a vacuidade, alcança-se um entendimento sobre como todos os seres vivos têm um apego inato a um "eu" que simplesmente não existe do modo como parece. Assim, esse "eu" que nos aparece é falso, como uma corda que pensamos ser uma cobra. Todos os objetos do conhecimento – mesas, cadeiras e outros – são vazios da condição de "eu" inerente que damos a eles. Os ensinamentos de sabedoria descrevem como esse falso conceito de "eu" interfere em nossa percepção de tudo e dá origem a uma hoste de delusões e atividades negativas.

Quando estudamos as escrituras sobre esses assuntos, somos encorajados a questionar e argumentar na mais plena amplitude. Nada deve ser adotado apenas por fé. Persistindo em nosso estudo, experienciamos como o entendimento da vacuidade do falso "eu" pacifica a mente da distorção e reduz as delusões, realçando desse modo a paz mental. Isso dá confiança nas duas últimas Nobres Verdades – a cessação do sofrimento e o caminho da cessação –, e essa confiança por sua vez torna a mente mais receptiva às duas primeiras Nobres Verdades e à doutrina do karma em torno da qual elas giram. Com base nessa confiança, a pessoa será capaz de aceitar as Quatro Nobres Verdades e empenhar-se na prática do Dharma.

Essa maneira circular de estabelecer a validade da lei kármica não é perfeitamente segura, mas é convincente o bastante para abrir nossa mente para as Quatro Verdades a ponto de sermos capazes de avançar na prática e atingir experiências mais profundas e conclusivas.

Terceiro Dalai Lama:

Conforme está implicado aqui, em geral deve-se abandonar toda atividade negativa, e em particular deve-se contemplar os quatro aspectos desagradáveis das dez não virtudes de corpo, fala e mente: matar, roubar e atividade sexual errônea (tais como manter relações perto de um templo ou perto da casa do guru, manter relações na lua nova ou cheia, ter mais de cinco orgasmos em uma noite etc.); mentir, falar asperamente, difamar os outros, ou entregar-se à tagarelice inútil; manter pensamentos de apego, de má vontade, ou sustentar visões erradas.

Para mostrar os quatro aspectos desagradáveis do karma pelo exemplo dos resultados de matar: *1) o efeito principal* é renascimento inferior; *2) o efeito semelhante à causa* é que, em um renascimento futuro, você será morto ou poderá ver muitos entes queridos serem mortos; *3) o efeito similar à ação* é que você terá a tendência de matar de novo em vidas futuras e com isso multiplicará o karma negativo; *4) o efeito sobre o ambiente* é que, mesmo que você conquiste um bom renascimento, seu ambiente será violento.

O efeito também é graduado em nível baixo, médio e alto, dependendo do assunto. Por exemplo, matar um humano resulta em renascimento no inferno, matar um animal resulta em renascimento como fantasma e matar um inseto resulta em renascimento como animal.

Tenha em mente essas palavras do *Capítulo do Confiável:*

Ó rei, não mate
pois tudo o que vive preza a vida.
Se você deseja uma vida longa para si mesmo, respeite a vida
e nem mesmo pense em matar.

Sua Santidade:

Diz-se que a causa do sofrimento é o karma negativo e a delusão. Nesse caso, o karma refere-se às ações que deixam uma marca de natureza concordante no fluxo mental. De um lado, uma ação negativa é definida simplesmente como qualquer ação que tenha sofrimento como resultado; por outro lado, uma ação positiva é qualquer ação que tenha felicidade como resultado. Tanto as ações positivas quanto as negativas deixam instintos kármicos na mente, instintos que jazem latentes dentro de nós até o dia em que as condições apropriadas manifestem-se para ativá-los. Se o instinto amadurecido é positivo, experiencia-se felicidade; se é negativo, experiencia-se sofrimento.

O karma possui quatro características principais. A primeira é o efeito crescente: bondade prenuncia bondade mais adiante, e maldade prenuncia maldade mais adiante. Em segundo, o karma é explícito: no fim das contas, bondade sempre produz alegria, e maldade sempre produz sofrimento. Em terceiro, jamais se experiencia uma alegria ou tristeza que não tenha uma causa kármica concordante. Por último, as sementes kármicas colocadas na mente no momento da ação jamais perderão sua potência, nem mesmo em cem milhões de vidas, mas vão ficar latentes dentro da mente até o dia em que as condições para ativá-las apareçam.

Portanto, a primeira coisa que o praticante da perspectiva inicial tem que aprender nesse ponto é quais ações são positivas e quais são negativas, quais devem ser cultivadas e quais devem ser abandonadas.

Terceiro Dalai Lama:

Conforme dito aqui, deve-se confiar em uma atitude decidida de não nutrir pensamentos de qualquer ação maldosa, tais como matar e o resto das dez ações negativas. Todas as formas de maldade devem ser abandonadas, e se deve lutar com todas as forças para pôr em prática a bondade.

Para citar Je Rinpoche:

Não há certeza de que, após a morte, não haja um renascimento inferior à sua espera,
mas existe a certeza de que as Três Joias podem protegê-lo disso.
Portanto, firme-se no refúgio
e não deixe os preceitos do refúgio degenerarem-se.
Considere também o funcionamento das ações negras e brancas.
Praticar corretamente é de sua responsabilidade.

Sua Santidade:

Os cursos de ação negativos a ser abandonados são dez. Três deles referem-se a ações físicas: matar, roubar e abusar da sexualidade. Quatro são de fala: mentir, falar cruelmente, difamar e falar fiado. As três últimas são ações mentais: apego, pensamentos nocivos e visões errôneas. Evitando essas dez, e mantendo-nos nos seus opostos, praticamos as dez virtudes.

Quais são os efeitos dos dez cursos negativos de ação? No exemplo de matar, a violência encurta essa vida e cria causas kármicas para que a pessoa seja morta em uma vida futura. Ficar familiarizado com o ato de matar significa que a mente torna-se mais propensa a envolver-se em matança no futuro. Se matamos nessa vida, renascemos com prazer em matar. Podemos ver isso refletido no comportamento de criancinhas. Algumas parecem desfrutar totalmente do ato de matar. Sempre que veem um inseto, vão correndo e pisam em cima, rindo de alegria. Às vezes capturam animais e os torturam até a morte. Tais ações demonstram uma familiaridade com matar adquirida em passadas prévias. Por outro lado, crianças que demonstram compaixão e não conseguem suportar ver nada ferido refletem o modo como sementes kármicas positivas podem influenciar nossas vidas a partir do nascimento.

Como budistas, devemos tentar evitar os dez karmas negativos ao longo dessa vida, ou pelo menos reduzi-los constantemente.

É difícil evitar totalmente os dez comportamentos negativos. Por exemplo, se pegamos percevejos? Se eu dissesse para não matá-los, duvido que muitos seguissem o conselho. E eu mesmo acharia desagradável deitar em uma cama infestada de percevejos. Por isso, sempre recomendo a prevenção da dificuldade como a melhor solução. Higiene, limpeza, simplicidade e consciência podem prevenir o surgimento da maioria dos problemas com insetos e roedores.

Matar e comer carne estão inter-relacionados; então temos que desistir de comer produtos animais? Eu tentei desistir uma vez, mas surgiram problemas de saúde, e dois anos depois meus médicos aconselharam-me a usar carne em minha dieta de novo. Se há pessoas que podem parar de comer carne, podemos apenas nos alegrar com seu nobre esforço. Em todo caso, devemos pelo menos tentar reduzir nossa ingestão de carne e não comê-la onde houver suprimento escasso, e nosso consumo provocar mais abate.

Embora nós, tibetanos, tenhamos sido uma raça de comedores de carne em função do clima e do ambiente de nosso país, os ensinamentos do Mahayana sobre compaixão tiveram um efeito redutor. Todos os tibetanos têm ciência da expressão: "Todos os seres sencientes, minhas mães em vidas prévias". Os nômades, que realizavam a maior parte da atividade pecuária – que vinham em peregrinação a Lhasa vestindo longos casacões de pele enrolados até a cintura mesmo no meio do inverno, com um feixe de cordões de proteção pendurados sobre os peitos nus – estavam completamente familiarizados com "Todos os seres, minha mãe anteriormente". Embora mais parecessem um bando de ladrões e assaltantes, eram um povo espiritualizado, com fé no Mahayana. Mas eram nômades sem nenhuma fonte de subsistência a não ser a carne dos animais. Sempre matavam seus animais da maneira mais humana possível, enquanto murmuravam orações em suas orelhas. Em Lhasa, uma prática meritória popular era comprar e soltar um animal destinado ao abate. Se um animal ficava doente e morria, as pessoas borrifavam água benta nele e faziam orações. Em todo o país era ilegal matar quaisquer animais selvagens com exceção do lobo, que é inimigo do nômade, e do rato, inimigo do fazendeiro.

O segundo karma negativo é roubar. A influência negativa que roubar introduz na sociedade é óbvia. Vá até qualquer um na rua e o chame de ladrão. Duvido que a pessoa fique lisonjeada. Se há um ladrão em uma cidade de 100 mil pessoas, já é ladrão demais. Como budistas, jamais devemos cogitar de roubar, e devemos desencorajar e impedir os outros de se envolverem nisso. Se pegarmos alguém roubando, devemos aconselhar em contrário; e, se a pessoa não aceitar nosso conselho, devemos manter um senso de responsabilidade compassiva e ameaçá-la. Uma sociedade ordeira requer pessoas com senso de responsabilidade pessoal pela paz e harmonia. Ao permitir que pessoas roubem, apenas contribuímos para sua coleção de karma negativo e para a degeneração da sociedade onde nós e nossos filhos devemos viver.

Em vez de roubar, devemos dar aos pobres e às causas dos necessitados. Isso será muito mais benéfico para nossa mente e para os padrões kármicos que tecemos.

Abuso da sexualidade refere-se basicamente a adultério, que é das principais causas de problemas familiares. No passado, guerras foram travadas em consequência de adultério. Ele perturba a vida em um palácio da mesma forma que abala a vida da mais humilde e modesta casa. E existem os problemas psicológicos causados na mente das crianças de famílias desfeitas e divididas por causa do adultério, crianças que não conhecem o pai, que nunca viram seu rosto. Sem ter pai, a criança vai carecer do calor paternal natural e com frequência se sentirá confusa e melancólica. Essa carência deixará uma impressão na mente que permanecerá ao longo de toda a vida.

Um amigo ocidental descreveu-me certa ocasião a leviandade com que a sexualidade às vezes é tratada no Ocidente, e me perguntou o que eu achava da promiscuidade. Respondi que duvido que isso tenha grande valor espiritual e que na maioria dos casos suspeito que no fim das contas produza mais sofrimento do que alegria. Quanto a um conselho específico, disse a ele que pessoalmente acho que casais que não querem viver juntos por tempo suficiente para constituir uma família devem fazer todo o empenho para não produzir filhos. Tirando isso, contanto que todas as partes envolvidas estejam de acordo e ninguém seja prejudicado, as pessoas podem fazer o que gostam. Minha preocupação principal é a mente de qualquer criança que possa estar envolvida. Nossas crianças são nossa única esperança para o futuro.

A primeira das fontes negativas de fala é a mentira. Verdade e integridade são características valiosas, mesmo que não estejamos envolvidos em treinamento religioso. O entendimento de alguém que estudou os cinco grandes tratados prova-se superficial com uma única mentira. É como se diz na história de Gyalpo Depa Tenpo: "A verdade é eterna, mas a falsidade não tem existência". A falsidade baseia-se na ficção, não nos fatos, por isso não tem base sólida. No entanto, a verdade é baseada em fatos, e desse modo seus alicerces são firmes. Portanto, embora a falsidade possa nos beneficiar por um tempo, existe pouca esperança de que possa trazer uma felicidade estável. Todos os membros de uma sociedade são mutuamente interdependentes; assim, como pode ser benéfico para a vida deles e a vida de seus filhos se tudo o que fazem é propagar falsidade e distorção? A harmonia social sustenta-se na confiança, e, se suspeitamos que nossos vizinhos jamais proferem uma palavra digna de confiança, é difícil estabelecer um relacionamento aceitável com eles. A paz mental é substituída pela dúvida e paranoia. Por que deveríamos nos permitir contribuir para um fim desses? Fazer isso é desonrar a natureza humana e a bondade de nossos ancestrais e mestres do passado. Dois irmãos que mentem um para o outro e se enganam são como pessoas não nascidas de uma mesma mãe. Que realidades desagradáveis criamos para nós mesmos! Devemos abandonar essas atitudes como se fossem veneno. Deixemos que sejam objetos da compaixão humana.

A segunda negatividade de fala é a difamação, ou conversa divisória. Isso apenas alarga ainda mais o hiato entre pessoas já divididas e separa pessoas próximas. Falamos com desembaraço sobre esforços pomposos como as práticas de bodhisattva e os métodos tântricos, mas, se ainda somos incapazes de lidar com exercícios básicos como evitar a conversa divisória, existe pouco significado espiritual em nossa fala. Em vez de ridicularizar o Dharma dessa maneira, deveríamos apenas encher nossa boca de excrementos. Seria mais apropriado. Temos que aprender a honrar, confiar e respeitar um ao outro, e a nos alegrarmos com a felicidade alheia, em vez de, por inveja, tentar causar conflitos e desarmonia. Quando nossa prática apenas nos dá uma desculpa para hipocritamente difamarmos os outros que suspeitamos não serem tão puros quanto imaginamos que nós somos, é hora de passarmos uma corda ao redor da língua por um tempo.

Ficar ciente de uma única falha em si mesmo é mais útil do que ficar ciente de mil falhas no outro. Em vez de falar mal das pessoas, de um jeito que vai causar atrito e desassossego em suas vidas, devemos praticar a percepção pura em relação a elas, e quando falarmos dos outros devemos falar apenas de suas boas qualidades. Se você se pegar difamando qualquer um, apenas encha sua boca de excremento. Isso vai livrá-lo do hábito muito rapidamente.

Evitar as dez atitudes negativas e praticar seus opostos dá origem a um estado de harmonia mental que pode atuar como base para todas as práticas mais elevadas, como concentração meditativa, pensamento sobre iluminação e os vários yogas tântricos. Entretanto, se não possuímos poder mental para manter treinamentos básicos como evitar as dez atitudes negativas, existe pouca esperança de que nossa aplicação das técnicas superiores seja muito efetiva. Um método é tão efetivo quanto a mente da pessoa que o utiliza. Em vez de correr por aí em busca do mais elevado e mais secreto yoga tântrico, devemos nos examinar com sinceridade e discernir qual nível de prática é mais adequado para nosso nível de qualificação espiritual.

Primeiro, devemos trabalhar nos alicerces, o que significa a observância das leis do karma por meio da prática das dez disciplinas. De outro modo, tudo o que fazemos é enganar a nós mesmos. Falamos sobre quantos textos estudamos, quantas horas por dia meditamos e quantos retiros fizemos; mas faríamos melhor calculando quantas vezes por dia esquecemos as dez disciplinas. Uma prática útil é sentar em silêncio toda noite e repassar as atividades do dia, silenciosamente reconhecendo quaisquer falhas e decidindo superar tais desafios no futuro. Tomar refúgio, meditar sobre a mente bodhi e contrapor-se aos instintos kármicos negativos pela aplicação de alguma das várias técnicas meditativas. Após a mente ter sido levada para a esfera de pureza, pode-se prosseguir com as meditações ou orações noturnas.

A terceira negatividade de fala é o uso de palavras ásperas, palavras que causam dor no coração das pessoas. Mesmo as palavras mais suaves são ásperas se atingem com dor. Sarcasmo malévolo é outra forma de fala áspera. Todos esses modos de falar causam desconforto na mente dos seres vivos e por isso devem ser evitados. É melhor não dizer nada do que dizer algo cruel. A vida humana é curta o bastante do jeito que é; não há necessidade de usarmos mal ou desperdiçarmos qualquer pequeno fôlego que tenhamos.

Conversa fiada é a quarta negatividade de fala. Embora aparentemente seja menos nociva, à medida que a conversa avança em devaneios, acabamos em um tópico que não faz nada além de alimentar a delusão e nos drenar tempo e energia. A conversa fiada em si não é destrutiva, mas, como aloja as sementes da futilidade, está em contradição com o empreendimento espiritual.

As três negatividades de mente – apego, má vontade e manter visões que contradizem a realidade – são as fontes de todas as negatividades de corpo e fala. Seu relacionamento é como o do cavalo com a carroça.

A primeira delas, o apego, é um desejo ardente por coisas que são ou não são nossas. Dá origem a incontáveis negatividades de corpo e fala. Do apego brotam ciúme, raiva e todas as formas de emoções aflitivas.

Má vontade é a aflição mental de destrutividade mais imediata, resultando em violência, dano e até assassinato. Manter visões que contradizem a realidade significa acreditar que não há relação entre as atividades presentes e as experiências futuras, ou que não existe iluminação, nem caminho para ela. Esses tipos de visão impedem a pessoa de levar uma vida sadia e entrar no caminho espiritual.

Terceiro Dalai Lama:

> Guardando a disciplina ética de evitar as dez ações negativas, encontra-se um renascimento decente, mas, se a pessoa deseja ir além e obter as oito qualidades propícias ao prosseguimento no caminho supremo da onisciência – qualidades como uma condição elevada, uma boa família, uma mente forte, um corpo harmonioso e assim por diante –, deve então produzir também as causas disso, que são: parar de fazer mal a qualquer ser vivo, fazer oferendas de

luz e outras para a Joia Tripla, oferecer roupas etc. para os necessitados e, pela superação do orgulho, ter respeito por tudo que vive. Tome a responsabilidade por essas práticas em suas mãos por meio das forças da presença mental e da visão conscienciosa.

Sua Santidade:

Para atingir a sabedoria onisciente, a pessoa deve empenhar-se em um método poderoso. Por meio da prática da meditação sobre a vacuidade, gera-se um estoque de sabedoria e, por meio de outras práticas, como beneficiar os outros e meditar sobre a compaixão etc., gera-se um grande estoque de energia criativa. A proteção dessa energia criativa baseia-se em muito na prática das dez disciplinas. Por meio da aplicação das dez disciplinas, criamos harmonia nessa vida, o que nos traz paz e felicidade e é propício à prática espiritual superior; e assentamos forças kármicas em nossa mente que hão de contribuir para nos proporcionar as causas de um renascimento auspicioso, dotado das oito qualidades favoráveis a mais progresso espiritual.

Sempre que verificarmos ter ido contra alguma das dez disciplinas, devemos aplicar meditações purificantes, como visualizar o Bodhisattva Vajrasattva e imaginar luzes purificando nosso fluxo mental enquanto recitamos o mantra de cem sílabas de Vajrasattva; ou ler o *Sutra da Purificação com os 35 Budas* etc. Nessa prática recordamos a negatividade, contemplamos sua natureza, geramos apreensão por suas implicações kármicas e decidimos purificar a mente dos traços negativos. Com base nessa decisão, tomamos refúgio, desenvolvemos a mente bodhi e entramos na meditação de Vajrasattva ou em qualquer que seja o método usado. Podemos também fazer exercícios como prostrações e outros. Essa concentração de energias purificantes destrói a potência de marcas kármicas negativas como o germe de uma semente de cevada tostada no fogo. Aqui é importante começar a sessão de meditação com uma meditação contemplativa e então transformá-la em meditação estabilizadora por um período prolongado de tempo. Repousa-se em meditação estabilizadora até ela começar a perder a intensidade, e assim reverte-se para meditação contemplativa temporariamente, a fim de revigorar a mente, retornando à meditação fixa uma vez que a atmosfera contemplativa esteja restabelecida.

Em geral, nossa mente está habituada a dirigir todas as quatro energias para coisas que beneficiam apenas esta vida, coisas sem consequência espiritual. Desempenhando esses tipos de meditação, nosso apego natural às atividades inúteis desta vida diminui e começamos a experienciar uma apreciação interior por valores espirituais. Quando a mente aprecia espontaneamente as metas espirituais em vez das mundanas, a pessoa torna-se uma praticante ativa da perspectiva inicial.

Terceiro Dalai Lama:

Entretanto, se ocasionalmente você for subjugado por forte distorção mental e cometer uma ruptura na prática, não deve ficar desinteressado, mas confessar a si mesmo o obstáculo kármico na hora e local adequados, e, por meio das quatro forças oponentes, deve limpar todas as máculas de corpo, fala e mente. As quatro forças são: contemplar as falhas da negatividade a fim de desenvolver um senso de remorso por ter cometido um erro; confiança nos objetos de refúgio e na mente bodhi como forças com o poder de purificar a mente das máculas kármicas; geração de um forte senso de decidir afastar-se de tais cursos negativos de ação no futuro; e o poder da aplicação de forças positivas oponentes, tais como o mantra de Vajrasattva e outras.

Conforme Je Rinpoche escreveu:

Caso você não encontre um renascimento adequado,
não será possível progredir ao longo do caminho.
Cultive as causas de um renascimento elevado;
aprecie a importância de purificar
as três portas de máculas de negatividade.
Nutra o poder das quatro forças oponentes.

Meditando dessa maneira, a mente é afastada das coisas transitórias desta vida e assume um interesse espontâneo por coisas mais duradouras. Quando esse efeito foi realizado, a pessoa é conhecida como o aspirante espiritual da perspectiva inicial.

9

Realismo Hinayana

Sua Santidade:

Prosseguindo nas meditações de um praticante da perspectiva inicial, gera-se um interesse espiritual forte o bastante para sustentar o refúgio e a observância das leis de evolução kármica. Essas práticas têm a capacidade de nos proteger do deslocamento para estados inferiores e nos ajudam a obter um renascimento elevado; mas essas conquistas são suficientes? Mesmo nos reinos mais elevados não estaremos completamente além do sofrimento; de modo que o renascimento elevado não é a meta final. Quando meditamos sobre os sofrimentos inerentes aos reinos mais elevados do samsara, nossa mente começa naturalmente a buscar um estado de liberdade de toda a existência cíclica.

Terceiro Dalai Lama:

Treinando a mente no caminho comum do ser da perspectiva intermediária da aplicação espiritual

Embora possamos obter um renascimento especial nos reinos mais elevados ao evitar as dez ações negativas e praticar seus opostos – as dez disciplinas –, não ultrapassaremos as frustrações da existência cíclica. Por esse motivo, devemos tratar da obtenção do nirvana, ou liberação além de toda frustração e dor.

Qual é a natureza dos defeitos da existência cíclica? Os defeitos dos reinos inferiores foram explicados anteriormente, e você deve meditar muito bem sobre eles, pois, uma vez que o tenha feito, irá perceber que não há jeito de desfrutar de miséria tão longa e intensa, e automaticamente nascerá uma inclinação para trabalhar de todas as formas possíveis para permanecer livre de modos de existência tão insatisfatórios. Contudo, mesmo os reinos superiores não estão fora do alcance do sofrimento, e para progredir no caminho devemos encarar essa verdade mais cedo ou mais tarde.

Sua Santidade:

No samsara, para onde quer que olhemos, só existe frustração. A intensidade das misérias experienciadas nos três reinos inferiores tornaram-se óbvias a partir de nossas meditações como praticantes do âmbito inicial. Mas, mesmo a obtenção de um renascimento elevado é insatisfatória, pois, uma vez que aquela forma de vida acabe, não há garantia de que não cairemos de novo nos estados inferiores. Todos nós carregamos sementes kármicas infinitamente numerosas, reunidas em um fluxo infindável de vidas desde tempos imemoriais e, a menos que tenhamos gerado a sabedoria que nos liberta das influências dessas potências kármicas, nosso renascimento elevado resultará apenas em um eventual retorno aos reinos inferiores.

Talvez digamos que isso não é tão ruim, que não existe tanto sofrimento nos reinos mais elevados quanto nesse mundo humano. Fazer isso é um simples mecanismo de defesa. Normalmente, nos isolamos da percepção dos sofrimentos do mundo humano, mas, quando meditamos sobre eles, sua natureza penetrante torna-se óbvia. Os ricos e poderosos sofrem por causa da opressão mental e os pobres padecem de opressão física. Governantes de nações perdem o sono à noite por não serem capazes de alcançar seus objetivos; os abastados preocupam-se constantemente a respeito de ser enganados ou reduzidos à pobreza e os pobres sofrem de fome, excesso de trabalho e outras coisas. Não existe um ser humano que não tenha experienciado o sofrimento. Isso é comum a todos nós.

Terceiro Dalai Lama:

Um homem, por exemplo, está envolto em sofrimento. Ainda no útero, sofre com a escuridão, aperto e imersão em substâncias sujas. Nos últimos meses da gravidez da mãe, quando as energias que empurram para baixo manifestam-se, o bebê não nascido sente-se como um pedacinho de madeira sendo esmagado em um torno gigante, ou como uma semente de gergelim sendo triturada para a extração do óleo. Depois de emergir do útero, ele sente-se como se tivesse caído em uma cova de espinhos, mesmo que esteja envolvido em roupas macias e acomodado em um leito de penas. Assim é a agonia do nascimento.

O bebê cresce gradualmente, vira um jovem e logo é um velho. As costas curvam-se como um arco, o cabelo fica branco como uma flor seca e a fronte enche-se de rugas, até parecer um pedaço de couro sulcado. Sentar-se é como deixar cair um fardo pesado, e ficar de pé é como arrancar uma árvore pela raiz. Se tenta falar, a língua não obedece; se tenta andar, cambaleia. Os poderes sensoriais, como visão, audição etc. começam a falhar. O corpo perde o viço e parece um cadáver. A memória degenera-se, e ele não consegue lembrar de nada. A capacidade de digestão falha, e ele não consegue mais comer de modo adequado, não importa o quanto anseie por comida. A essa altura a vida está quase acabada e a morte aproxima-se rapidamente. Esses são os sofrimentos da velhice.

Somados aos sofrimentos do nascimento e envelhecimento, ao longo de toda a vida ele deve confrontar continuamente os sofrimentos da doença. Quando os elementos do corpo desarmonizam-se, a pele seca e a carne fica flácida. Comida e bebida, em geral tão atraentes, parecem repulsivas, e em vez disso deve ingerir remédios amargos e passar por tratamentos desagradáveis como operações, moxabustão, acupuntura e outros. Caso a doença seja incurável, ele experiencia um sofrimento imensurável por causa do medo, preocupação e apreensão; se a doença é fatal, tem que viver com a morte diante dos olhos. Pensamentos de qualquer mal que tenha criado durante essa vida enchem seu coração de pesar, e ele recorda-se de tudo que deixou por fazer. Ele entende que logo terá que deixar seu corpo, amigos, parentes, companheiros e bens; a boca seca, os lábios enrugam-se, o nariz afunda, os olhos embaçam e a respiração fica entrecortada. Um medo tremendo dos reinos inferiores surge dentro dele e, querendo ou não, ele morre.

Os seres humanos também sofrem de muitas maneiras menos genéricas. Alguns deparam com bandidos e ladrões e perdem toda a sua riqueza. Seus corpos são perfurados por armas ou espancados com porretes, e assim por diante. Alguns sofrem pesadas punições nas mãos das autoridades legais por terem cometido crimes. Outros ouvem notícias ou rumores medonhos sobre familiares ou amigos que estão distantes e sofrem terrivelmente, ou temem a perda de sua riqueza e bens, e sofrem por causa da preocupação. Outros sofrem por se deparar com pessoas e situações com que não desejam, e outros ainda sofrem por não obter o que querem. Por exemplo, embora a pessoa tente cultivar um pedaço de terra, a estiagem, a geada, o granizo podem destruir a lavoura. Alguém pode trabalhar como marinheiro ou pescador, mas uma rajada súbita de vento pode resultar em sua ruína. Se uma pessoa dedica-se a um negócio, pode perder o investimento ou, depois de muito esforço, não ter lucro. Alguém pode assumir a ordenação monástica, mas quem sabe tenha que encarar a tristeza por quebrar os votos. Em resumo, tendo assumido uma forma humana em função das forças do karma e da delusão, a pessoa deve encarar os sofrimentos do nascimento, doença, velhice, morte e outros; e também está usando a preciosa encarnação humana em grande parte como instrumento para produzir mais causas de renascimento inferior e miséria maior no futuro.

Sua Santidade:

Conforme Pabongkha Dechen Nyingpo diz em *Liberação na Palma da Mão:* "Todo mundo tem muitas histórias tristes para contar na hora em que sua vida aproxima-se do fim". Quando vemos as pessoas a certa distância, elas parecem muito felizes e livres de sofrimento, mas, quanto mais perto chegamos, mais ficamos cientes de quanta imperfeição e sofrimento arranham sua felicidade. Se você junta-se a elas e troca histórias sobre os sofrimentos que cada um experienciou na vida, os relatos de tragédia pessoal ficam cada vez mais terríveis.

Dor e infortúnio são ingredientes fundamentais da existência cíclica humana. Os humanos devem confrontar os quatro grandes sofrimentos:

nascimento, doença, velhice e morte. Além desses, existem os sofrimentos periódicos de não se conseguir as coisas que se quer, ter que encarar experiências indesejáveis, ter que lutar constantemente para obter os requisitos básicos da vida e por aí vai. Isso cai sobre nós como ondas a fluir pelo oceano. A maturação desses eventos é o sofrimento da dor.

Um segundo tipo de sofrimento é o da felicidade cambiante ou felicidade instável. Queremos uma coisa e damos duro para consegui-la, mas consegui-la de certo modo no fim traz mais sofrimento do que prazer. O samsara é de tal forma que estamos constantemente na situação de ser afligidos por ter ou então por não ter. Essa é a natureza da mente insatisfeita. Existe um ditado tibetano: "Se os seus bens são do tamanho de um piolho, então seus sofrimentos são do tamanho de um piolho. Se os seus bens são do tamanho de uma cabra, você terá sofrimentos do tamanho de uma cabra". Ter algo é ter o sofrimento por ter; não ter é ter o sofrimento por não ter. Essa é a natureza frustrante da felicidade cambiante. Pensamos que, se comprarmos uma coisa, possuirmos algo, ou nos mudarmos para outro país, nossa mente ficará satisfeita; mas não existe satisfação na abordagem samsárica. A menos que desenvolvamos a sabedoria que dá liberdade do karma e da delusão, toda a felicidade está fadada a eventualmente dissolver-se e ser substituída por sofrimento.

As próprias substâncias de que nosso corpo é constituído são impuras. Conforme diz o *Lam Rim do Chapéu Vermelho:* "O que é nosso corpo senão a quintessência de mil gerações de evolução de esperma e óvulo?" Esses juntam-se nas regiões inferiores, em meio aos intestinos cheios de excremento e a uma bexiga cheia de urina, entre outros. E então deve-se experienciar a escuridão do útero, onde nosso corpo cresce por nove meses, cercado e apertado por todos os lados. Permanecemos como que amarrados dentro de um saco de couro apertado, experienciando calor intenso quando nossa mãe come ou bebe alimentos quentes e frio intenso quando ela come ou bebe qualquer coisa gelada, sentindo como se estivéssemos sendo espancados com um pau se ela se mexe de repente e assim por diante. A própria mãe experiencia muito sofrimento nesse período, e perto do fim da gravidez ela sente-se quase prestes a explodir. Na hora do parto o sofrimento é tão grande que ela grita e queixa-se de dor.

O CAMINHO PARA A ILUMINAÇÃO

Conforme Shantideva escreveu em seu *Guia para o Modo de Vida do Bodhisattva:* "Se não tornamos nossa vida sadia, nosso nascimento vale apenas a dor que propiciou à nossa mãe".

Mesmo depois do nascimento, somos um grande problema para nossa mãe. Como somos incapazes de fazer qualquer coisa por nós mesmos, ela precisa nos servir dia e noite durante anos. Mesmo durante seu sono não lhe damos paz. Nós mesmos passamos por muito sofrimento nessa época, sendo incapazes de expressar ou satisfazer nossas necessidades ou controlar nosso corpo.

Nós, seres humanos, não nascemos em grande estilo, mas sim em meio a sangue, urina e muita dor. Nossa entrada nesta vida é de fato um sinal agourento. "Parece que esse corpo humano pouco mais é do que uma máquina de fazer excremento e dor", escreveu Nagarjuna na *Guirlanda Preciosa,* e se não usamos nosso corpo como um barco para o desenvolvimento espiritual, é exatamente isso que ele é – um saco inútil de sangue, pus, excremento e ossos. A menos que nossa direção seja espiritual, a única utilidade de comermos mais comida é produzir mais excremento.

Como um corpo samsárico é um produto do karma e da delusão, é uma fonte constante de ansiedade e dor. Em geral, acabamos gastando a maior parte da vida a servi-lo, alimentando-o, vestindo-o, abrigando-o, lavando-o e o mimando quando fica doente, e assim por diante. Mas, no fim, não há benefício a menos que o usemos para desenvolver nossa mente. Morremos e o precioso corpo que tanto acalentávamos, que nossa mãe cuidou com tanto orgulho, fica gelado e se torna alimento de vermes. Essa é a realidade com que temos que viver todas as nossas vidas.

Um yogue tântrico que atingiu o controle das energias sutis do corpo e dos níveis sutis de consciência terá controle sobre os elementos internos e externos, e por consequência poderá transformar seu corpo samsárico em um jubiloso corpo de arco-íris. Mas, até que possamos fazer isso, temos que aceitar o fato de que nossa base física é um ímã que atrai todo o tipo de desconforto e dor.

Do ponto de vista tântrico, o corpo humano comum é fonte de muita delusão. À medida que os chakras, nadis, gotas místicas branca e vermelha, energia vitais e todo o resto evolucionam, a natureza do fluxo das energias vitais que são o veículo da mente, ela mesma impura, dá origem a estados impuros de mente, como apego e raiva. Na visão tântrica, as energias mentais e corpóreas que a sustentam têm esse relacionamento interdependente.

O corpo samsárico nos mantém correndo por toda a vida. Temos que correr para satisfazer suas necessidades intermináveis, para mantê-lo longe de coisas que podem feri-lo e para protegê-lo de qualquer coisa desagradável. Temos que lhe dar prazer e conforto. Recebemos a ordenação, e de início é muito satisfatório; mas logo nosso corpo torna tudo tão difícil que pensamos que nossa prática seria menos perturbada se vivêssemos como uma pessoa leiga. Então desistimos e voltamos à vida comum; mas aí acabamos com uma grande família para sustentar, deixando-nos sem tempo ou energia para a meditação. Temos as tarefas prementes de alimentar, vestir e abrigar nossos filhos, de tratar de sua educação e assim por diante. Nossa vida é gasta alternando trabalho e preocupação, com curtos períodos ocasionais de prazer, e então temos que morrer; mas nem isso podemos fazer em paz, pois, quando nos deitamos para morrer, nossos últimos pensamentos são preocupações referentes à família que estamos deixando para trás. Essa é a natureza da existência humana.

Em geral, o período mais feliz de nossa vida é entre os cinco e quinze anos de idade e o mais criativo é na faixa dos trinta. Nessa década, estamos plenamente maduros e podemos executar qualquer coisa, tanto mundana quanto espiritual. Buda, Milarepa e Tsongkhapa atingiram a realização nessa época. Eu estou na casa dos cinquenta, o sol de minha vida está a pino. Em breve entrarei nos sessenta e setenta. Meu corpo vai perder o vigor e vitalidade, meu cabelo vai ficar branco e até mesmo me mexer vai se tornar um problema. São os sofrimentos de ficar velho que todos os humanos devem encarar. Quanta ingenuidade pensar que isso não vai acontecer conosco.

As pessoas mais belas ficam feias quando chega a velhice. O cabelo delas cai ou fica branco, a pele desbota. Algumas ficam franzinas como cadáveres, outras ficam tão gordas que não conseguem levantar sem ajuda. Outras ainda ficam decrépitas e inválidas. Logo parecem mais mortas do que vivas, um esqueleto embrulhado em pele ressequida e cinzenta. O reflexo no espelho é difícil de se aguentar. Embora nossa família e amigos continuem a demonstrar bondade, os estranhos nos olham com olhos gélidos de revulsão. Talvez a mente ainda esteja vigorosa e lúcida, mas o corpo é incapaz de servir a seus desejos. Temos que sentar e nos observar esperando a morte chegar, muitas vezes sem ninguém para compartilhar nossa solidão e tristeza.

Cuidar de nossos velhos – aqueles que nos deram nosso corpo, nossa vida, nossa cultura – é um dever sagrado da humanidade. Mas a maioria dos humanos age mais como animais do que como gente, e com frequência vemos idosos que foram abandonados por suas famílias. A unidade familiar era muito sólida no Tibete e os anciãos em geral eram cuidados diretamente por parentes. O cuidado nacional dos idosos que vemos no Ocidente é algo muito bom, um sinal saudável, embora de certo modo talvez falte a base espiritual e psicológica.

O sofrimento da velhice é algo que todos nós temos que encarar, a menos que se morra prematuramente. Não há nada que possamos fazer a respeito. Aquela falsa noção de capacidade pessoal e vigor que nos deixa tão orgulhosos quando somos jovens haverá de desaparecer. Em vez disso, auxiliares ou amigos vão nos banhar, vestir, alimentar na boca e nos levar ao banheiro. Em vez de viver sob a delusão da permanência, devemos nos empenhar no treinamento espiritual, de modo que possamos chegar à velhice pelo menos com a graça da sabedoria.

Como podemos imaginar que o corpo humano seja indestrutível? Sua própria base é a impermanência e desarmonia. Quem de nós não conheceu doença, desconforto e a ameaça da morte? Aryadeva descreve da seguinte maneira em suas *Quatrocentas Estrofes:* "Os elementos que sustentam nosso corpo são como um grupo de cobras venenosas lutando pelo poder". Cada substância química em nosso corpo é uma força vital disputando com as outras em uma batalha terrível, e só quando todos os poderes elementares estão equilibrados a saúde pode ser mantida. O menor germe ou agente incompatível pode destruir esse equilíbrio e nos encaminhar para semanas, meses ou anos de enfermidade. Então temos que correr de um médico para o outro, sofrendo em desconforto e agonia, escutando as mentiras que nos dizem por gentileza profissional. Às vezes nossa doença é contagiosa e até nossos amigos ficam com medo quando nos veem chegar. Em outras ocasiões nosso corpo incha e fica coberto de chagas que vertem pus, deixando-nos tão medonhos que ficamos vexados demais para sair de casa. Algumas doenças exaurem nossa força e nos deixam incapazes de tolerar sequer a visão de comida; outras nos incapacitam de digerir ou assimilar alimentos. O menor acidente pode quebrar nossos ossos, deixando-nos sem condições de andar. Muitas vezes até os remédios que tomamos têm efeitos colaterais nauseantes. Talvez tenhamos câncer e os médicos nos digam que é incurável. Os médicos tibetanos que tratam com ervas afirmam com muito orgulho que podem curar o câncer, mas, não sendo médico, posso apenas sentar e observar. De qualquer modo, um monte de gente está morrendo de câncer.

Dessa forma, podemos ver que o corpo de fato nos causa muito desgosto nesta vida e, tristemente, em sua jornada para satisfazer as muitas necessidades de seus corpos, a maioria das pessoas apenas reúne uma interminável sucessão de instintos kármicos negativos que as levarão a renascimentos inferiores no futuro.

Esses são os sofrimentos do mundo humano.

A *Essência do Ouro Purificado* prossegue descrevendo os sofrimentos dos reinos dos antideuses, dos deuses sensuais e dos deuses dos paraísos da meditação da forma e da não forma. Mais uma vez tratam-se de reinos de existência que só podem ser notados por seres com percepção especial, embora haja testemunhos a respeito nos escritos místicos de muitas culturas do mundo. Algumas escrituras *Lam Rim* descrevem-nos em grande detalhe. Contudo, se não temos confiança na existência dos reinos celestiais, basta meditar sobre os sofrimentos humanos. Esses tornam-se óbvios muito rapidamente quando começamos a procurá-los. O ponto importante aqui é ficar ciente do terceiro tipo de sofrimento, o sofrimento sutil que permeia toda a existência imperfeita, a miséria todo-penetrante concomitante com o fato de se ter uma base perecível, samsárica. Um deus no paraíso mais elevado, um ser humano, um animal e também os seres dos infernos e fantasmas estão todos emaranhados em sofrimento porque a natureza de seu corpo e mente é confinada por processos cíclicos compulsivos. Até desenvolvermos a sabedoria capaz de libertar a mente dessas forças irresistíveis, não há dúvida de que haveremos de experienciar sofrimento ao longo de nossas vidas, e de que continuaremos a vagar interminavelmente na roda do nascimento, vida, morte e renascimento, onde sempre se pode sentir a presença da miséria.

Terceiro Dalai Lama:

Uma forma samsárica é meramente um receptáculo contendo o sofrimento da dor, o sofrimento do prazer transitório e o sofrimento todo-penetrante. E, visto que a existência cíclica é pela própria natureza sofrimento todo-penetrante, jamais conhecemos qualquer alegria ou felicidade que não esteja envolta e contida em miséria e frustração. No reino dos asuras, ou antideuses, os seres sofrem por lutar uns contra os outros, matarem-se e se ferir constantemente. Acima desses, no reino dos deuses do desejo, quando os cinco sinais da proximidade da morte manifestam-se, os seres sofrem mais do que os habitantes dos infernos. À medida que seu esplendor fenece e eles são ofuscados por outros deuses, esses seres conhecem uma angústia mental sem limites. Ainda mais acima no samsara estão os deuses dos reinos da forma e da não forma, e, embora não experienciem o sofrimento da dor imediata, os seres dos três primeiros níveis têm o sofrimento do prazer transitório, e os do quarto nível e dos níveis da não forma devem suportar o sofrimento todo-penetrante que é comparado a um furúnculo não supurado.

Sua Santidade:

Desde o começo dos tempos estivemos nascendo repetidas vezes nos vários reinos do universo. Se você prefere acreditar que só existem humanos e animais, então, quando meditar sobre os reinos inferiores, faça-o apenas sobre o sofrimento dos animais, insetos e todo o resto, e quando meditar sobre os reinos mais elevados faça-o apenas sobre os tipos de imperfeições que afligem os seres humanos.

A meta da primeira meditação é gerar a aspiração de transcender a imperfeição: evitar o comportamento negativo, a causa de sofrimento futuro, e permanecer na bondade, a causa da evolução superior. Na segunda meditação (sobre a natureza insatisfatória dos reinos mais elevados do samsara), a meta é transcender a bondade comum, manchada pelo apego à existência implícita e verdadeira das coisas, e ainda dentro dos limites do samsara. Substituindo esse nível mundano de bondade pela bondade nascida da sabedoria transcendental, somos capazes de cortar as raízes de toda a conduta samsárica compulsiva e entrar na serenidade bem-aventurada do nirvana. Essa é a liberação do samsara, a terceira das Quatro Nobres Verdades.

Se a existência cíclica e os estados distorcidos da mente que dão origem a ela fossem elementos que não pudessem ser superados, então não haveria necessidade de se incomodar com a prática espiritual. Porém, se existe um meio de trocar o sofrimento pela felicidade eterna, seríamos muito tolos em ignorá-lo. Fazer isso seria o caso de ser logrado e trapaceado mais uma vez pela mente samsárica.

Terceiro Dalai Lama:

> Você deve pensar sobre as imperfeições gerais e específicas das várias dimensões da existência samsárica, e então empenhar-se de todas as formas possíveis para atingir o estado do nirvana, ou liberação de tudo isso. Deve-se notar que tal estado não é sem motivo e sem condições, de modo que se deve treinar nas práticas que ocasionam a real obtenção da liberação, ou seja, as práticas dos três treinamentos superiores – disciplina ética, concentração e sabedoria. Além disso, como os treinamentos superiores de concentração e sabedoria dependem do treinamento em disciplina ética e nele se baseiam, deve treinar nisso primeiro; e, como a disciplina é facilmente quebrada quando a presença mental e as forças desse tipo degeneram-se, deve manter pensamentos claros, apoiados com firmeza pela presença mental e clareza, guardando-se desse modo contra todas as possíveis derrocadas. Se um dia você romper sua disciplina, não desperdice um instante, mas reconheça sua falha imediatamente e se decida a proceder de forma correta no futuro. Quando uma delusão como apego, raiva, ciúme ou outra aparecer, medite sobre seu oposto, como desapego, amor, equanimidade etc. Seja seu próprio juiz na prática e não deixe de cumprir suas metas. Não deixe que nada do que você pense, diga ou faça oponha-se ao conselho do mestre espiritual.

Sua Santidade:

Como podemos eliminar a fonte mais profunda de toda experiência insatisfatória? Apenas pelo cultivo de certas qualidades dentro de nosso fluxo mental. A menos que sejamos possuidores de qualificações espirituais elevadas, não há dúvida de que os eventos que a vida lança sobre nós dão origem a frustração, turbilhão emocional e outros estados distorcidos de consciência. Esses estados imperfeitos da mente por sua vez dão origem a atividades imperfeitas e as sementes de sofrimento são plantadas em um fluxo constante. Entretanto, quando a mente consegue repousar na sabedoria que conhece a forma absoluta de existência, a pessoa é capaz de destruir a mais profunda das raízes da distorção, do karma negativo e da tristeza.

Nosso apego a uma realidade inerentemente existente não é algo que tenha qualquer apoio sólido. A qualidade de concretitude que projetamos em tudo dentro de nosso processo ordinário de percepção não tem base real nos objetos de nosso conhecimento. O senso de autoexistência inerente que pensamos existir nos objetos é uma mera criação de nossa própria mente, e, se investigarmos a nós mesmos, isso é desmascarado como a fonte de todo sofrimento. Desse apego à existência inerente provém todo o leque de delusões, aflições emocionais e suas atividades mal-direcionadas. No entanto, eliminando essa maneira de ver as coisas, eliminamos a fonte direta dos estados distorcidos de mente, bem como as atividades que eles produzem.

A força que rompe esse processo inato de apego à existência verdadeira é o treinamento superior em sabedoria. Esse é o método mais importante na busca pela liberação eterna. Contudo, para intensificar e estabilizar o treinamento superior em sabedoria, deve-se cultivar também os treinamentos superiores em concentração meditativa e autodisciplina ética.

Aqui a prática de autodisciplina refere-se basicamente aos votos de liberação individual, tais como os cinco votos do praticante leigo, do noviço e as ordenações plenas de monges e monjas etc. Qualquer prática feita sobre a força estabilizadora de um desses conjuntos de disciplina torna-se muito mais efetiva. No que se refere aos cinco votos de um leigo – abster-se de matar, roubar, mentir, adultério e álcool –, no Tibete era comum a pessoa leiga adotar um ou apenas alguns dos cinco. Em geral, todo budista deve manter pelo menos um deles. Quanto mais elevado o nível de ordenação, mais firme é a base da disciplina e, portanto, mais forte tornam-se todas as outras práticas, tais como as dez disciplinas, a meditação sobre a vacuidade e assim por diante.

Com um alicerce de autodisciplina ética, pode-se então entrar no treinamento superior da concentração meditativa. Baseada nessas duas forças, nossa meditação sobre a vacuidade adquire um vigor sempre crescente. Ao longo de todo o treinamento, devemos guardar nossa disciplina direito, e, sempre que houver uma transgressão, lembrar das Três Joias, admitir a falta e nos purificarmos, decidindo praticar mais arduamente no futuro. Dessa maneira, nossa prática combinada dos três treinamentos superiores atinge em cheio a raiz do sofrimento samsárico.

O sucesso na prática desses três treinamentos depende de uma mente direcionada de forma correta. Por isso meditamos sobre os sofrimentos inerentes até mesmo nos reinos mais elevados do samsara e cultivamos uma percepção que olha espontaneamente para os prazeres samsáricos mais elevados – como fama, riqueza, poder, prestígio e outros do plano humano, ou como o poder e os prazeres transitórios encontrados nos paraísos samsáricos – do mesmo modo que um tigre vê a grama. O espírito de liberdade, que é o desapego e o não agarrar-se da renúncia interior, inspira-nos a direcionar toda nossa energia para transcendermos toda a imperfeição samsárica.

Terceiro Dalai Lama:

Para citar Je Rinpoche:

Se você não contemplar a Nobre Verdade do sofrimento – a falácia do samsara –
o desejo de ficar livre do samsara não surgirá.
Se você não contemplar a fonte do sofrimento – a porta para o samsara –
jamais descobrirá os meios de cortar a raiz do samsara.
Baseie-se na renúncia da existência cíclica; fique farto dela.

Nutra o conhecimento sobre as cadeias que o prendem à roda da existência cíclica.

Quando o pensamento que aspira transcender o mundo surge dentro de você tão fortemente quanto o pensamento de achar uma saída surgiria em uma pessoa presa dentro de uma casa em chamas, você torna-se um aspirante espiritual da perspectiva intermediária.

10

Gerando o espírito de bodhisattva

Sua Santidade:

Conforme disse o exaltado mestre Arya Nagarjuna: "Para aqueles que buscam a plena onisciência, a mente bodhi é a joia que realiza desejos. Ela deve ser tão estável quanto o Monte Meru, deve aquecer as dez direções com compaixão e deve estar unida à sabedoria que não se agarra à dualidade".

A primeira qualidade que precisamos gerar para entrar no Mahayana é a mente bodhi. E, como a mente bodhi é uma forma mais elevada de amor e compaixão, devemos gerar essas qualidades como pré-requisito. Uma vez que tenhamos gerado a mente bodhi, nossas meditações sobre o nível absoluto da verdade hão de contribuir para a obtenção do estado de buda onisciente em vez da realização inferior do nirvana de um arhant. Esta última é obtida pela prática dos três treinamentos superiores sem a influência refinadora da mente bodhi. Sabendo que pouco beneficiamos os seres sencientes enquanto permanecemos sob os poderes da delusão, entramos em meditação sobre a vacuidade não só para remover nossas causas pessoais de sofrimento para o nosso próprio bem, mas também para atingir a iluminação a fim de sermos de maior benefício para os outros. Por isso Nagarjuna fez a oração: "Que aqueles que não têm a mente bodhi possam gerá-la. E que aqueles que a possuem possam aumentá-la".

Nascemos como seres humanos e temos a capacidade de atingir estados de existência espiritual imensamente sublimes. É provável que tenham se passado muitas vidas desde que tivemos uma conjunção tão auspiciosa de condições favoráveis para progredir no caminho da existência mais elevada, da liberação e da iluminação. Mesmo que não possamos nos envolver em uma prática intensiva de meditação, devemos ao menos tentar acumular uns poucos instintos kármicos positivos para desenvolvimento adicional no Grande Caminho lendo as escrituras ocasionalmente e tentando incorporar os ensinamentos às nossas atividades diárias.

Hoje as tradições espirituais do mundo degeneraram-se enormemente. Em tempos assim é muito importante que os praticantes façam esforços especialmente fortes para obter realização. Permitir que as linhagens de transmissão desapareçam é deixar o mundo mergulhar nas trevas. O grande Vasubandhu escreveu: "O Buda, que é como o olho do mundo, já não está mais à vista. Seus grandes sucessores, que realizaram os ensinamentos mais profundos, também se foram. Quem se iguala a eles?" Poderíamos perguntar quem existe atualmente que se iguale ao mestre Vasubandhu. Quem pratica tão bem quanto Milarepa? Pessoas assim são raras. Devemos lembrar que, na hora da morte, tudo é inútil, exceto o Dharma, e em vez de desperdiçarmos a vida em atividades sem sentido, devemos harmonizar nosso fluxo mental com os ensinamentos e a prática. Fazer isso nos beneficia como pessoas e beneficia o mundo por fortalecer sua base espiritual.

Cada um de nós tem que ser capaz de sentir orgulho por poder alcançar a perfeição, poder atingir a iluminação. Mesmo quando uma só pessoa entrega-se à prática espiritual, dá estímulo aos espíritos guardiães da terra e às deidades celestiais que juraram defender a bondade. Essas forças têm então condições de liberar ondas de efeitos benéficos sobre a humanidade. Assim, nossa prática tem muitos benefícios diretos e indiretos. Porém, quando as pessoas apenas desgraçam e ridicularizam os mestres, e vivem de maneira que se contrapõe à lei natural, as forças brancas protetoras perdem sua potência e as forças sinistras das trevas reanimam-se e provocam grande estrago. Cada um de nós tem que fazer o melhor em nível pessoal. Existe um ditado: "Os hábitos dos humanos e deuses devem estar em harmonia". Se praticarmos os ensinamentos e vivermos de acordo com o Dharma, todas as forças naturais da bondade estarão em nossa retaguarda. Não obstante, quando olhamos os seres humanos, podemos ver quão poucos estão engajados em treinamento espiritual sério, e, se olhamos aqueles em treinamento podemos ver quão poucos estão efetivamente treinando. Como humanos, temos um corpo e mente capazes de elevar nossa condição espiritual do estágio atual para o mais sublime do supremo. Por que perder a oportunidade? Uma vez que a morte a leve embora, essa oportunidade provavelmente não aparecerá de novo por milhares ou até milhões de vidas.

Terceiro Dalai Lama:

Embora por meio dos treinamentos superiores em disciplina ética, concentração e sabedoria possa-se atingir o nirvana, ou liberação da existência cíclica, esse feito em si não é suficiente. Claro que, para alguém que conquistou o nirvana, jamais haverá de novo a necessidade de vagar pelo samsara; contudo, como apenas uma parte de suas falhas foi superada (os obscurecimentos à onisciência não foram) e apenas uma fração da perfeição foi atingida (onipotência e onisciência não foram), a pessoa não se realizou realmente de seu ponto de vista. Além disso, por não ser nem onisciente, nem onipotente, ela não se realizou do ponto de vista dos outros. Desse modo, existe a necessidade de olhar para a meta do estado de buda completo, que é o preenchimento absoluto do ponto de vista pessoal e dos outros. Além do mais, não se deve pensar em conquistar o estado de buda meramente para o benefício próprio. Deve-se querer isso puramente a fim de ser capaz de beneficiar todos os seres senscientes de forma mais profunda e efetiva. Do mesmo modo que você caiu dentro do oceano de miséria samsárica, os outros também caíram; e eles, como você, conhecem apenas frustração e miséria. Não há um único deles que não tenha sido seu pai e mãe repetidas vezes no passado, e que não tenha lhe demonstrado bondade inimaginável. É apenas uma questão de justiça que, caso você obtenha liberação e onisciência, eles também devam ser libertados da angústia. É basicamente para beneficiá-los que você deve atingir o estado de nirvana incomparável e isento de sofrimento, e para isso deve gerar a mente bodhi suprema, a atitude iluminada.

Sua Santidade:

Como praticantes das perspectivas inicial e média, afastamos a mente das causas da evolução inferior e a voltamos na direção da liberação individual do samsara e suas misérias; mas será que isso basta? A resposta é negativa. Aqueles que residem no nirvana cortaram a influência obscurecedora das delusões, e por isso permanecem livres da existência samsárica, mas não cortaram os obscurecimentos à onisciência. Por consequência, embora sejam capazes de permanecer absortos em meditação sobre a verdade absoluta e com isso permanecer livres do sofrimento, não são capazes de ao mesmo tempo perceber a infinita diversidade do universo. O resultado é que sua capacidade de beneficiar o mundo é limitada. Além do mais, visto que ainda possuem obscurecimentos sutis, até mesmo seus propósitos pessoais não foram preenchidos no total. Portanto, devemos elevar nossa meta para o estado de buda onisciente, cuja causa é o cultivo da mente bodhi.

Como foi que geramos a aspiração de transcender os estados inferiores de existência e atingir o nirvana, ou liberação de toda a miséria samsárica? Primeiro, contemplando os sofrimentos dos reinos inferiores e as causas de evolução para esses estados; segundo, contemplando os sofrimentos que permeiam toda a existência samsárica, junto com as causas da liberação. Contudo, fizemos isso principalmente em relação a nosso próprio fluxo de existência. A fim de gerar a mente Mahayana, entretanto, mudamos a base gravitacional das meditações e, em vez de contemplar os modos pelos quais nós mesmos sofremos e podemos sofrer, consideramos os apuros da multidão de seres sencientes que vivem ao nosso redor. Meditamos como antes sobre os mesmos sofrimentos dos reinos inferiores e superiores do samsara, mas aqui os relacionamos não conosco, mas com os outros – nossa mãe, pai, família, amigos etc., até que por fim incluímos todos os seres.

Todos os seres sofrem da mesma forma que nós, e alguns estão imersos ainda mais profundamente em tristeza. Não obstante, todos esses seres desejam experienciar apenas felicidade e evitar todo sofrimento, frustração e dor. Desejam felicidade duradoura, mas não sabem como cultivar suas causas; desejam evitar a miséria, mas coletam automaticamente apenas causas de mais miséria. Como disse Shantideva: "Apesar de buscar a felicidade, eles destroem suas próprias causas de felicidade como destruiriam um inimigo. E, embora busquem evitar a miséria, tratam suas causas como tratariam um amigo íntimo".

Estivessem ou não os seres sencientes não relacionados a nós preocupados com seus sofrimentos, talvez não houvesse necessidade de nos incomodarmos com seu bem-estar. Na realidade, contudo, todos estão relacionados a nós, e nenhum deles deseja sofrer. Ao longo de bilhões de vidas que experienciamos desde tempos imemoriais, conhecemos todos os seres vivos repetidamente. Às vezes foram nossos pais, às vezes amigos ou companheiros, às vezes inimigos. Cada um deles, sem exceção, foi uma mãe para nós várias vezes, manifestando toda a bondade de uma mãe. Como podemos ficar indiferentes a eles? Desejando que tenham apenas felicidade e suas causas, e que fiquem livres do sofrimento e suas causas, devemos gerar um senso de responsabilidade pelo bem-estar deles. Enfim, como apenas um Iluminado onisciente é efetivamente capaz de beneficiar os seres de maneira profunda, duradoura e absoluta, devemos atingir a iluminação rapidamente. Essa é a mente bodhi desejosa, a base interna da prática Mahayana. Um dos métodos principais para gerar essa mente é a técnica chamada "tradição oral de sete pontos de causa e efeito".

Terceiro Dalai Lama:

O melhor método para gerar a mente bodhi é a tradição oral conhecida como "tradição oral de sete pontos de causa e efeito". Explicarei isso primeiro de forma breve e depois em detalhes.

Uma breve explicação

Dos sete pontos, seis são causas e um é o efeito. A primeira causa é a percepção de que todos os seres sencientes foram nossa mãe. Disso surge a segunda causa – percepção mental da bondade todo-abrangente e eterna de todos e cada um deles. Isso dá origem à terceira causa – o desejo de retribuir sua bondade. Esse desejo transforma-se na bela mente que engendra a quarta causa – amor –, e a seguir a quinta causa – compaixão. Amor e compaixão são as forças das quais brota a sexta causa – a atitude extraordinária caracterizada por um senso de responsabilidade universal, a causa que por fim amadurece como o efeito, a mente bodhi. Essa é a roda de sete pontos que rola para o estado onisciente de iluminação perfeita.

Sua Santidade:

Essa tradição oral de sete pontos de causa e efeito é um dos métodos mais efetivos de gerar a mente bodhi; mas, a fim de utilizá-la, devemos primeiro desenvolver a mente serena da equanimidade. Nossas atitudes atuais em relação aos outros são rudes e inconsistentes. Tratamos alguns com afeição e lhes desejamos felicidade; outros com indiferença a respeito de sua felicidade e sofrimento e de outros não gostamos e esperamos que fiquem entristecidos. A mente discriminadora não consegue meditar de modo efetivo sobre amor, compaixão etc. sem lançá-los dentro de uma perspectiva discriminativa. Qualquer senso de mente bodhi que surja será desequilibrado e facilmente perturbado. Por isso, como preliminar para o uso do método da tradição oral de sete pontos de causa e efeito, devemos treinar a mente nas meditações que desenvolvem a equanimidade.

Terceiro Dalai Lama:

Como preliminar para todas essas meditações, contudo, deve-se nivelar a mente por meio da meditação da equanimidade em relação a todos os seres sencientes. Se a mente vê alguns seres como queridos, alguns como hostis e alguns como neutros, não está madura o suficiente para ser capaz de meditar sobre todos os seres como tendo sido sua mãe. Se a mente não possui equanimidade, qualquer amor ou compaixão gerado será tendencioso e desequilibrado. Portanto, deve-se praticar primeiro a meditação da equanimidade.

Comece pela visualização de várias pessoas "neutras"– aquelas que não o prejudicaram nem o ajudaram nesta vida. Cada um deles apenas quer felicidade e não quer sofrimento. Quanto a você, cada um deles é como um membro de sua família e foi seu pai ou mãe em muitas vidas anteriores. Pense: "Em algumas vidas, eu quis bem a eles e os ajudei, ao passo que em outras eu os considerei estranhos e os prejudiquei. Isso dificilmente estaria correto. Devo meditar agora a fim de gerar uma atitude de equanimidade para com todos".

GERANDO O ESPÍRITO DE BODHISATTVA

Uma vez que tenha meditado assim sobre pessoas neutras, considere aquelas que o ajudaram nesta vida e que, portanto, você quer bem, e aquelas que o prejudicaram nesta vida e que você consequentemente considera hostis. Desenvolva equanimidade em relação a ambas. Por fim, gere equanimidade em relação a todos os seres sencientes dos seis reinos.

Sua Santidade:

Por que gostamos de alguns seres, não gostamos de outros e nos sentimos indiferentes em relação a outros? Por causa das ações praticadas ou não praticadas nesta vida. Gostamos dos seres que nos ajudaram e apoiaram, não gostamos daqueles que nos prejudicaram ou ameaçaram nossa existência de alguma forma, e nos sentimos indiferentes a qualquer um não relacionado a nós, que não tenha feito nada de agradável ou desagradável para nós.

Se meditamos sobre as pessoas de quem não gostamos, a natureza superficial de nossos motivos para não gostar delas torna-se muito óbvia. Algumas apenas sorriram para nós de um jeito estranho, fizeram cara feia ou disseram algo certa vez contra nós. Com outras aconteceu de desempenharem um papel desafortunado em nossas vidas. Nossos motivos para gostar das pessoas que escolhemos como amigas em geral também são tolos. A maioria das pessoas muda suas emoções pelos outros tão rápido quanto o tempo muda. Uma mente dessas é motivo de riso até mesmo por padrões mundanos. Quão mais inadequado é isso para o caminho espiritual?

Seria razoável chamar uma pessoa de amiga, outra de inimiga e uma terceira de estranha se elas tivessem mantido essa condição ao longo das bilhões de vidas que experienciamos desde tempos passados. Mas não é assim. Todos os seres foram amigos, parentes e até pais para nós repetidas vezes. Em cada uma dessas ocasiões derramaram sobre nós uma chuva de bondade, protegendo-nos do mal e nos proporcionando muita felicidade. Isso é passado. Quanto ao futuro, até obtermos a liberação ou iluminação, devemos continuar a girar na roda da vida com elas, encontrando-as sem cessar em relações de amizade, parentesco e assim por diante.

De modo semelhante, as pessoas de quem gostamos e amamos nesta vida nem sempre foram nossas amigas. Em muitas vidas anteriores elas nos mataram, roubaram e prejudicaram de várias formas. Quanto ao futuro, até obtermos a iluminação, vamos continuar a encontrá-las vida após vida, tendo nosso relacionamento com elas dramaticamente modificado a cada vez. Não há ninguém que sempre tenha desempenhado o papel de aliado em nossas vidas e ninguém que sempre tenha desempenhado o papel de antagonista. Não há ninguém que sempre tenha sido um estranho. À medida que a roda do karma rola em frente, os seres que preenchem essas funções trocam de posição entre si constantemente.

Quando meditamos sobre esses fatos e aplicamos as experiências de nossas meditações em nosso contato diário com as pessoas, a mente serena que olha todos os seres com equanimidade é gerada rapidamente. Isso assenta o alicerce para a prática da técnica de meditação dos sete pontos de causa e efeito.

Terceiro Dalai Lama:

Uma explicação mais detalhada
Primeira causa: desenvolvendo a percepção de que todos os seres foram nossa mãe. Visto que não existe como determinar um começo para a vida senciente e a existência cíclica, devemos ter tido um número infinito de vidas prévias e todos os outros seres devem compartilhar da mesma situação. Por isso, conclui-se que não existe lugar em que possamos dizer que não tenhamos nascido e que não existe ser senciente que possamos dizer que não tenha sido nosso pai. De fato, cada ser senciente foi nosso pai incontáveis vezes. Se procurarmos em todo o infindável ciclo de nascimento, morte e renascimento, não encontraremos um ser que não tenha sido nossa mãe. Todos os seres senscientes demonstraram-nos bondade igual à bondade de nossa mãe desta vida. Por consequência, devem ser vistos apenas como bondosos.

Gerando o espírito de bodhisattva

Sua Santidade:

A bondade da mãe é escolhida como exemplo de intensidade da bondade que todos os seres nos demonstraram porque no samsara o interesse materno em geral é algo muito forte e óbvio. Podemos ver a bondade materna não apenas nos humanos, mas nos animais, pássaros e outros seres. Uma cadela vai passar fome para alimentar os filhotes e morrerá para protegê-los. Do mesmo modo, mesmo que nossa mãe nos seja estranha em algum sentido, ainda assim ela terá nos demonstrado grande bondade de forma instintiva e inconsciente. Todos os seres nos amaram dessa mesma maneira, sacrificando seu alimento para nós e até morrendo para nos proteger porque seu amor era muito forte. As pessoas que são nossas amigas, inimigas e estranhas nesta vida demonstraram-nos a grande bondade de uma mãe em incontáveis vidas passadas.

Na verdade, não é imperativo que o amor de mãe seja o modelo usado aqui caso isso provoque um problema. Se temos problemas sérios no relacionamento com nossa mãe, ou somos órfãos e fomos criados por uma tia ou tio, podemos facilmente pegar quem quer que achemos que tenha sido mais bondoso conosco e usá-lo como modelo alternativo nessa etapa da meditação. Contemplamos, então, como todos os seres sencientes nasceram conosco nesse mesmo relacionamento em incontáveis vidas anteriores e nos demonstraram a mesma grande bondade. Temos que aprender a ver todos os seres sencientes na imagem daquela pessoa.

Como resultado dessa meditação, obtém-se um sentimento espontâneo de familiaridade com todos os outros seres sencientes, um reconhecimento de que eles de alguma forma são muito chegados a nós e muito preciosos.

Terceiro Dalai Lama:

Segunda causa: consciência da bondade dos infinitos seres sencientes. Como a mãe desta vida demonstrou-lhe bondade? Quando você estava no útero, ela só pensou em como protegê-lo e cuidá-lo. Depois que você nasceu, ela o pegou e envolveu em vestes macias, segurou-o nos braços, fitou-o com olhos amorosos, sorriu-lhe afetuosamente, deu-lhe o leite de seus seios movida por misericórdia e segurou-o junto de seu corpo para mantê-lo aquecido. Depois, ano após ano, preparou comida e limpou o muco e os excrementos de seu corpo. Mesmo que estivesse mortalmente enferma e você contraísse uma doença insignificante, ela pensaria unicamente em você. Ela abrigou e o protegeu de toda dificuldade, deu-lhe tudo o que pôde para ajudá-lo a satisfazer seus desejos e fez qualquer coisa que você não poderia fazer por si mesmo. De fato, ela protegeu sua vida e sua pessoa de todas as maneiras possíveis. Você deveria contemplar dessa forma, repetidas vezes, o quanto sua mãe ajudou-o e como foi extremamente bondosa com você.

Ao mesmo tempo, visualize então as três categorias de pessoas: aquelas próximas de você, como sua família e amigos desta vida; pessoas neutras, com quem você não tem contato real e pessoas malquistas, ou aquelas que o prejudicaram nesta vida. Considere como cada uma delas foi sua mãe incontáveis vezes no passado. Incontáveis vezes elas deram-lhe até um renascimento humano, protegendo-o tanto quanto a mãe desta vida, mostrando uma bondade incomensurável e ajudando-o de forma ilimitada muitas vezes.

Sua Santidade:

A bondade de uma mãe é ilimitada e avassaladora. Ela quer tudo para seu filho. Se pudesse dar-lhe a iluminação, ela se apressaria em fazê-lo. Caso observemos como as mães dos pássaros sacrificam-se para proteger os filhotes, como chegam a passar fome para alimentá-los, a ponto de suas penas caírem e seus corpos definharem, podemos apreciar a imensa bondade que todos os seres sencientes demonstraram para conosco quando renasceram como nossas mães em incontáveis vidas passadas.

Sempre que alguém nos faz mal, devemos pensar: "Esse ser foi minha mãe em várias encarnações passadas. Como minha mãe, me alimentou, limpou meu corpo e me protegeu de qualquer mal. Dormi em seu colo e mamei leite de seus seios. Naquele tempo, essa pessoa me beneficiou e compartilhou todos seus bens comigo. O mal que ela está me causando agora deve-se apenas a forças do karma negativo e das delusões.

Gerando o espírito de bodhisattva

Terceiro Dalai Lama:

Terceira causa: o desejo de retribuir. Contudo, esses seres senscientes que foram mães e nos nutriram com bondade em tantas ocasiões são perturbados pelos demônios da distorção mental e da delusão. Suas mentes estão descontroladas e eles são como loucos. O olho de sabedoria é cegado pela fumaça da ignorância, e eles não têm como ver os caminhos que levam ao renascimento elevado, liberação pessoal ou onisciência. A maioria, sem ter um mestre espiritual que possa conduzi-los até a cidade da liberdade, são mendigos cegos sem um guia. A cada dia, afastam-se mais da felicidade por causa das ações kármicas inábeis de corpo, fala e mente. Como membros de uma procissão de bêbados que cambaleiam rumo a um penhasco, vão aos tropeções pelo precipício do mal, rumo aos sofrimentos da existência cíclica e dos reinos inferiores. Pense: "Se eu não fizer alguma coisa por esses seres patéticos e débeis, quem fará? Se a responsabilidade por eles não recair sobre os meus ombros, recairá sobre os de quem? Que falta de consciência e consideração seria ignorar esses seres bondosos e trabalhar apenas pela minha liberação do samsara!

"Além do mais, ainda que eles atingissem os vários estados prazerosos do samsara, como os estados de Brahma, Indra e outros parecidos, sua paz não seria eterna. A partir de agora, devo pensar menos em mim e mais em mitigar o sofrimento samsárico dos seres vivos que são tantos quanto a vastidão do espaço, e devo trabalhar de todas as formas possíveis pela iluminação, para assim ser capaz de colocá-los na alegria da liberação incomparável".

Sua Santidade:

Do mesmo modo que uma mãe tem responsabilidades para com o filho, o filho tem responsabilidades para com a mãe. Visto que todos os seres senscientes foram nossas mães incontáveis vezes, nosso senso de responsabilidade para com cada um deve ser igual. Qual é a diferença entre uma dívida da semana passada e uma do ano passado? Devemos nos manter nesse senso de responsabilidade para com os outros. Quando uma mãe envolve-se em dificuldades, quem deveria ficar mais preocupado com ela do que o próprio filho?

Terceiro Dalai Lama:

Quarta e quinta causas: amor e compaixão. Pense: "Por que esses seres mães, destituídos de felicidade, não têm felicidade? Possam eles ser felizes. Possa eu contribuir para a felicidade deles de todas as formas. Além disso, por que os seres mães que estão padecendo em miséria não deveriam ser separados da miséria? Possam eles ser separados disso. Possa eu contribuir para que sejam separados da miséria".

Sua Santidade:

Como podemos retribuir a bondade dos seres sencientes? Demonstrando a eles amor e compaixão imaculados.

Amor imaculado é o pensamento: "Possam eles ter a felicidade e suas causas". Compaixão é o pensamento: "Possam eles ficar livres do sofrimento e de suas causas". Visto que obter felicidade e evitar o sofrimento são os dois instintos mais primordiais, inatos de tudo que é vivo, amor e compaixão são as dádivas supremas.

O que significa proporcionar felicidade? O que significa remover o sofrimento? Claro que podemos ajudar um pouquinho em termos materiais, mas, comparado com a profundidade do sofrimento em que os seres do samsara estão imersos, isso vai oferecer benefícios apenas breves e superficiais. Todos os seres tiveram toda felicidade, prazer e poder que existe no samsara, pois as vidas prévias são incontáveis; não obstante, aqueles revelaram-se mais enganosos do que benéficos. Por isso, o pensamento acrescenta: "... e as causas de felicidade". Falando em termos absolutos, para que os seres tenham felicidade duradoura é preciso as causas da felicidade. Eles devem ser inspirados pela bondade e compaixão. De modo semelhante, as "causas de sofrimento" refletem o pensamento de que os seres devem ser libertados não só dos estados específicos de sofrimento que enfrentam no presente, mas que, a fim de obter liberdade duradoura do sofrimento, devem ser inspirados a purificar seu fluxo mental dos instintos kármicos negativos e combater a força da delusão cultivando a sabedoria profunda.

Nas *Três Práticas Principais do Caminho*, o grande Tsongkhapa escreveu: "Os seres sencientes são levados de roldão pela correnteza dos turbulentos rios dos quatro sofrimentos, e estão acorrentados com firmeza pelos poderosos vínculos da atividade kármica compulsiva. Capturados na malha de ferro do apego ao ego, estão perdidos nas trevas da confusão. Por isso, vivem e morrem repetidas vezes, vagando interminavelmente pela existência cíclica com os três sofrimentos terríveis como acompanhantes constantes. Contudo, todos eles querem obter a felicidade e evitar o sofrimento".

O problema é o karma negativo e a delusão. O único meio pelo qual eles podem obter felicidade duradoura e liberdade do sofrimento é superando essas duas forças negativas dentro de si mesmos e gerando suas oponentes. Até que façam isso, a natureza de seu futuro continuará sendo de sofrimento e mais sofrimento.

Terceiro Dalai Lama:

Sexta causa: a atitude extraordinária e o efeito, a mente bodhi.
Pense: "Entretanto, será que tenho o poder para realizar esses dois desejos? Não tenho poder para libertar sequer um único ser do sofrimento, nem para colocar sequer um ser em uma felicidade transcendental, que dirá todos os seres sencientes. Exatamente por esse motivo tomei a decisão de atingir o estado de buda perfeito e, se agora desistir, com certeza cairei nos reinos inferiores. Contudo, não posso fazer nada para libertar os seres do sofrimento e colocá-los na felicidade insuperável até eu mesmo ter atingido o pleno estado de buda. Devo começar a trabalhar imediatamente de todas as formas concebíveis para realizar o estado de iluminação completa e perfeita, samyaksambodhi, tomando como base o pensamento de ser capaz de libertar os seres sencientes até mesmo do mais profundo sofrimento e conduzi-los para a alegria absoluta".

Sua Santidade:

Se o filho não assume a responsabilidade pela mãe em tempos de necessidade, quem o fará? Por isso, meditamos que nós mesmos devemos gerar um senso pessoal de responsabilidade universal pelo bem-estar dos outros, sendo que cada um deles foi nossa mãe muitas vezes.

Entretanto, será que temos a sabedoria, habilidade e poder de beneficiá-los? Sem nós mesmos estarmos livres do processo samsárico, mal podemos falar em fazer qualquer coisa para qualquer outro a respeito de qualquer coisa, a não ser em níveis mundanos. Quem é capaz de beneficiar os outros mais efetivamente de modo absoluto? Apenas alguém com iluminação onisciente, com plenos poderes de compaixão, sabedoria e capacidade. Ao comunicar-se com os outros, um ser desse tipo percebe de forma instintiva todo o antecedente kármico, as propensões espirituais e tudo o mais; o resultado é que uma única palavra desse ser é mais útil do que um discurso de uma pessoa comum. Um professor deve falar a partir da experiência própria. Há pouco benefício em simplesmente papaguear o Buda e os mestres indianos. Assim como dar indicações para alguém sobre um lugar distante que nunca visitamos pode facilmente causar confusão e erro, a fim de sermos eficientes como um guia isento de equívocos devemos primeiro conquistar a realização. Sem conquistas espirituais, existe realmente muito pouco que possamos fazer por nós mesmos, o que dizer por qualquer outro.

Embora a meta da mente bodhi seja atingir a iluminação, a fim de ser capaz de beneficiar os outros, isso não significa necessariamente agir como professor no sentido formal da palavra. Depois de atingir a iluminação, a pessoa pode se manifestar de muitas maneiras para beneficiar os seres sencientes, igual ao bodhisattva Maitreya, que apareceu na forma de uma cadela infestada de vermes para Asanga a fim de fazer com que a compaixão deste crescesse e transbordasse. De modo semelhante, Tilopa apareceu para Naropa como um mendigo meio louco, comendo peixe vivo. As escrituras contêm uma profusão de relatos de seres que manifestaram sua iluminação de formas totalmente mundanas para beneficiar os seres. Às vezes aparecem como alguém que nos diz umas poucas palavras, e aquilo resolve uma dificuldade que confrontamos em nossa vida; às vezes como um livro quando necessitamos de informação, e até mesmo como uma ponte para alguém perdido e em apuros. Esse é o poder assombroso do estado onisciente.

Ao entender que estamos nos empenhando pela iluminação a fim de beneficiar todos os seres vivos, opera-se imediatamente uma sutil mudança em relação a eles. Nossa compaixão adquire profundidade e riqueza adicionais, e nossa meditação sobre a vacuidade assume uma nova dimensão. Esse é o primeiro dos 22 estágios de desenvolvimento pelos quais passa a mente bodhi à medida que evolui gradualmente para a mente onisciente da iluminação perfeita.

A mente bodhi experienciada pela pessoa comum é algo como uma mente bodhi negativa. Argumentamos conosco mesmos: "A fim de conquistar a plena onisciência eu preciso da mente bodhi, e, como a base da mente bodhi é a grande compaixão e o zelo pelos outros, também devo cultivar isso". A natureza inerente de apego ao eu da mente é usada como uma força a fim de superar o apego ao eu e substituí-lo por amor e compaixão pelos outros. No começo, entretanto, ela realmente é praticada mais em benefício próprio do que dos outros. Desse modo, é mente bodhi apenas no nome; se bem que, pela persistência na prática, a negatividade é eliminada devido à natureza dessa técnica.

Uma vez que tenhamos desenvolvido alguma experiência em meditação sobre mente bodhi, é muito útil solicitar a um mestre que conduza a cerimônia do voto de mente bodhi aspiracional. Selando nossa experiência na presença de um mestre por meio do voto de manter para sempre, como a coisa mais preciosa, a aspiração altruística pela iluminação mais elevada, garantimos solidez a esse alicerce. A seguir, tendo feito o voto de mente bodhi aspiracional, devemos praticar os quatro treinamentos relacionados e evitar os quatro dharmas negros.

Terceiro Dalai Lama:

Entretanto, simplesmente meditar sobre a mente bodhi não é o bastante. Deve-se manter também os quatro treinamentos:

1. O treinamento de relembrar os efeitos benéficos da mente bodhi. Isso almeja gerar entusiasmo pelo desenvolvimento do

aspecto de aspiração da mente bodhi, e assegura que a decisão tomada não se degenere nesta vida.

2. O treinamento de ocasionar pensamentos sobre a mente bodhi seis vezes ao dia. Isso almeja aumentar o aspecto da prática da mente bodhi, ou a própria mente bodhi.

3. O treinamento de não abandonar mentalmente nenhum dos seres pelos quais se tomou o voto da mente bodhi.

4. O treinamento de aumentar a força espiritual interior.

Entrando em maiores detalhes:

1. O treinamento de recordar os efeitos benéficos da mente bodhi significa que se deve manter uma percepção constante do seguinte ensinamento (condensado) do *Guia para o Modo de Vida do Bodhisattva*, de Shantideva.

No momento em que desenvolve o pensamento da iluminação, a mente bodhi, a pessoa torna-se objeto de veneração para humanos e deuses. Por meio da natureza fundamental, a pessoa ultrapassa o esplendor dos shravaka arhants e dos pratyekabuddhas, ou praticantes do Hinayana. Vai-se além do alcance das doenças e espíritos malignos. Os feitos tântricos – os poderes de pacificar, aumentar, sobrepujar, aniquilar e assim por diante – são alcançados sem dificuldade. A pessoa não mais renascerá em nenhum dos três reinos miseráveis – dos infernos, dos fantasmas e dos animais. Mesmo que não conquiste a iluminação nesta vida, mas renasça no samsara, a pessoa obterá a liberdade rapidamente. E as sementes kármicas, até mesmo das mais graves ações kármicas negativas do passado, serão instantaneamente esmagadas.

Caso os efeitos benéficos do desenvolvimento da mente bodhi tomem forma, o céu não poderá contê-los. Pense, pois, em não degenerar a mente bodhi que você já tenha desenvolvido, e sim em aumentá-la ainda mais.

2. Desistir da atitude iluminada até mesmo em relação a um estranho tem uma consequência kármica negativa mais pesada do que a criada por um monge que quebra um de seus quatro votos de raiz – não matar, não roubar, não fingir qualidades espirituais e

Gerando o espírito de bodhisattva

não se envolver em atividade sexual. Não desista da mente bodhi até o estado de buda estar efetivado. Até lá, recite os seguintes versos três vezes de dia e três vezes de noite:

> No Buda, no Dharma e na Comunidade Suprema,
> até a iluminação, busco refúgio.
> Pelo poder da minha prática das seis perfeições,
> possa o estado de buda ser atingido para o bem de todos.

3. Estamos desenvolvendo a atitude iluminada a fim de sermos capazes de beneficiar todos os seres. Portanto, não importa como qualquer um deles se relacione conosco, de nossa parte não devemos deixar jamais de nos relacionar com eles tendo por base a mente bodhi.

4. Se alguém desenvolve uma centelha do pensamento sobre iluminação uma vez que seja, deve tentar evitar que se degenere. Além disso, deve tentar incrementá-la acumulando energia meritória por meio de técnicas como contemplar as qualidades das Três Joias, fazer oferendas, meditar e assim por diante.

A causa para que não se perca o poder da mente bodhi em vidas futuras surge da prática de abandonar os quatro dharmas negros e confiar nos quatro dharmas brancos.

Os quatro dharmas negros são:
1. Mentir ou enganar o seu abade, professor, ou qualquer ser digno. Não minta para eles, nem os engane.

A força oponente a esse dharma negro é jamais falar falsidades para qualquer ser senciente que seja, nem de brincadeira, nem para salvar sua vida.

2. Fazer com que alguém que fez alguma coisa boa lamente aquele ato.

A força oponente a esse dharma negro é direcionar qualquer um a quem se possa dar instrução espiritual para o Grande Caminho em vez do Pequeno.

3. Falar asperamente e com raiva para alguém que desenvolveu a atitude iluminada Mahayana.

A força oponente a esse dharma negro é considerar todos os praticantes do Mahayana como seus professores e, quando a ocasião se apresentar, louvar as boas qualidades deles. Também treinar-se para ver todos os seres vivos como puros e nobres.

4. Ser hipócrita e falso com os seres sencientes. Evite isso e seja sincero com todos constantemente.

Sua Santidade:

A mente bodhi aspiracional é como o tronco de uma árvore. Capaz de sustentar os galhos e folhas, que são as práticas da verdadeira mente bodhi, ou da mente bodhi que se empenha nas seis perfeições, nos quatro meios de acumular treinamentos e assim por diante, é o alicerce do caminho para a iluminação. A presença da mente bodhi aspiracional qualifica-nos como adeptos do Mahayana, e perder isso é apartar-se do Grande Caminho. Ser ou não adepto do Mahayana é determinado unicamente pela posse ou falta da mente bodhi aspiracional.

Essa mente é como um elixir mágico capaz de transformar ferro em ouro, pois direciona todas as atividades daquele que a possui para as causas da onisciência dourada. É uma mente a partir da qual pode ser extraída toda virtude, pois todas as virtudes são multiplicadas muitas vezes ao tocar nela. Desse modo, deve-se fazer todo esforço para gerá-la, protegê-la e aumentá-la. É útil ler as escrituras que descrevem a natureza e o desenvolvimento dessa mente, tais como a *Guirlanda Preciosa* de Nagarjuna e o *Guia para o Modo de Vida do Bodhisattva*, de Shantideva. Um de meus professores, Kunnu Lama Tenzin Gyaltsen, também escreveu um pequeno texto interessante sobre o assunto, *Tratado sobre a Mente Bodhi*, mas não creio que já tenha sido traduzido para o inglês. Esse tipo de escritura é útil e inspiradora.

Terceiro Dalai Lama:

Para citar Je Rinpoche:

Desenvolvimento da mente bodhi,
o pensamento sobre a iluminação,
é o pilar central da prática Mahayana,
o alicerce das atividades do bodhisattva,
um elixir que produz o ouro do mérito e da sabedoria,
uma mina contendo infinitas variedades de bondade.
Sabendo disso, corajosos seguidores dos Budas
guardam-na com firmeza no centro de seus corações.

II

*Prática do Mahayana
geral*

Terceiro Dalai Lama:

Esses são os treinamentos para gerar a mente bodhi aspiracional. Mas podemos perguntar: será que essa disciplina é suficiente? A resposta é não. Deve-se assumir também o compromisso da verdadeira mente bodhi e treinar nas vastas atividades de um bodhisattva: as seis perfeições, que se pratica para amadurecer o próprio *continuum*; e as quatro maneiras de beneficiar os praticantes, que se pratica para amadurecer a mente dos outros.

As seis perfeições
1. Como treinar na perfeição da generosidade
Baseando-se na motivação nascida do pensamento de que se deve atingir o estado de buda visando beneficiar todos os seres sencientes, deve-se manter a prática de dar ensinamentos corretos àqueles destituídos de instrução no Dharma; dar proteção àqueles oprimidos pela cólera de reis, soldados etc. e àqueles amedrontados por forças sencientes como fantasmas, demônios, animais selvagens, serpentes e assim por diante, e àqueles assustados por forças inanimadas, como queimadura, esmagamento, afogamento, sufocação etc.; e dar comida, bebida, remédios e tudo o mais para os necessitados. Em resumo, com um coração livre, dedique seu corpo, todos os bens e a energia meritória do passado, presente e futuro para a obtenção de sua iluminação para o bem do mundo.

Para citar Je Rinpoche:

A perfeição da generosidade é joia mágica para satisfazer as esperanças do mundo,

> a melhor ferramenta para cortar o nó da avareza que cinge
> o coração,
> a prática do bodhisattva que dá origem aos poderes infalíveis
> do espírito,
> o alicerce da reputação benéfica.
> Sabendo disso, o sábio confia na prática
> de dedicar seu corpo, posses e méritos.

Sua Santidade:

Devemos praticar, oferecendo os três tipos de dádiva: inspiração espiritual, objetos materiais e proteção ao medo. A perspectiva da aplicação é dada por Shantideva:[19] "Se a perfeição da generosidade é o alívio da pobreza material do mundo, então como os Budas do passado a executaram? Os seres vivos não continuam passando fome? Logo, diz-se que a perfeição da generosidade é a atitude de generosidade, o pensamento de ser generoso com os seres vivos, junto com as ações que brotam desse pensamento. É basicamente um estado da mente".

Generosidade é a joia mágica que realiza nossas próprias esperanças e as dos outros, pois, sendo aberta e generosa com os outros, a pessoa preenche as necessidades deles e no processo reúne as causas kármicas de futuro bem-estar para si mesma. É uma arma aguçada que destrói as amarras da avareza, que faz um mendigo temer a perda de sua tigela e torna um milionário incapaz de gastar sua riqueza até para beneficiar a si mesmo ou seus parentes. A avareza é como um nó apertando, amarrando o coração, dando origem a uma enorme quantidade de dor desnecessária para a própria pessoa e para os outros.

No começo da prática, cultiva-se uma percepção das necessidades das outras pessoas e se executam atos simples de generosidade, como dar restos de comida para animais ou pássaros, fazer pequenas doações para boas causas, demonstrar bondade para algum necessitado, e assim por diante. É interessante observar como isso afeta o coração e o espírito. Por fim, a respiração, os gestos e palavras da pessoa tornam-se um ato de doação, uma expressão de generosidade para com o mundo.

Terceiro Dalai Lama:

2. Como treinar na perfeição da disciplina ética

Deve-se atingir a iluminação para o bem de todos os seres sencientes. Com o intuito de fazer isso, deve-se manter uma atitude dotada das qualidades de presença mental, prontidão mental, escrúpulo, humildade, modéstia e assim por diante, e deve-se praticar os três tipos de disciplina ética: a disciplina da conduta virtuosa, pela qual, mesmo sob o medo da morte, a pessoa não se entrega ao mal; a disciplina de abster-se de modos de ser equivocados, que é a base para incrementar a prática das seis perfeições; e, fundamentada nessas duas, a disciplina de trabalhar de maneira ética para melhorar o mundo.

Para citar Je Rinpoche:

A disciplina ética é água para limpar as manchas do mal,
luar para refrescar o calor da delusão,
esplendor assomando como uma montanha em meio aos seres sencientes,
a força para unir pacificamente a humanidade.
Sabendo disso, os praticantes espirituais guardam-na
como guardariam os próprios olhos.

Sua Santidade:

Três tipos de disciplina ética devem ser praticados: geração de bondade, abstenção de atividades equivocadas e satisfação das necessidades dos seres sencientes. Quanto à natureza da aplicação, Shantideva diz: "Aqueles que desejam manter uma prática devem guardar a mente com cuidado. Mente desprotegida é prática desprotegida. Elefantes selvagens não podem me causar tanto mal quanto uma mente indisciplinada poderia, e, quando o elefante da mente indisciplinada é preso com firmeza pela corda da percepção mental atenta, todas as causas de medo cedem e todas as virtudes elevam-se. Amarrando a mente com disciplina, todos os animais selvagens e agentes nocivos ficam amarrados. O mundo é submetido pela submissão da própria mente".

Bodhisattvas praticam disciplina ética a fim de alcançar a iluminação plena para o benefício dos outros. Sua atividade é isenta de máculas de autointeresse e por isso é como água para lavar a potência dos instintos kármicos negativos.

Desde o começo da prática, a disciplina é como o luar para refrescar a mente selvagem que arde de raiva, apego, ignorância, ciúme e assim por diante. A pessoa fica calma, concentrada e imponente, elevando-se sobre os seres comuns como o Monte Meru erguendo-se acima do mundo. Os outros serão atraídos pelo vigor dessa pessoa e nela encontrarão grande inspiração e confiança. A disciplina pacifica nosso ser e traz paz para o modo como as outras pessoas e seres sencientes relacionam-se conosco. Por isso, praticantes sábios protegem sua disciplina como protegeriam seus olhos.

Terceiro Dalai Lama:

3. Como treinar na perfeição da paciência

Quando as pessoas o prejudicam, a raiva não é uma reação digna, pois o mal que fazem a você é apenas o produto kármico de um mal que você infligiu a elas antes. Além disso, como elas não têm controle mental e estão irremediavelmente subjugadas pela raiva, seria inadequado ficar zangado e feri-las. Além do mais, como um momento de raiva destrói as três raízes das três bases de mérito acumulado ao longo de muitos éons, não permita por nada o surgimento de pensamentos de raiva. Essa é a prática da paciência inabalada pelo mal.

Quando se experiencia dor e sofrimento por causa dos danos causados por outro, atitudes negativas como orgulho, arrogância e assim por diante são dispersas, e a mente que renuncia ao samsara é fortalecida. Lembre que a experiência desse mal indesejado surgiu de ações negativas prévias praticadas por você mesmo e que, se você responder com ações negativas e inábeis baseadas na raiva, estará criando as condições para padrões kármicos violentos adicionais. Lembre, também, que nenhum efeito surge se não tiver uma causa e que, se você enfrentar esse mal com paciência, não apenas o ato negativo que deu origem a essa dificuldade será esgotado, mas você criará também um padrão kármico positivo pela prática hábil da paciência. Evitando a não virtude adicional da raiva, você evita sofrimento futuro para si mesmo. Além disso, ao meditar sobre a paciência quando outros lhe fazem mal, sua prática das outras perfeições se desenvolve e amadurece. Por essas e muitas outras razões válidas, os gurus aconselharam-nos a encarar o mal com meditação sobre a paciência. Lembre-se dos ensinamentos deles e pratique a paciência que vê o sofrimento desferido pelos outros como uma grande bondade.

Por fim, reconhecendo que o poder das Três Joias e dos Budas e bodhisattvas é inconcebível, aprecie o valor das atividades de um Buda Criança e aprecie também a meditação sobre ausência de ego. Pratique a paciência que é a garantia do Dharma e deseje treinar como os bodhisattvas.

Para citar Je Rinpoche:

A paciência é o melhor ornamento dos verdadeiros heróis,
uma automortificação suprema para superar delusões,
a ave garuda para destruir a serpente da raiva,
armadura para proteger das flechas da crítica.
Sabendo disso, familiarize-se de todas as maneiras
com a armadura da paciência suprema.

Sua Santidade:

A prática da paciência é um grande trunfo para todos os caminhos espirituais, e em particular para aqueles relacionados à geração de qualidades como amor e compaixão. Sua aplicação é ensinada em detalhes no *Guia para o Modo de Vida do Bodhisattva,* de Shantideva, com muitas frases cativantes sobre argumentos a ser buscados na meditação, bem como contemplações sobre como e por que aplicá-los às situações da vida.

Devem ser praticados três tipos de paciência: paciência em relação a seres nocivos; paciência para encarar os sofrimentos e privações que surgem ao longo da vida e paciência no cultivo da percepção da vacuidade.

Quanto ao valor da perfeição da paciência, Shantideva diz: "O número de seres cruéis e descontrolados iguala-se à dimensão do espaço. Quem teria possibilidade de derrotá-los em batalha? Mas, pela superação da raiva dentro de nós mesmos, superamos todos os inimigos externos. Onde haveria couro suficiente para cobrir a superfície da terra? Contudo, usando sapatos de couro experienciamos o mesmo efeito. De modo semelhante, embora não seja possível domar o mundo com forças externas, a simples tentativa de domar a própria mente domará o mundo inteiro".

Terceiro Dalai Lama:

4. Como treinar na perfeição da perseverança jubilosa
Se a pessoa não meditou sobre a desilusão com o samsara e com o desejo pela felicidade de baixa qualidade, tal como a obtida pela lassidão, indulgência, sono e assim por diante, continuará vivendo na apatia.

Abandone todas as causas de apatia e se devote unicamente aos atos nobres de corpo, fala e mente. Buscando aliviar o sofrimento até mesmo de um único ser vivo, pratique os três tipos de perseverança jubilosa: perseverança de armadura, que não abandona práticas difíceis por nenhum motivo que seja; baseada nessa, a perseverança que repousa no Dharma sadio e incrementa a prática das seis perfeições; e, por meio das duas anteriores, a perseverança que atua para o bem dos outros, esforçando-se pela meta da iluminação de todos os seres sencientes.

Para citar Je Rinpoche:

Se a pessoa veste a armadura da perseverança implacável,
qualidades de aprendizado e *insight* vão aumentar como a
lua crescente,
todas as atividades vão se tornar significativas
e todas as obras iniciadas vão chegar ao término.
Sabendo disso, os bodhisattvas aplicam-se
na vasta perseverança, dispersora da apatia.

Prática do Mahayana geral

Sua Santidade:

Shantideva pergunta: "O que é perseverança jubilosa? É a mente (secundária) que se deleita em atividades sadias. Seus opostos são preguiça, atração pela negatividade e falta de confiança em si mesmo".

Perseverança jubilosa, ou aplicação enérgica, é um ingrediente indispensável para o treinamento espiritual bem-sucedido. Inteligência sem perseverança não leva a grande progresso, ao passo que, tendo-se perseverança sem inteligência clara, pode-se estudar e praticar até as limitações de uma mente obtusa serem transcendidas. A perseverança faz com que as qualidades de aprendizado e realização dos ensinamentos sagrados aumentem como a lua crescente. Ela proporciona vigor e propósito a cada tarefa, dando capacidade para que se complete cada obra empreendida.

Das três forças mencionadas acima que se opõem à perseverança, a falta de confiança nas capacidades pessoais de gerar qualidades espirituais e progredir ao longo do caminho é particularmente perigosa. Nesse contexto, Shantideva escreveu: "Até mesmo moscas, mosquitos e outros insetos vão conquistar a iluminação incomparável quando se dedicarem ao esforço espiritual em alguma vida futura. Por que eu – que nasci como humano e tenho a capacidade humana da percepção diferenciada, capaz de discernir meios hábeis de inábeis – não seria capaz de obtê-la?"

Terceiro Dalai Lama:

5. Como treinar na perfeição da concentração meditativa
Com a mente bodhi como motivação, separe a consciência da agitação e do torpor e treine nas concentrações mundanas e transcendentais. Ou, do ponto de vista da direção, treine nas várias concentrações mentais de quietude, concentrações de *insight* penetrante e concentrações que combinam quietude e *insight* meditativo. Ou, do ponto de vista da função, treine nas concentrações que residem na alegria física e mental realizada e experienciada nesta mesma vida, concentrações que efetivam qualidades superiores como clarividência, poderes mágicos etc., e concentrações que atendem as necessidades do mundo.

Para citar Je Rinpoche:

A concentração meditativa é o rei a governar a mente.
Quando estabilizada, paira como uma montanha,
quando direcionada, pode entrar em todas as meditações virtuosas.
Conduz a todas alegrias físicas e mentais.
Sabendo disso, os grandes yogues sempre confiam nela,
a destruidora do inimigo mental interior errante.

Sua Santidade:

Existem várias maneiras de se dividir os tipos de concentração meditativa. Algumas pessoas vão se contentar em ouvir seus nomes, mas aquelas que querem uma experiência interior imediata da eficácia do Dharma vão tentar desenvolver tal concentração dentro de si.

Quando estamos empenhados em atividades e coisas que requerem uma percepção fluente em vez de concentrada, nossa mente parece muito flexível e maleável. Mas tente aplicá-la a um objeto de meditação e veja como se torna rebelde e ingovernável. A mente não treinada é muito grosseira, descontrolada e difícil de corrigir. Mal conseguimos captar um vislumbre de nosso objeto de concentração devido à intensidade de nossas conversas internas e divagações mentais. Então, se damos jeito de acalmar a mente por uns poucos segundos, caímos no sono. A essa altura ela já não parece flexível e maleável. De modo contrário, uma mente que possui concentração meditativa pode focar-se sobre um objeto de contemplação pelo tempo desejado, e manterá a clareza, alegria e controle como esfera de absorção.

A meditação baseada nesse tipo de mente naturalmente será muito mais efetiva do que a baseada em uma mente caótica. A mente indisciplinada apenas se perde em distrações e quase nunca entra em clareza meditativa. Com concentração meditativa, pode-se entrar profundamente em absorção durante dias e semanas a fio sem qualquer divagação mental. Isso faz nossas reservas de energia e nossa sabedoria crescerem em ritmo muito acelerado. Uma vez que tenhamos obtido concentração, podemos desenvolver facilmente poderes psíquicos menores, tais como a capacidade de relembrar vidas passadas e coisas assim. Esses não são particularmente valiosos em si mesmos, mas proporcionam ao praticante uma sólida base de confiança nas leis do karma, e tanto estabilizam quanto fortalecem a prática. Em *Uma Lâmpada para o Caminho,* o mestre Atisha ensinou: "Um dia de meditação praticada com percepção especial nascida da concentração é como cem anos de meditação convencional. Devemos cultivá-la dentro de nós".

Terceiro Dalai Lama:

6. Como treinar na perfeição da sabedoria
Tomando a mente bodhi como motivação, devemos treinar nos três seguintes tipos de sabedoria: a sabedoria que vê o modo absoluto de existência – o ponto de talidade, vacuidade, shunyata – e com isso arranca a raiz do samsara; a sabedoria que entende as realidades convencionais (tais como as Quatro Nobres Verdades); e, por meio das duas sabedorias anteriores, a sabedoria que atende as necessidades dos seres sencientes.

Para citar Je Rinpoche:

A sabedoria é o olho que vê a talidade,
a prática que arranca a raiz do samsara,
o tesouro das excelências louvado em todas as escrituras,
a lâmpada suprema para dispersar a escuridão da ignorância.
Sabendo disso, o sábio, buscando a liberdade,
dedica todo esforço para gerá-la.

Sua Santidade:

A sabedoria é louvada em todas as escrituras como o método mais profundo de libertar a si mesmo e aos outros dos sofrimentos da experiência samsárica. Portanto, devemos treinar nos três tipos de sabedoria: a sabedoria que entende o nível absoluto da realidade; a sabedoria que entende a realidade convencional e a sabedoria que expressa as duas sabedorias anteriores a fim de satisfazer as necessidades do mundo.

A causa mais profunda de sofrimento samsárico é a ignorância que se agarra à existência inerente dos conceitos que atribuímos às coisas, ao modo como percebemos as coisas. Concebemos a nós mesmos e aos objetos ao nosso redor como sendo muito sólidos e reais. Sobrepomos uma qualidade de inerência a tudo, e, como resultado, nossa percepção é distorcida. Atribuímos à nossa percepção das coisas qualidades que não existem, e a seguir fazemos discriminações de bom e mau, e assim por diante. Baseados nesses rótulos falsamente aplicados, experienciamos apego, raiva e tudo o mais. Entretanto, as qualidades que inspiram essas emoções não têm existência real. São como a criança que morre em nosso sonho e como as criações de um mágico.

Às vezes, quando recordamos de algo que nos causou apego ou raiva, podemos até rir de nós mesmos por termos ficado tão confusos devido ao nosso método de nos agarrarmos à natureza do episódio e à nossa compreensão equivocada sobre ele. Algo se atrapalha em nossa percepção, equilíbrio emocional e ação kármica. É assim que os doze elos da originação dependente evoluem e a frustração samsárica é sustentada. Podemos cortar a corrente no primeiro elo, cultivando a sabedoria capaz de permanecer em um entendimento do nível absoluto da realidade, a sabedoria da vacuidade. Isso elimina a distorção primordial do agarrar-se à existência verdadeira.

As quatro grandes escolas do Budismo Indiano – Vaibhashika, Sautrantika, Chittamatra e Madhyamaka – diferem amplamente em sua interpretação da teoria da vacuidade e das duas verdades. O estudo desse tópico é difícil e requer esforço intenso, mas seus efeitos são profundos.

Primeiro, devemos adquirir uma compreensão intelectual do que as escrituras querem dizer com vacuidade, e então meditar e cultivar um entendimento direto dentro de nosso fluxo mental. Esse método é a abordagem da perfeição da sabedoria.

Terceiro Dalai Lama:

As quatro maneiras de beneficiar os praticantes
Tomando como motivação o pensamento de que se deve

atingir a iluminação para o bem de todos os seres sencientes, 1) praticamos a generosidade sustentadora em relação ao nosso séquito de praticantes. Depois, 2) a fim de inspirá-los, mostramos um rosto sorridente e falamos com eles de modo gentil. Terceiro, 3) ensinamos o Dharma – as seis perfeições e tudo o mais – e os encorajamos a praticar de verdade. Por fim, 4) vivemos e praticamos de acordo com os ensinamentos que demos.

Você deve desenvolver de todas as maneiras possíveis esses quatro métodos profundos de beneficiar os outros.

Sua Santidade:

As seis perfeições funcionam essencialmente como causas de amadurecimento do nosso fluxo de existência. As quatro maneiras de beneficiar os praticantes amadurecem o fluxo mental dos outros. Portanto, para intensificar a mente bodhi, deve-se praticar as quatro: ajudar os praticantes em termos materiais; demonstrar bondade e cuidado para com eles; encorajá-los na prática do Dharma e viver de acordo com os ensinamentos. Essas quatro maneiras fazem com que o fluxo mental dos outros amadureça e evolua.

Terceiro Dalai Lama:

Combinando samadhi e sabedoria

Além disso, como o apego ao ego é a raiz do samsara, uma meditação unidirecional que não percorra um caminho opondo-se a esse apego não tem a capacidade de cortar a raiz do samsara. Entretanto, a sabedoria capaz de reconhecer a existência não verdadeira, mas separada da quietude mental capaz de residir resoluta e unidirecionada nos objetos de meditação, jamais se afastará da distorção, não importa o quanto pesquise. A fim de atingir a liberação isenta para sempre da distorção psíquica, deve-se montar o cavalo da meditação da quietude mental que não titubeia quando colocada na perspectiva de esquadrinhar as profundezas da vacuidade, o significado absoluto e inequívoco da existência. Cavalgando esse cavalo e brandindo a arma aguçada dos quatro grandes métodos da argumentação Madhyamaka, livres dos extremos do eternalismo e do niilismo, deve-se gerar a sabedoria que entende o real modo da existência, a força que destrói todo apego aos extremos e expande para sempre a mente clara capaz de perceber o absoluto.

Sua Santidade:

Embora o cultivo da sabedoria que entende a vacuidade seja um método dos mais profundos, se não estiver conjugado com a concentração meditativa, não se desenvolverá até o vigor de penetração que corta as raízes mais profundas do apego à existência verdadeira. De modo semelhante, embora com concentração meditativa se possa obter a capacidade de focar a mente em qualquer objeto de contemplação por períodos prolongados de tempo e conquistar bem-aventurança física e mental, poderes de clarividência, capacidades milagrosas e assim por diante – o que dará grande liberdade e poder nesta vida, bem como resultará em em renascimento como deus em um dos reinos de absorção da forma ou da não forma depois da morte –, se essa concentração não for bem treinada nos métodos de sabedoria, não eliminará o apego sutil que faz com que até os mais eminentes deuses um dia caiam de novo nos reinos inferiores da existência. A prática da vacuidade, conjugada com a concentração meditativa, pode nos transportar através dos quatro estágios do caminho da aplicação – que se distinguem por seu nível de penetração na vacuidade – e levar ao caminho da visão, que é uma experiência direta, não conceitual, da natureza absoluta em si.

Geramos uma percepção da vacuidade na meditação aplicando métodos como as quatro chaves da argumentação Madhyamaka, e, quando desperta-se uma noção de vacuidade, entramos em meditação fixa sobre ela. Se não temos concentração meditativa, a percepção que geramos de modo tão trabalhoso perde-se rapidamente. O método vai carecer de vigor real e jamais iremos além dos exercícios preliminares. Nem clareza, nem habilidades de sustentação vão estar presentes, e um entendimento mais profundo jamais poderá ser gerado porque a mente não irá permanecer sobre o objeto com intensidade suficiente.

Prática do Mahayana geral

Conforme é dito nas escrituras: "Quer os Budas manifestem-se ou não, o nível absoluto da verdade está sempre presente". Vacuidade ou existência inerente não é uma mera filosofia ou doutrina inventada pelos Budas; é a natureza absoluta de nós mesmos, nosso corpo, nossa mente e o mundo que experienciamos. Quer os Budas estejam aqui ou não, e quer estejamos cientes disso ou não, a natureza absoluta da existência circunda e permeia nosso mundo o tempo todo. Tudo que temos a fazer é cultivar uma percepção disso. Mas, a menos que essa percepção seja baseada em um método confiável como as técnicas do Madhyamaka e seja praticada com base na concentração meditativa, não seremos capazes de atingir níveis mais profundos de entendimento.

A realidade última não foi criada pelos Iluminados, nem foi produzida a partir das atividades kármicas contaminadas dos seres samsáricos. A própria base do mundo convencional é a verdade absoluta da vacuidade. É um fenômeno secreto, dado que não é conhecido pela mente ordinária, mas é um objeto de percepção válida, pois é visto pelos Iluminados, bem como pelos seres transcendidos que avançaram ao longo dos caminhos. Gerar a sabedoria capaz de repousar no conhecimento da vacuidade é obter liberação da distorção mental e do karma negativo e miséria que surgem dos estados errôneos da mente.

O problema com nossa percepção é que sempre exageramos a natureza dos fenômenos que percebemos: ou os fenômenos parecem demasiadamente sólidos e estáticos, ou parecem demasiadamente etéreos e não existentes; ou vemos algo que simplesmente não está nos nossos objetos de percepção, ou então deixamos de ver algo que está. Colocamos o objeto muito no alto ou muito embaixo. Esse erro fundamental dá origem a cada um dos problemas que afligem os seres vivos. Por isso, um praticante Madhyamaka começa a prática da vacuidade aplicando o raciocínio aos objetos da percepção. Tentamos ter uma ideia clara de como o objeto – tal como o "eu" ou qualquer outro fenômeno – aparece para a mente, e então investigamos a base dessa aparência. Por exemplo: quando analisamos a natureza de individualidade que aparece para a mente como "eu", verificamos a natureza desse "eu" e então pesquisamos corpo, mente e mais além para encontrar sua possível base, aplicando as linhas de raciocínio que sempre tornam óbvia a impossibilidade do objeto em análise ser a base desse falso "eu". Por fim, nossa meditação gera uma suspeita muito profunda de que tanto nós quanto o mundo que nos aparecem reais de fato não existem de modo algum da maneira como a mente ordinária imagina. Essa dúvida abala todo o nosso ser, fazendo com que objetos que normalmente agarram nossa mente percam seu efeito subjugante sobre nós. Por isso, Aryadeva escreveu: "A mera suspeita da vacuidade faz o samsara cair aos pedaços".

Devemos agarrar a espada afiada da sabedoria, montar o garanhão da concentração meditativa e atacar direto a fonte da mente distorcida.

Terceiro Dalai Lama:

Para citar Je Rinpoche:

Mas o poder para cortar a raiz do samsara
não reside apenas na meditação unidirecional,
e sabedoria separada do caminho da calma meditativa
não anula a delusão, embora possa tentá-lo.
A sabedoria que busca a verdade absoluta deve cavalgar
o cavalo do samadhi inabalável
e, com a arma aguçada do raciocínio Madhyamaka,
deve destruir o apego a extremos.
Com vasta sabedoria que pesquisa dessa maneira,
expande a mente entendendo a talidade.

Sua Santidade:

A concentração destituída de percepção do absoluto sempre terá algum grau de distorção; no entanto, a percepção das técnicas que instilam conhecimento sobre a realidade absoluta jamais terão vigor suficiente quando destituídas da concentração meditativa. Tomando a vacuidade da existência inerente como objeto, a concentração torna-se purificada e pacificada de seus elementos distorsivos e os métodos de gerar percepção da vacuidade tornam-se muito poderosos. Dessa forma, combiná-los significa realçar a excelência de ambos. O samadhi assume uma nova dimensão e o conhecimento da vacuidade aumenta continuamente. Por fim, a concentração na vacuidade desenvolve-se em uma experiência avassaladora como o espaço, na qual todos os conceitos ordinários desaparecem e apenas o fulgor da verdade absoluta é percebido. Esse fulgor anula gradualmente as raízes dos instintos kármicos e da delusão.

Essa percepção semelhante ao espaço não deve ser confundida com um estado convencional isento de pensamentos, tal como o gerado pela supressão dos processos mentais durante a concentração. Ela surge não da supressão, mas sim da ausência gradual dos padrões de pensamento negativos aderentes que nos ensinam a agarrar. Quando descobrimos como esses padrões estiveram nos deludindo por completo, fazendo-nos ver uma realidade que não existe e ao mesmo tempo nos cegando para a verdade, a mente não os segue mais, e eles cedem, deixando os processos de pensamento abertos à experiência da esfera de conhecimento mais profundo. Essa é a vacuidade semelhante ao espaço, destituída das nuvens do pensamento convencional, e pouco tem a ver com o conceito niilista do nada.

Terceiro Dalai Lama:

> Conforme afirmado, apenas executar a concentração que repousa calmamente quando colocada de modo inabalável sobre o objeto não é um feito suficiente. Uma mente colocada na posição que repousa em concentração unidirecional e preparada para analisar com sabedoria, capaz de distinguir os vários níveis de realidade – capaz de discernir o modo da talidade –, dá origem à concentração que repousa firme e inabalável no significado da vacuidade, o modo como as coisas são. Vendo isso, aprecie quão maravilhoso é o esforço feito para executar a concentração combinada com sabedoria. Faça um desejo sublime em relação a esse objetivo, e com isso plante sua semente para sempre.
>
> Para citar Je Rinpoche:
>
> A meditação unidirecional traz um samadhi fantástico além da descrição;

Contudo, não pare ali; pois esse, combinado com a percepção discriminadora
capaz de discernir os modos da existência,
dá origem a um samadhi que repousa firme e inabalavelmente sobre o absoluto.
Entendendo isso, veja como esforços assombrosos
somam-se em samadhi unido à sabedoria.

Sua Santidade:

Assim, durante os períodos de meditação, a pessoa concentra-se de modo unidirecional no tema da vacuidade. Os efeitos de nossa meditação, entretanto, não acabam com o término do período sentado. Graças a ter permanecido de forma meditativa na vacuidade, e ter assim pacificado os níveis grosseiros de distorção, nos períodos entre as sessões de meditação continuaremos a duvidar da maneira como os fenômenos aparecem. Deve-se cultivar essa percepção aplicando as argumentações do Madhyamaka constantemente aos vários objetos que nos aparecem, como casas, pessoas e montanhas. Essas coisas normalmente aparecem à mente com uma forte impressão de existirem de verdade, de serem reais em termos absolutos. Mas o praticante Madhyamaka continua o processo de análise mesmo depois das sessões de meditação, enquanto trata das atividades da vida cotidiana. Ele investiga a natureza das coisas que aparecem à mente, procurando uma base para sua aparência. Não sendo capaz de encontrar uma base, o praticante é sustentado na visão que vê o mundo como um arco-íris, a criação de um mágico e os acontecimentos de um sonho.

Os objetos externos que percebemos aparecem à nossa mente como se verdadeiramente existentes de modo palpável e com poder próprio, como se possuíssem uma base substancial própria. Aparecem como se fossem livres de causas, condições e assim por diante. Mas nada possui essa autoexistência. Todos os fenômenos existem apenas por meio de causas e condições. Por exemplo, quando buscamos a base de uma carroça em suas partes individuais, no conjunto das partes, ou em qualquer lugar fora dessas duas possibilidades, a base para nossa imagem de uma carroça que exista de verdade não pode ser encontrada. Mesmo o menor dos átomos não tem o mínimo traço de substancialidade. O modo como um objeto depende de suas partes, elementos, dos arranjos dessas partes e assim por diante demonstra que a carroça não tem autoexistência. Ela parece existir de verdade, mas é uma ilusão criada pelo acúmulo de várias condições, muito semelhante à forma como um arco-íris parece ser substancial, mas de fato não possui uma base sólida. O que temos que fazer é tomar a aparência convencial das coisas e misturá-la com uma percepção de sua natureza não inerente. Essa é a essência do treinamento para o cultivo da percepção da vacuidade nos períodos pós-meditação.

Entretanto, é muito importante que essa prática de sabedoria seja mantida dentro da esfera da mente bodhi, que é a base do método Mahayana. Pois, como Chandrakirti escreveu: "Do mesmo modo que o rei dos gansos abre suas duas fortes asas e conduz o bando a seu destino, assim devemos estender as asas do método e da sabedoria, e voar para a iluminação onisciente para o benefício dos outros".

O mestre Atisha também escreveu: "Sabedoria é o cultivo de uma percepção da vacuidade. Método inclui todas as outras práticas". Portanto, a base do método do bodhisattva é a mente bodhi, suplementada pelas práticas das primeiras cinco perfeições e assim por diante. Meditando sobre a vacuidade de dentro da esfera do desejo de atingir a iluminação para o bem de todos, os bodhisattvas conjugam esse com os outros aspectos do método, tais como perseverança e concentração meditativa. Alguém assim não se desvia em um caminho parcial, como o de almejar um renascimento mais elevado ou liberação; pois, pela sabedoria, o bodhisattva obtém liberação de toda a experiência samsárica, e, pela força da grande compaixão da mente bodhi, o bodhisattva esquiva-se da complacência da mera liberação. Desse modo, diz-se que a meta do bodhisattva não reside nem no samsara, nem no nirvana. Esse é o nirvana não localizado, alcançado pelo praticante que adota como abordagem fundamental a prática de mente bodhi como método conjugado com a sabedoria que entende a vacuidade. Sustentando essa conjunção com o leque restante de métodos, tais como as 37 asas para a iluminação, ele progride continuamente através dos dez estágios de um ser superior e atinge o estado exaltado de onisciência plena.

Terceira Dalai Lama:

Durante as sessões de meditação, coloque a mente de modo uniforme na concentração e na visão penetrante, e enfoque de modo unidirecional a vacuidade, que é livre de extremos assim como o céu é isento de obstáculos tangíveis. Entre as sessões, observe de que maneira as coisas, embora não existentes de modo inerente, manifestam-se, como as criações de um mágico. Dessa maneira, adotam-se as práticas de sabedoria e método combinadas – meditação verdadeira sobre a vacuidade, dominada pela grande compaixão e pela mente bodhi – e se vai para o outro lado das práticas do bodhisattva. Entendendo esse caminho muito digno de louvor, treine de maneira que não se satisfaça apenas com método ou sabedoria, mas que combine os dois em uma base equilibrada. Tal treinamento é o legado espiritual dos seres de boa fortuna. Aplique-se nele.

Para citar Je Rinpoche:

Medite unidirecionalmente sobre a vacuidade semelhante ao espaço.
Depois da meditação, veja a vida como a criação de um mágico.
Por meio da familiaridade com essas duas práticas, método e sabedoria são unidos com perfeição,
e se vai até o fim do caminho do bodhisattva.
Entendendo isso, não se satisfaça com um caminho que exagere ou no método ou na sabedoria,
mas permaneça na estrada dos afortunados.

12

Vajrayana

Terceiro Dalai Lama:

Essas são as práticas comuns aos veículos do Sutra e do Tantra. Uma vez que tenha obtido experiências sólidas nelas, você pode deixar todas as dúvidas de lado e entrar no caminho do mantra secreto, o Vajrayana. O portão de acesso para esse caminho secreto é uma iniciação adequada, obtida de um mestre tântrico plenamente qualificado, a fim de amadurecer seu fluxo mental. No momento da iniciação, prometemos executar certas práticas e evitar certas formas de conduta que contradizem os feitos tântricos, e essas promessas devem ser honradas. Se você recebe iniciação em qualquer uma das três divisões inferiores de Tantras – *Kryia, Charya ou Yoga* –, deve avançar praticando seus sistemas de "yoga com símbolos" e a seguir de "yoga sem símbolos". Se você for iniciado na divisão superior do Tantra – *Mahanuttarayoga* – deve primeiro dominar as práticas do estágio de geração, e a seguir as do estágio de perfeição.

Para citar Je Rinpoche:

Tendo gerado experiência nas práticas fundamentais e
comuns aos dois veículos do Mahayana –
o "Veículo da Causa" do Sutrayana e o "Veículo do Resultado" do Vajrayana –,
confie em um guia sábio, um perito tântrico,
e entre no oceano dos tantras.
Então, baseando-se nos ensinamentos orais completos,
dê sentido ao nascimento humano que você ganhou.
Eu, um yogue, pratiquei dessa forma;
você, ó buscador da liberação, deve fazer o mesmo.

Sua Santidade:

Todos os assuntos discutidos até aqui na *Essência do Ouro Purificado* – desde o cultivo de um relacionamento com um amigo espiritual até o desenvolvimento de concentração meditativa tendo a vacuidade como objeto de absorção – pertencem à classificação Sutrayana da doutrina. Essas práticas do Hinayana e Mahayana são chamadas caminho comum ou geral porque geram a base para o treinamento tântrico superior dentro da mente do aspirante espiritual. Por isso, são compartilhadas com o Vajrayana. Qualquer um que deseje abordar os Tantras Budistas deve primeiro refinar ou amadurecer seu fluxo mental por meio da obtenção de experiência nos métodos do Sutrayana, o que é feito não apenas com a leitura de alguns livros ou o murmurar de umas preces; o que se requer é uma experiência interna em cada um dos tópicos de meditação.

As quatro grandes escolas do Tibete – Nyingma, Sakya, Kagyu e Gelug – sustentam visões mais ou menos idênticas a respeito dos treinamentos do Sutrayana. Existem pequenas diferenças em certas terminologias usadas, em detalhes sobre como as várias práticas são organizadas e assim por diante, mas as quatro tradições tibetanas ensinam todos os treinamentos já citados do Hinayana e do Mahayana geral como preliminares para a entrada no Vajrayana secreto. A Kagyu fala sobre eles como "os quatro meios de girar a mente", a Sakya fala em "separar dos quatro apegos", e assim por diante, mas o assunto, natureza e meta são os mesmos em cada caso. O principal discípulo de Milarepa, Gampopa Lhaje, escreveu um texto *Lam Rim (A Joia Ornamental da Liberação)* que é estudado pela maior parte dos praticantes Kagyupa até hoje.

Existem diversas maneiras de se classificar as várias linhagens tântricas. As novas escolas (Sakya, Kagyu e Gelug) falam basicamente de quatro classes de Tantras, enquanto a Nyingma além disso subdivide-as em seis. A *Essência do Ouro Purificado* segue a divisão quádrupla em *Kriya* ou tantras de ação, *Charya* ou tantras de atuação, *Yoga* ou tantras de união, e *Mahanuttarayoga* ou grandes yogas tantras superiores. Essa divisão torna-se dupla pela classificação dos três primeiros em "Tantras Inferiores". Uma vez que se tenha progredido pelos treinamentos do Sutrayana, pode-se considerar a adoção de um método Vajrayana dentre essas quatro divisões.

Vajrayana

Qual classificação de Vajrayana e, dentro dessa classificação, qual Tantra específico devemos praticar é algo a ser determinado pela natureza e disposição de nosso corpo, mente, base kármica e assim por diante. Dentro do Tantra Superior, a natureza de nossos canais de energia corporais, pontos místicos de pressão, energias vitais, impulsos genéticos e assim por diante são fatores importantes a ser levados em consideração. São tópicos a ser discutidos com o guru antes de se adotar um método tântrico.

Uma vez que se tenha verificado qual sistema tântrico seria o mais adequado para nossas necessidades, devemos transpor a entrada do Vajrayana recebendo iniciações completas de um detentor plenamente qualificado da linhagem. Como a base de todas as realizações é a observância das promessas e compromissos feitos no momento da iniciação, devemos estar cientes deles o tempo todo. Por exemplo, nas duas classificações inferiores do Tantra, toma-se refúgio e se faz promessas de mente bodhi, bem como vários outros compromissos, tais como não comer carne e outros alimentos negros. No Yoga Tantra, os 19 compromissos das cinco famílias de budas somam-se a esses, e, para entrar no Tantra Superior, deve-se cumprir as 22 promessas tântricas, bem como vários compromissos de prática associados ao Tantra específico que se está seguindo. Praticantes do Tantra-mãe, por exemplo, devem começar todos os movimentos pela esquerda e, no décimo e 25º dia do ciclo lunar, quando dakas e dakinis executam sua dança mística dentro dos canais, gotas e pontos de pressão do corpo, devem fazer a oferenda secreta simbolizando a união das energias masculina e feminina.

Mantendo constantemente as disciplinas do Tantra que adotou, a pessoa aplica-se nos yogas dos dois estágios tântricos. Nos Tantras Inferiores, tratam-se de yoga com símbolos e de yoga sem símbolos. Na divisão do Tantra Superior, os dois níveis de yoga são chamados estágios de geração e de perfeição. Esses foram os caminhos trilhados pelos grandes yogues e mahasiddhas budistas do passado. O principal método que eles verificaram e aplicaram – os estágios de yoga da deidade – é particularmente poderoso pois pode ser aplicado de maneira eficiente em todo momento de nossa vida.

A fim de aplicar as técnicas tântricas, deve-se primeiro estar pessoalmente qualificado, tendo um espírito livre de renúncia, a mente Mahayana de grande compaixão e um entendimento correto da doutrina da vacuidade. Sem o espírito livre de renúncia, a pessoa permanecerá cingida demais pelo apego sensual e por impulsos biológicos irresistíveis para ser capaz de manter as disciplinas tântricas. O pré-requisito de renúncia é particularmente importante no Tantra Superior, que é expresso em imagens muito sexuais.

A presença da segunda qualidade mencionada por Tsongkhapa, a grande compaixão da mente bodhi, é necessária a fim de se transformar a prática em uma causa de onisciência. Além disso, como muitas das imagens do Yoga Tantra Superior são violentas, um praticante não saturado de grande compaixão poderia facilmente ficar com uma ideia errônea.

A terceira qualidade, um entendimento da doutrina da vacuidade, é fundamental para a prática tântrica. Cada sadhana começa com a meditação sobre a vacuidade, estrutura-se em torno dela e com ela termina. Praticar o Vajrayana sem a sabedoria da vacuidade pode ser muito perigoso. Por exemplo, uma técnica tântrica essencial é o cultivo de um sutil orgulho divino, uma confiança de que a pessoa é uma deidade tântrica iluminada, o Senhor da Mandala. Sua mente é o Corpo de Sabedoria de um buda, sua fala é o Corpo Beatífico, sua forma é o Corpo de Emanação Perfeito e o mundo e seus habitantes são vistos como uma mandala habitada pelas várias formas de deidades tântricas. Assim, temos que mudar por completo nosso senso de "eu". Fazer isso envolve o tema da vacuidade. Praticar yoga do orgulho divino sem um entendimento da vacuidade não só seria inútil, como poderia levar a problemas de identidade e outros efeitos psicológicos indesejáveis. Por isso se diz que, embora o Vajrayana seja um caminho rápido quando praticado de forma correta e sobre a base espiritual adequada, ele é perigoso para os espiritualmente imaturos. Esse tipo de zona de perigo é um dos motivos pelos quais o Vajrayana deve ser praticado sob a supervisão de um vajra acharya qualificado.

Se a pessoa ainda não possui as três qualificações – o espírito livre do desapego, a grande compaixão da mente bodhi e a sabedoria que entende a vacuidade de nossos conceitos da realidade –, deve então cultivar as práticas do Sutrayana por alguns meses ou anos até que surjam como forças internas estáveis. Contudo, devemos esperar sermos capazes de praticar o Vajrayana tão rápido quanto possível e nos empenharmos com grande zelo para nos qualificarmos. Os métodos do Sutrayana desligados do apoio do Vajrayana não serão capazes de nos levar à iluminação plena nesta mesma vida, ao passo que a aplicação do Vajrayana dentro da estrutura de uma mente que extraiu estabilidade espiritual e experiência básicas do Sutrayana comum pode proporcionar a iluminação no espaço de poucos anos. Existem muitos exemplos de yogues indianos e tibetanos que alcançaram a iluminação em uma vida. O motivo para os tibetanos mencionarem Milarepa não é por ele ser o único buda que produzimos. Existem livros com as listas de nomes de yogues que atingiram a iluminação plena em uma vida. Milarepa apenas está especialmente perto de nosso coração e língua porque era o Buda do povo. Seus contatos com a população durante suas muitas perambulações é algo que adoramos recordar e comentar. Para nós, Milarepa personifica o espírito de individualidade espontânea que nós tibetanos tanto amamos e prezamos como uma característica nacional.

Se conseguirmos efetuar os yogas dos estágios de geração e perfeição do Tantra Superior, a iluminação nesta mesma vida, neste corpo, é explícita. Mesmo que só completemos os yogas do estágio de geração, todos os objetivos desta vida são preenchidos e um grande feito ainda será possível na hora da morte ou no estado pós-morte. No estágio de geração, pratica-se yoga da deidade do orgulho divino e da aparência radiante principalmente em relação ao processo meditativo conhecido como "tomando a clara luz da morte, o estado pós-morte e o renascimento respectivamente como o Corpo de Sabedoria, o Corpo Beatífico e o Corpo de Emanação Perfeito de um Buda". Essa prática prepara a mente para os sofisticados yogas tântricos do estágio de perfeição e planta as sementes dos três kayas perfeitos de um Buda. Aplicação nos yogas do estágio de perfeição posteriormente será a causa para o amadurecimento dessas sementes nas três esferas de um Buda. No caso de não termos tempo de completar o segundo estágio antes que a morte se abata sobre nós, nosso treinamento no estágio de geração, de tomar a clara luz da morte como o Corpo de Sabedoria, o estado pós-morte como o Corpo Beatífico e o renascimento como o Corpo de Emanação Perfeito vai nos proporcionar as três causas para obtermos grande realização e controlar nossa futura evolução. Além disso, uma vez que dominemos os yogas do estágio de geração, seremos capazes de desempenhar muitas das várias atividades tântricas da mandala a fim de beneficiar os seres vivos. A prática de yoga da deidade é tão vasta quanto profunda, abrangendo todos os ensinamentos dados pelo Buda e todos os tipos de situação que podem surgir.

Competência nos yogas do estágio de geração é como um certificado permitindo a matrícula na escola dos yogas do estágio de perfeição. Mesmo que não possamos desenvolver o nível sutil das técnicas de meditação na mandala do estágio de geração, pelo menos podemos adquirir estabilidade nas meditações do estágio de geração grosseiro antes de tentarmos seriamente as práticas do estágio de perfeição. Existe também uma tradição de se realizar certas meditações do estágio de perfeição ao longo do treinamento no estágio de geração a fim de se desenvolver familiaridade com o assunto e depositar instintos no fluxo mental que mais tarde se mostrarão úteis, quando nos empenharmos em aplicação intensa nos yogas do estágio de perfeição.

Os Tantras mais elevados, tais como Heruka, Guhyasamaja, Kalachakra, Hevajra, Yamantaka e outros, ensinam uma série completa de técnicas tântricas de meditações baseadas no corpo, nas quais as energias vitais são mantidas sob controle e direcionadas para o fluxo central de energia. Essas energias são focadas sobre os pontos místicos de pressão do corpo, onde os vários canais de energia se encontram, com o objetivo de soltar os nós que obstruem o livre fluxo das correntes vitais. Nessa fase, deve-se adquirir controle sobre a gota primordial composta de substâncias genéticas masculinas e femininas, a partir das quais nosso corpo foi originalmente formado e conduzi-la através dos pontos de pressão a fim de purificá-los e estimulá-los. Esse é o processo chamado de *tsa-tig-lung*, ou "canais, gotas e energias vitais". Na visão tântrica das coisas, as energias vitais do corpo são os veículos da mente. Quando as energias vitais são puras e sutis, o estado da mente é afetado de acordo. Transformando as energias corpóreas, transformamos o estado de consciência.

Como se usa a técnica *tsa-tig-lung*? Dirigem-se as energias vitais para o fluxo de energia central e se retira as gotas primordiais masculina e feminina de seus assentos nos pontos de pressão da coroa e do umbigo respectivamente, trazendo-as em união para o ponto de pressão no coração. O nível muito sutil de energia que é produzido dá origem a um nível muito sutil de consciência. A seguir, encorajamos esse nível especial de consciência a se manifestar na natureza de sabedoria da vacuidade. Os benefícios de um dia de meditação, a partir da esfera desse nível extraordinário de mente e energia física de sustentação, superam os de anos de meditação convencional, e por isso se diz que no Vajrayana pode-se efetuar em poucos anos o que levaria vidas pelos métodos convencionais do Sutrayana.

Visando atingir o estado onisciente de buda, devemos adquirir as causa de uma mente e de uma forma de Buda. No Sutrayana, a causa da forma de Buda é a prática do método, conforme explicado anteriormente na discussão das seis perfeições, e a causa do Corpo de Sabedoria é a meditação sobre a vacuidade. Tudo isso é feito dentro da estrutura de um estado físico e mental convencional. No Tantra Superior, gera-se a base de energia sutil de um corpo ilusório e a consciência sutil de uma mente de clara luz; e então a energia sutil sobre a qual a mente opera, e também as imagens em que focamos a consciência sutil na meditação tornam-se as causas de Rupakaya, ou forma manifesta de um Buda; e a consciência sutil e nossas absorções sobre a vacuidade tornam-se as causas de Dharmakaya, ou Corpo de Sabedoria. Deixamos a energia sutil manifestar-se na forma de corpo ilusório de arco-íris, e então dirigimos a consciência sutil que ela produz para a percepção da talidade. Esse é o objetivo dos ensinamentos sobre o *tsa-tig-lung*. O ponto crucial de se adquirir grande realização nesta vida por meio da prática tântrica reside em efetivar a mente sutil primordial. Com essa mente de clara luz primordial e sutil como base, o estado de buda em uma vida pode ser facilmente alcançado por meio de tantras restritos, como Kalachakra, ou tantras populares, como Heruka e Guhyasamaja. Podemos até atingir o estado de buda sem resíduo, no qual o agregado físico ordinário transforma-se no corpo místico de arco-íris. Existem muitas histórias de grandes yogues tântricos que atingiram esse estado. Quando morreram, seus corpos transformaram-se em arco-íris e desapareceram, em geral deixando para trás apenas cabelos e unhas.

Um resumo do caminho

Terceiro Dalai Lama:

É assim que o corpo completo do caminho que condensa todos os pontos principais dos Sutras e Tantras deve ser abordado, e que as oportunidades proporcionadas por um renascimento humano tornam-se significativas. Praticando dessa maneira gradual, usa-se o precioso Budadharma da forma mais eficiente em benefício próprio e dos outros. O próprio Je Rinpoche levou a sério a experiência dessas práticas, e o seu conselho é que aqueles que viessem depois dele fizessem o mesmo.

Mantendo isso em mente, faça uma pausa na leitura por um momento e visualize Je Rinpoche sentado diante de você, exortando-o com voz calma, poderosa e penetrante a praticar conforme descrito aqui e a pôr as palavras dele em ação, usando os seus ensinamentos para domar o seu fluxo mental.

Sua Santidade:

Essa é a série de doutrinas contidas no ensinamento *Lam Rim* e compiladas por Je Rinpoche em forma de poema curto que, conforme declara em um verso a seguir, escreveu não só para familiarizar sua mente ainda mais com os ensinamentos do Buda, mas também para o benefício daqueles com a ventura kármica de apreciá-los.

Quando falamos da cidade da iluminação, ela parece muito perto e muito fácil de se chegar; mas quando vem a prática, de repente parece muito difícil de se chegar, muito distante. Essa é a contradição entre nossos pensamentos e nossa aplicação. Em vez de ficarmos desanimados por essa constatação, devemos reunir nossa energia e concentração, e focá-las nas práticas espirituais. Persistência, presença mental, determinação e capacidade de desfrutar a arte de permanecer na disciplina é tudo que se requer para a geração de progresso constante.

Um equívoco comum na prática é ter expectativas de resultados rápidos. Claro que devemos praticar de modo tão intenso e puro quanto pudermos, mas, a menos que tenhamos gerado os níveis sutis de energia corpórea e consciência mencionados no capítulo anterior, acho que é mais sábio praticar sem olhos ansiosos em busca de sinais de iluminação rápida. Devemos primeiro tentar gerar alguns sinais de pequenos resultados. Pensando na iluminação como algo distante, a prática permanece estável e tranquila. Esperar progresso imediato é obstruir o progresso, ao passo que praticar sem expectativas torna todas as realizações possíveis.

O que é progresso? Como o reconhecemos? Os ensinamentos são como um espelho diante do qual devemos manter nossas atividades de corpo, fala e mente. Pense em um ano atrás e compare o fluxo de atividades de seu corpo, fala e mente daquela época com a situação atual. Se praticamos bem, os traços de alguma melhora devem estar refletidos no espelho do Dharma.

O problema de ter expectativas é que geralmente não esperamos as coisas certas. Sem saber o que é progresso espiritual, buscamos sinais dele nas áreas erradas de nossa existência. O que podemos esperar a não ser frustração? Seria muito melhor examinar qualquer prática com pleno raciocínio antes de adotá-la, e então praticar de forma constante e consistente enquanto se observa as mudanças internas pelas quais se passa, em vez de esperar que essa ou aquela fantasia torne-se real. A mente é um organismo em evolução, não uma máquina que se liga e desliga apertando-se um interruptor. As forças que prendem e limitam a mente, arremessando-a em estados de existência insatisfatórios, são agentes impermanentes e transitórios. Quando nos aplicamos na prática com persistência, eles não têm opção a não ser enfraquecer e desaparecer. A ignorância e a síndrome do apego ao "eu" estiveram conosco desde tempos imemoriais, e os instintos de apego, aversão, raiva, ciúme e outros estão muito profundamente enraizados em nosso fluxo mental. Eliminá-los não é tão simples quanto acender uma luz para espantar a escuridão de uma sala. Quando praticamos constantemente, as forças das trevas são solapadas e as qualidades espirituais que as combatem e iluminam a mente são fortalecidas e firmadas. Portanto, devemos nos esforçar para adquirir estabilidade nos vários tópicos *Lam Rim* por meio da meditação contemplativa e da meditação estabilizadora.

Existem muitas maneiras de se abordar os estágios das práticas encontradas no *Lam Rim*. Havia uma tradição no Tibete em que alguns professores davam cada uma das meditações *Lam Rim* em separado para um aluno, e o tópico seguinte não era ensinado até a experiência nos temas anteriores ter sido adquirida. Contudo, não acredito que isso signifique um desenvolvimento completo de cada meditação sucessiva, mas sim que devemos cultivar um grau de familiaridade com cada tema antes de ir para o seguinte. Por exemplo, a meditação sobre o cultivo de relacionamento efetivo com um mestre espiritual possui diferentes níveis de treinamento no Sutrayana exotérico em relação ao Vajrayana esotérico. A pessoa terá uma atitude diferente para com o guru antes e depois de ter desenvolvido qualidades como concentração meditativa, experiência interior da natureza da vacuidade e do eu etc. Mesmo dentro da divisão do Tantra Superior, a percepção do mestre espiritual difere dentro dos yogas dos estágios de geração e perfeição. Assim, é óbvio que não podemos completar o primeiro degrau do *Lam Rim* – o treinamento em guru yoga – antes de procedermos para o segundo degrau, a meditação sobre as oportunidades preciosas da encarnação humana. O que se faz é tentar adquirir uma experiência meditativa básica dos pontos principais do tema específico em que se está trabalhando de momento. No caso do guru yoga, isso significa que meditamos sobre os dois pontos principais esboçados na *Essência do Ouro Purificado*: primeiro, devemos aprender a considerar o mestre espiritual como sendo um Buda, ou representante pessoal dos Iluminados, que chega em nossa vida como um ser comum a fim de desempenhar o trabalho dos budas por nós; segundo, devemos considerar a natureza de grande bondade do guru e os efeitos benéficos que o relacionamento correto com um mestre pode provocar em nós em termos de amadurecimento. Quando nossa mente aprecia espontaneamente o amigo espiritual como um mensageiro dos Budas e reconhece as maneiras pelas quais ele é capaz de nos ajudar a destrancar os portões espirituais dentro de nosso fluxo de existência, temos base suficiente para prosseguir para a segunda meditação, sobre a preciosidade e raridade de uma encarnação humana dotada de infinito potencial espiritual. Fazemos desse então nosso tema principal de meditação durante um tempo, até surgir a apreciação do corpo humano como um recipiente espiritual, um barco com o qual gerar qualidades interiores que hão de ter benefícios eternos. A mente samsárica ordinária vê o corpo humano como uma simples ferramenta com a qual vai atrás de necessidades materiais, sociais e biológicas, todas elas satisfazendo apenas níveis superficiais do espírito. Seus efeitos não passam pelos portões da morte. Temos que aprender a apreciar a qualidade espiritual intrínseca da natureza humana, ter uma confiança sutil no aspecto positivo e criativo de nosso ser. É difícil entrar no caminho espiritual se considerarmos que a vida não tem outro propósito além da busca de metas efêmeras, transitórias, como a de um rato que constrói um ninho sólido e depois carrega todo o tipo de tralha para lá. Visando arrancar a mente dessa atitude fútil e mundana em relação à vida, sentamos em meditação e contemplamos primeiro as oito liberdades e os dez dotes conforme descritos anteriormente, e a seguir a natureza significativa e rara da encarnação humana. Essa contemplação nos imbui de um senso de dignidade espiritual que transforma sutilmente nossa maneira de nos relacionarmos conosco mesmo e com nossa existência. Paramos de nos ver como meros animais correndo descontrolados atrás dos anseios imediatos dos sentidos no círculo vicioso da lei da selva, e passamos a apreciar a qualidade de percepção penetrante e a capacidade de desenvolvimento espiritual que distingue os humanos dos animais e insetos. Isso faz com que o pensamento de extrair a essência da vida surja com uma intensa alegria.

A meditação seguinte – sobre a morte e a impermanência – inspira-nos a apreciar a base dessa esperança e alegria dentro do contexto da natureza transitória. Devemos estar constantemente cientes de que a morte pode roubar nossa vida a qualquer momento e que, se não tivermos gerado conhecimento espiritual, estaremos desamparados e de mãos vazias.

Conforme Tsongkhapa escreveu em *As Três Práticas Principais do Caminho:* "Entender a natureza rara e preciosa da vida humana e sua curta duração vai despedaçar nossas ilusões concernentes a metas superficiais e mundanas nesta vida. A contemplação repetida das infalíveis leis da evolução kármica e da natureza insatisfatória da existência cíclica vai despedaçar ilusões concernentes a metas mundanas em vidas futuras. Quando nossa mente é cultivada a ponto de não mais ansiar por deleites samsáricos, mas aspirar dia e noite por permanecer na serenidade da liberação, o espírito livre da renúncia foi produzido".

Como podemos ver aqui, quando Tsongkhapa resume o *Lam Rim* a suas três práticas mais essenciais – cultivo do espírito livre da renúncia, a mente bodhi altruística e a sabedoria da vacuidade –, ele, de certa forma, reorganiza a estrutura e a ordem de sequência. As meditações sobre a preciosidade da vida humana e sobre a impermanência e a morte são as duas únicas meditações usadas no contexto da perspectiva inicial de cortar a atração por buscas espiritualmente insignificantes e gerar interesse em alcançar estados de existência mais elevados. A meditação sobre as leis da evolução kármica é usada no contexto da perspectiva intermediária de transcender as esperanças por estados de existência mais elevados e, em vez disso, almejar a liberação do nirvana. A quarta meditação da perspectiva inicial – sobre a natureza viciosa dos três reinos inferiores – é subordinada à prática da perspectiva intermediária de contemplar a natureza insatisfatória de toda existência cíclica. A quinta meditação da perspectiva inicial – sobre os objetos de refúgio – não é formalmente incorporada em absoluto.

Assim, nesse sistema, apenas duas das cinco meditações iniciais são usadas na abordagem tradicional: as meditações sobre a natureza preciosa da vida humana e sobre a onipresença da morte. Prosseguimos nelas até a atração grosseira por hábitos e atitudes fúteis ceder, e então adotamos as duas meditações seguintes mencionadas anteriormente: aquelas sobre as leis da evolução kármica e a natureza insatisfatória de toda existência cíclica. Embora a meditação sobre a natureza causadora de sofrimento dos três reinos inferiores esteja subordinada ao segundo tópico, no sistema das *Três Práticas Principais do Caminho* realmente não há necessidade de se meditar sobre esses reinos em absoluto, porque a meta da meditação agora é apenas cortar a atração por experiências samsáricas e não desenvolver aversão pelos estados inferiores de existência, como era o caso na perspectiva inicial. Ninguém é particularmente atraído pelos reinos inferiores, de modo que não existe propósito real em contemplá-los aqui. As meditações sobre as leis de evolução kármica e sobre a natureza insatisfatória até mesmo dos mais elevados reinos da existência samsárica são contemplações de longo alcance suficientes para dar origem a uma bem embasada aspiração de total liberdade espiritual. O sinal de progresso nas meditações é que a aspiração de liberdade começa a exercer influência sobre a mente dia e noite.

Esse anseio por liberação espiritual torna-se agora uma importante força propulsora. Vemos que o poder mais profundo por trás da vida cíclica é a ignorância do apego ao "eu", o hábito inato de nos identificarmos com algo que não tem base na realidade; e vemos, também, como isso dá origem ao infindável fluxo de distorção mental, emoções aflitivas e atividades equivocadas de corpo e fala. Vemos como essa distorção e sofrimento e confusão que ela nos acarreta são fabricações infundadas, facilmente eliminadas pela percepção da natureza mais profunda de nossa mente e dos objetos de nossa percepção. Quando entendemos a natureza mais profunda de nosso ser, o apego inato da mente às realidades falsas é eliminado e toda distorção é superada. Compreender essa natureza mais profunda de todas as coisas é atingir a terceira das Quatro Nobres Verdades – a serenidade do nirvana –, onde todo o sofrimento cessa.

Todos os fenômenos surgem e desaparecem a partir do interior dessa natureza mais profunda da existência, que é o dharmadhatu livre de todos os obscurecimentos e máculas. Ao surgir de dentro da sabedoria do dharmadhatu, a mente liberta-se das máculas e limitações convencionais. Mesmo um entendimento parcial desse nível de verdade mais profunda pacifica grandemente o fluxo de karma negativo e delusão que assolam o curso de nossa existência. Assim, nesse ponto, nos aplicamos nos meios que revelam a natureza profunda da verdade mais recôndita e desse modo entramos no ensinamento superior da sabedoria, usando os treinamentos em disciplina e concentração meditativa como apoios.

Até essa altura do treinamento, a ênfase na meditação foi direcionada para o próprio indivíduo, seus sofrimentos e sua liberação. Isso porque as forças do apego ao ego e do autozelo são extremamente vigorosas no começo de nossa prática, de modo que é muito fácil estimular a mente a assumir um interesse pela liberação pessoal. Uma vez que esse interesse torne-se firme e o cultivo da sabedoria tenha cortado as amarras dos níveis mais grosseiros de ignorância, pode-se começar a levar a prática para uma perspectiva mais universal. Na *Essência do Ouro Purificado,* isso é feito pela geração de grande compaixão e da mente bodhi altruística por meio da técnica de sete pontos de causa e efeito, conforme descrito anteriormente no capítulo sobre os treinamentos da perspectiva superior. Existe um outro método chamado "trocando a si mesmo pelos outros", ensinado no *Guia para o Modo de Vida do Bodhisattva,* de Shantideva, e, bem antes na história indiana, na *Guirlanda Preciosa* de Nagarjuna. O primeiro desses dois tratados parece um comentário geral às proposições do último. Um estudo dessas duas obras sagradas é uma grande ajuda na tarefa de nos inspirar a gerar a atitude Mahayana de grande compaixão, que busca a iluminação pessoal como o melhor meio de beneficiar todos os seres vivos.

A aplicação persistente nas meditações da técnica de sete pontos de causa e efeito ou do método conhecido como trocar a si mesmo pelos outros faz com que a preocupação pela liberação e felicidade dos seres vivos torne-se muito poderosa e, por fim, transforme-se na mente bodhi aspiracional. Com base nisso, nos empenhamos nas atividades da verdadeira mente bodhi, como as seis perfeições e outras, conforme explicado na *Essência do Ouro Purificado.* Contudo, na sequência da prática exposta aqui por Je Rinpoche e pelo terceiro Dalai Lama, cultiva-se a concentração meditativa, cuja natureza é o samadhi, em conjunto com o *insight* penetrante, cuja natureza é o vipashyana, como preliminares para a entrada na prática tântrica. A maioria dos praticantes atuais não segue esse procedimento, mas, após desenvolver familiaridade com as seis perfeições e assim por diante, vai direto para o Tantra Superior e desenvolve concentração meditativa conjugada com *insight* penetrante conforme os métodos do estágio de geração do Vajrayana. Essa é uma abordagem mais eficiente para produzir a iluminação rápida. A seguir, concluímos pelo menos o nível grosseiro do yoga do estágio de geração e nos envolvemos nos poderosos yogas do estágio da perfeição para dar nascimento ao corpo ilusório, à mente sutil de clara luz e ao estágio de grande união. Assim, a iluminação plena é executada no breve espaço de uma vida humana.

Terceiro Dalai Lama:

Je Rinpoche conclui sua *Canção dos Estágios no Caminho Espiritual* como segue:

O CAMINHO PARA A ILUMINAÇÃO

A fim de familiarizar minha mente ainda mais com os caminhos
e também beneficiar os outros afortunados,
expliquei aqui, em termos simples,
todos os estágios das práticas agradáveis aos Budas,
e fiz a oração para que quaisquer méritos assim criados
possam ser a causa para que todos os seres jamais separem-se
dos caminhos sublimes sempre puros.
Eu, um yogue, fiz essa oração.
Você, ó buscador da liberação, deve fazer o mesmo.

Tendo em mente esses ensinamentos de Je Rinpoche, conclua cada sessão de meditação com a seguinte oração:

De agora em diante, nesta e em vidas futuras,
farei preces a seus pés de lótus e me aplicarei em seus ensinamentos.
Conceda-me seus poderes transformadores
para que eu possa praticar apenas de modo a agradá-lo
com todas as minhas ações de corpo, fala e mente.
E, pelo poder do grande Tsongkhapa,
bem como dos lamas de quem recebi ensinamentos,
possa eu jamais ficar afastado, sequer por um momento,
do caminho sublime que é agradável aos Budas.

O terceiro Dalai Lama conclui seu texto com o seguinte verso:

Por quaisquer méritos devido a eu ter escrito esse texto
condensando sem erro os pontos principais
dos estágios do caminho que conduz à iluminação –
a essência dos ensinamentos de Dipamkara Atisha e Lama Tsongkhapa –
possam todos os seres progredir nas práticas agradáveis aos
Budas do passado, do presente e do futuro.

O Colofão: Assim é concluída a *Essência do Ouro Purificado*, uma exposição dos estágios das práticas dos três níveis de aplicação espiritual. Baseada na *Canção dos Estágios no Caminho Espiritual* de Je Rinpoche, e organizada em um formato fácil de acompanhar, está na tradição da doutrina esclarecida e é por isso muito digna de admiração e interesse. Foi escrita mediante repetidas solicitações de Docho Choje da eminente moradia do Onisciente Sherab Palzang, pelo monge e professor budista Gyalwa Sonam Gyatso no Grande Local da Atividade do Dharma, o poderoso Mosteiro Drepung, na sala chamada "Raios de Sol Rodopiantes no Palácio da Alegria Sublime".

Gyalwa Sonam Gyatso, mesmo enquanto era apenas um bebê, recebeu os presságios de estar em comunicação com Je Rinpoche (e portanto estava plenamente qualificado para escrever esse comentário sobre a *Canção dos Estágios no Caminho Espiritual* de Je Rinpoche). Possa isso ser causa para a quintessência da doutrina mística fluir nas dez direções.

Sua Santidade:

Se nos empenharmos de modo correto em todas essas práticas de meditação – desde o cultivo das atitudes corretas em relação ao mestre espiritual, até o estágio de perfeição final do yoga tântrico que resulta em iluminação perfeita –, não há dúvida de que podemos progredir ao longo do caminho espiritual. Contudo, devemos ser muito cuidadosos a cada passo, pois nossa mente samsárica está sempre à procura de meios de nos lograr e passar para trás. Cometer erros em qualquer uma das meditações básicas – tal como cultivar atitudes corretas em relação ao guru, estabelecer os alicerces da disciplina etc. – conduzirá a uma distorção equivalente em todas as práticas mais elevadas. Portanto, devemos treinar com atenção, observando constantemente o fluxo de pensamentos e atividades e relacionando-os aos ensinamentos. Conforme o próprio Buda aconselhou: "Elabore a sua própria salvação". Devemos praticar com clareza, humildade e um senso de responsabilidade pessoal por nosso próprio progresso. Então o caminho para a iluminação é algo que seguramos na palma de nossas mãos.

Conforme o quinto Dalai Lama escreveu: "A iluminação não é tão difícil. Do mesmo modo que um grande artista não tem dificuldade em pegar argila e transformá-la na imagem de um Buda perfeito, quando adquirimos habilidade nas práticas, podemos moldar facilmente a argila de nosso corpo, fala e mente samsáricos nos três corpos supremos de um ser plenamente onisciente".

Apêndices

Apêndice 1

Um rito preliminar *Lam Rim*

Em um lugar sossegado e agradável à mente, erga um altar com uma imagem de seu guru, uma estátua do Buda, uma stupa e uma escritura. Sobre o altar, disponha oferendas frescas e puras diariamente. Estabeleça um assento confortável de meditação para você e, ou quatro ou seis vezes ao dia, sente-se ali na posição de sete pontos de Vairochana, realize a seguinte liturgia e medite conforme as instruções.

Comece fundindo o âmago de sua mente com o significado do refúgio, recitando a seguinte oração por três vezes:

NAMO GURU BHYAH,
   em meus gurus busco refúgio,

Nota do tradutor: A oração que segue foi incluída pelo terceiro Dalai Lama na seção de abertura da *Essência do Ouro Purificado,* em sua explicação sobre como praticar guru yoga. Sua Santidade o Dalai Lama fez uma detalhada descrição da oração em sua dissertação de 1976, mas não incluí o comentário neste volume, uma vez que era dirigido a praticantes compromissados. Entretanto, achei que seria útil incluir o texto do terceiro Dalai Lama porque mostra a linhagem de transmissão da *Essência do Ouro Purificado* e revela as atitudes a ser geradas como base para meditação.

Deve-se observar que existem muitas obras litúrgicas dessa natureza em tibetano, algumas para iniciantes e outras para praticantes mais avançados. Muitas vezes um texto como esse era expandido conforme as práticas relacionadas do meditante ou condensado para se encaixar em limitações de tempo. Não é incomum deixar-se de fora ou se acrescentar seções inteiras, ou substituir certas seções por material similar de outras fontes.

O CAMINHO PARA A ILUMINAÇÃO

NAMO BUDDHA YA,
nos Budas busco refúgio,
NAMO DHARMA YA,
nos Ensinamentos busco refúgio,
NAMO SANGHA YA.
na Comunidade Espiritual busco refúgio.

A seguir, contemple os quatro pensamentos incomensuráveis de acordo com os seguintes versos:

Possam todos os seres sencientes ter a felicidade e suas causas,
possam todos os seres sencientes ser separados do sofrimento e de suas causas,
possam eles jamais ser separados da felicidade além do sofrimento,
possam eles permanecer na equanimidade além da atração pelo perto e da aversão pelo distante.

Agora, recite o verso de refúgio específico do Mahayana:

Nos Budas, no Dharma e na Comunidade Suprema,
até a iluminação, busco refúgio;
pelos méritos da minha prática das seis perfeições,
possa o estado de buda ser alcançado para o bem de todos.

OM SVABHAVA SHODDAH SARVADHARMA SVABHAVA SHODDOH HAM

A partir da esfera da vacuidade no espaço à minha frente aparece um amplo e vasto trono adornado com joias, sustentado por oito leões. Sobre um assento de lótus e lua senta-se o lama que está me guiando através dos estágios da prática espiritual. Sua forma física é a do Buda Shakyamuni e ele está cercado pelas linhagens de gurus dos quais provêm os ensinamentos sobre as vastas atividades da mente bodhi e da vacuidade profunda. Em volta desse grupo estão os Budas das dez direções, os bodhisattvas, os sravaka arhants, os pratyekabuddhas, dakas, dakinis e os protetores do Dharma.

Apêndice 1 – Um rito preliminar *Lam Rim*

A seguir convide os Seres de Sabedoria:

Ainda que sem oscilar do dharmadhatu perfeito,
por compaixão vocês velam pelos incontáveis seres.
Lama e comitiva, cumpram o trabalho mágico
de todos os Budas; peço-lhes que desçam até aqui.

Senhores e protetores de tudo que vive,
Budas que esmagam as forças do mal,
personificações de todo conhecimento,
bhagawans e séquito, peço-lhes que desçam até aqui.

Visualize-os vindo de suas moradias naturais até o espaço à sua frente. Então:

JAH HUM BAM HOH
Os Seres de Sabedoria fundem-se nos Seres Simbólicos.

Visualize agora uma casa de banho, água consagrada, toalhas, roupas e ornamentos, de acordo com os seguintes versos:

Uma casa de banho de doce fragrância,
um piso de cristal límpido e resplandecente,
pilares de encantadoras gemas radiantes,
um dossel cintilante de pérolas.

A seguir ofereça a água consagrada:

Do mesmo modo como quando o Buda nasceu
os deuses apareceram e o banharam em água,
agora eu próprio ofereço
água consagrada a essa assembleia visualizada.
OM SARVA TATHAGATA ABHISHEKA SAMAYA SHRI YE AH HUM

O CAMINHO PARA A ILUMINAÇÃO

À Forma nascida de um milhão de virtudes,
à Fala que preenche as esperanças de infinitos seres,
e à Mente que percebe a vida como ela é:
ao Buda Vajradhara ofereço essa água.
OM SARVA TATHAGATA ABHISHEKA SAMAYA SHRI YE AH HUM

À linhagem da ação vasta da mente bodhi,
à linhagem da vacuidade profunda,
à abençoada linhagem da prática tântrica:
aos lamas dessas três linhagens eu ofereço água.
OM SARVA TATHAGATA ABHISHEKA SAMAYA SHRI YE AH HUM

Ao Buda, o fundador das linhagens,
ao Dharma, que salva a mente,
à Sangha, que ajuda no caminho:
às Três Joias, aos protetores, eu ofereço água.
OM SARVA TATHAGATA ABHISHEKA SAMAYA SHRI YE AH HUM

Agora, com tecido perfumado inigualável,
eu seco e limpo seus corpos.
OM HUM TRAM HRIH AH KAYA VISODHANAYE SVAHA

Com os melhores óleos e perfumes
encontrados ao redor dos três mundos,
eu unto os corpos dos poderosos;
da mesma forma que um artesão dá polimento em ouro.

Trajes macios, finos e leves eu ofereço
àqueles que possuem corpo vajra imortal.
Com fé indivisa eu faço essa oferenda,
de modo que eu também possa atingir o estado de diamante.

Apêndice 1 – Um rito preliminar *Lam Rim*

Os Budas, sendo adornados com as 112 marcas,
não têm necessidade de meus ornamentos;
mesmo assim, a eles ofereço ornamentos supremos,
de modo que todos os seres possam obter sinais de perfeição.

Ó conquistadores, por compaixão por mim e por todos os outros,
usem seus poderes para se emanar magicamente
e permanecer conosco e trabalhar pelo mundo
pelo tempo que nós continuarmos a contentá-los.

Recite esses versos do Guia para o Modo de Vida do Bodhisattva, *de Shantideva, enquanto prossegue na contemplação requerida. Depois, recite os versos seguintes, conhecidos como* Puja de Sete Partes, *que condensam os pontos de purificação e acumulação de méritos:*

A meu lama, que personifica todos os Budas,
que em natureza é Vajradhara, e
que é a raiz das Três Joias,
ah, a meu lama eu me curvo.

Ao todo-compassivo Buda Vajradhara,
aos videntes perfeitos Tilopa e Naropa,
aos gloriosos Dombipa e Atisha;
à linhagem da prática tântrica eu me curvo.

A Maitreya, Asanga, Vasubandhu, Vimuktisena,
Paramasena, Vinitasena, Shrikirti, Singhabadra,
Kusali Segundo e Dharmakirti das Ilhas Douradas,
à linhagem da ação vasta da mente bodhi eu me curvo.

A Manjushri, destruidor do apego ao "é" e "não é",
e a Nagarjuna, Chandrakirti, Vidyakokila, o Grande,
Buddhapalita e outros gurus exaltados;
à linhagem dos ensinamentos profundos sobre vacuidade eu me curvo.

O CAMINHO PARA A ILUMINAÇÃO

E curvo-me ao glorioso Atisha,
que na presença do Buda era Badrapala,
no Tibete era chamado Dipamkara Atisha
e agora, no Paraíso Tushita, como Namkha Tri-ma-me,
trabalha pelo bem do mundo como uma joia mágica.

E aos pés do amigo e mestre perfeito,
o bodhisattva que executou o trabalho do Buda,
uma fonte preciosa a preencher as duas necessidades:
aos pés do amigo espiritual Drom eu me curvo.

A Lama Tsongkhapa, joia da coroa de sábios tibetanos,
que foi uma encarnação dos três Bodhisattvas –
Avalokisteshvara, tesouro da compaixão inconcebível,
Manjushri, senhor da sabedoria imaculada,
e Vajrapani, destruidor dos exércitos de Mara:
a Tsongkhapa, Lobzang Drakpa, eu me curvo.

E aos Gurus da Linhagem do passado e do presente
que nos treinam na doutrina mística,
ensinam-nos os sutras, tantras, comentários e tradições orais,
e concedem iniciações e bênçãos, eu me curvo.

Homenagem ao Guru, personificação das Três Joias:
aos Budas preciosos, gurus incomparáveis,
ao Dharma precioso, um salvador incomparável,
e à Sangha preciosa, um guia incomparável.

Ao Buda Shakyamuni, Senhor dos Shakyas,
que da compaixão sábia nasceu príncipe,
o invencível que esmagou as forças do mal:
a ele cujo corpo é uma montanha dourada eu me curvo.

Apêndice 1 – Um rito preliminar *Lam Rim*

Ó leões entre os homens,
Budas passados, presentes e futuros
a tantos quantos de vocês existam nas dez direções,
eu me curvo em corpo, fala e mente.

Sobre ondas de vigor desse rei
de orações pelos caminhos exaltados, sublimes,
com corpos numerosos como os átomos do mundo,
curvo-me aos Budas que permeiam o espaço.

Em cada átomo é encontrado um Buda
sentado em meio a incontáveis bodhisattvas.
Nessa esfera infinita de seres místicos,
fito com olhos de fé.

Com oceanos de cada som possível
em elogio aos Budas perfeitos,
dou voz às suas qualidades excelentes:
salve aqueles que passaram à bem-aventurança.

Guirlandas de flores supremas eu ofereço a eles;
e lindos sons, guarda-sóis supremos,
lamparinas de manteiga e incenso sagrado,
eu ofereço a todos os Despertos.

Comida excelente, fragrâncias supremas,
e um morro de pós alto como o Monte Meru
eu arrumo em disposição mística
e ofereço àqueles que conquistaram a si mesmos.

Todas essas oferendas incomparáveis eu apresento
em admiração por aqueles que se foram para a bem-aventurança.
De acordo com as maneiras exaltadas e sublimes,
eu me curvo e faço oferendas aos Budas.

O CAMINHO PARA A ILUMINAÇÃO

A seguir execute a versão longa ou curta da oferenda de mandala:

OM VAJRA BHUMI AH HUM, deposito a poderosa base dourada; OM VAJRA REKHE AH HUM, circundando por fora, a cerca de ferro; ao centro, o Rei das Montanhas; a leste, o continente Lupakpo; ao sul, Jambuling; a oeste, Balangjo; ao norte, Draminyan; ao largo do continente leste estão as ilhas Lu e Lupak; ao largo ao sul estão Ngayab e Ngayab Zhan; ao largo a oeste estão Yodan e Lamchokdro; ao largo ao norte estão Draminyan e Draminyankida.

(Acima disso coloco) a montanha de joias, a árvore que atende desejos, a vaca sagrada, a colheita intacta, a roda preciosa, a joia preciosa, a rainha preciosa, o ministro precioso, o elefante precioso, o cavalo precioso, o general precioso, o vaso cheio de um grande tesouro e as deusas da beleza, guirlandas, canção, dança, flores, incenso, luz e perfume. E coloco o sol, a lua, uma sombrinha cravejada de joias, a bandeira que simboliza vitória total e ao centro as melhores coisas dos deuses e dos humanos.

Ergo tudo isso e ofereço a todos os gurus sagrados – meu bondoso Guru de Raiz e todos os gurus da linhagem – e também a Lama Tsongkhapa, que é tanto o Buda Shakyamuni quanto o Buda Vajradhara, bem como às miríades de deidades e comitivas. Pelo bem dos seres vivos, aceitem com compaixão e, tendo desfrutado disso, concedam seus poderes transformadores.

> Terra abençoada com flores, incenso e água aromatizada
> e adornada com o Rei das Montanhas, os quatro continentes, e o sol e a lua,
> ofereço a esse grupo de Seres Despertos.
> Possam todos os seres desfrutar dessa esfera pura.
>
> O corpo, fala e mente, meu e dos outros,
> nossos bens e o conjunto de bondades do passado, presente e futuro,
> e a preciosa mandala do Rei das Montanhas e tudo o mais,
> junto com as incomparáveis oferendas de Samantabhadra,
> eu reivindico mentalmente e ofereço como uma mandala aos lamas,
> yidams e às Três Joias Preciosas;

Apêndice 1 – Um rito preliminar *Lam Rim*

por compaixão, por favor, aceitem,
e concedam a mim seus poderes transformadores.
IDAM GURU RATNA MANDALAKAM NIRYATA YA MI

Possam essas nuvens de oferendas
que aliviam os sofrimentos dos seres vivos –
oferendas feitas com sons gentis e extasiantes –
perdurar até o samsara estar acabado.

A Purificação Geral:

Que assim seja!
Ó lamas, grandes Detentores Vajra e todos os Budas e bodhisattvas das dez direções, bem como toda a Venerável Sangha, olhem para mim.
Eu, que me chamo ...., circulando pelo samsara desde tempos imemoriais até o presente momento, subjugado por distorções mentais como apego, aversão e ignorância, tenho, por meio de corpo, fala e mente, criado os dez karmas negativos, praticado os cinco atos ilimitadamente malignos e os cinco comportamentos negativos nas fronteiras além daqueles, tenho transgredido as promessas de liberação individual, tenho contrariado os treinamentos de um bodhisattva, tenho quebrado os compromissos tântricos, tenho desonrado os bondosos pais, mestres, amigos espirituais e aqueles que seguem os caminhos puros, tenho cometido ações nocivas às Três Joias, tenho ignorado o Dharma sagrado, tenho roubado da Sangha e tenho causado mal aos seres vivos. Esses e muitos outros atos negativos eu cometi, tentei cometer e me rejubilei vendo outros cometê-los. Em resumo, tenho criado muitos obstáculos ao meu renascimento mais elevado e liberdade espiritual, e tenho plantado incontáveis sementes para perambulações adicionais pelo samsara e em condições miseráveis de existência.
Tudo isso eu agora encaro na presença dos gurus, dos grandes Detentores Vajra e de todos os Budas e bodhisattvas das dez direções, bem como da Venerável Sangha, dos Elevados. Toda essa negatividade eu revelo, sem deixar nada oculto, confessando tudo; e faço o voto de me abster de recriá-la no futuro. Pois, ao encará-la e reconhecê-la, sei que estou me voltando para aquele local que está em comunhão com a felicidade;

ao passo que, ocultando e se escondendo dele, a verdadeira felicidade não pode existir.

Recite esse texto curto três vezes para purificar seu continnum *de tendências negativas. Depois, retorne à oração de sete partes:*

Há muito subjugado pelo apego, raiva e ignorância,
incontáveis atos negativos eu cometi
com ações de corpo, fala e mente:
todas e cada um deles eu reconheço.

Nas perfeições dos Budas e bodhisattvas
e no treinamento dos arhants e mais além,
e no potencial de cada ser vivo
eu elevo meu coração e me rejubilo.

Ó luzes até as dez direções,
Budas que encontraram o estágio da iluminação,
a todos vocês recorro em oração:
girem a incomparável Roda do Dharma.

Não entrem no parinirvana,
mas trabalhem para o bem dos seres vivos.
Por tantos éons quanto são as partículas de poeira,
fiquem conosco e nos ensinem, eu peço.

Por quaisquer pequenos méritos que eu tenha acumulado
prostrando-me, fazendo oferendas,
purificando-me, rejubilando-me e pedindo aos Budas
que permaneçam e ensinem o Dharma,

Apêndice 1 – Um rito preliminar *Lam Rim*

tudo isso agora dedico
à iluminação suprema e perfeita.

Agora recite a oração seguinte aos lamas da linhagem Lam Rim, *enquanto mantém uma visualização clara deles e uma profunda convicção neles.*

Ó precioso, sagrado Guru de Raiz,
sente-se sobre um lótus e lua em minha cabeça,
guarde-me dentro de sua grande compaixão
e conceda-me siddhis de corpo, fala e mente.

Ó mestre incomparável, Buda transcendido,
ó regente sagrado, Maitreya invencível,
e Asanga, que foi profetizado pelo Buda,
ao Buda e a esses dois bodhisattvas eu me curvo.

Ó Vasubandhu, joia da coroa de sábios indianos,
e Vimuktisena, que consumou a Visão do Caminho do Meio,
e Vimuktisenagomin, em quem deposito fé:
a esses três, que abriram os olhos do mundo, eu me curvo.

Ó Paramasena, assombroso e esplêndido,
ó Vinitasena, mestre do caminho profundo,
e Vairochana, tesouro dos feitos vastos:
a esses três amigos dos vivos eu me curvo.

Ó Haribhadra, propagador dos ensinamentos da sabedoria profunda,
ó Kusali, detentor das tradições orais,
e Ratnasena, salvador dos seres vivos:
a esses três guias espirituais eu me curvo.

O CAMINHO PARA A ILUMINAÇÃO

Ó Serlingpa, que encontrou o coração de bodhi,
ó Atisha, defensor desse grande veículo,
e Drom Rinpoche, elucidador do bom caminho:
a esses três pilares da doutrina eu me curvo.

Ó incomparável mestre Shakyamuni,
ó Manjushri, personificação de todo o conhecimento do Buda,
e Nagarjuna, vidente do significado mais profundo:
a esses três ornamentos da coroa de mestres eu me curvo.

Ó Chandrakirti, esclarecedor do pensamento de Nagarjuna,
ó Vidyakokila, o grande discípulo de Chandrakirti,
e Vidyakokila Segundo, um segundo filho:
a esses três senhores da linhagem eu me curvo.

Ó Atisha, defensor desse grande veículo,
que vê a profundidade do surgimento dependente,
e ó Drom Rinpoche, elucidador desse bom caminho:
a esses dois ornamentos do mundo eu me curvo.

Ó Gonpawa, senhor dos místicos,
ó Neuzupa, cujo apoio é o samadhi profundo,
e Takmapa, defensor dos ensinamentos sobre disciplina:
a essas três luzes entre os bárbaros eu me curvo.

Ó Namseng, cuja prática é espontânea,
ó Namkha Gyalpo, abençoado pelo sagrado,
e Sang-gye-zang, livre das paixões mundanas:
a esses três sublimes filhos do Buda eu me curvo.

Apêndice 1 – Um rito preliminar *Lam Rim*

Ó Namkha Gyaltsen, que é abençoado
e guardado pelas deidades da meditação
e que é um supremo amigo espiritual
dos seres dessa era de trevas: a você eu me curvo.

Ó Potowa, imagem do Buda,
ó Sharawa, cujo intelecto está além de desafio,
e Chekhawa, mestre da mente bodhi:
a esses três que preenchem a esperança eu me curvo.

Ó Chilpupa, senhor das escrituras e do *insight*,
ó Lhalung Wangchuk, um sábio supremo,
e Gonpo Rinpoche, salvador dos três mundos:
a esses três grandes eu me curvo.

Ó Zangchenpa, que resplandece com controle,
ó Tsonawa, senhor das escrituras sobre disciplina,
e Mondrapa, senhor do abidharma:
a esses três navegantes do mundo eu me curvo.

Ó Dholyob Zangpo, lama glorioso
que fundou o Dharma vasto e profundo,
que defende a doutrina por meio da ação iluminada,
e protege os afortunados: a você eu me curvo.

Ó Tsultrim Bar, senhor dos siddhas,
ó Shonnu Od, que muito bem confiou em vários mestres,
e Gyer Gonpa, cuja mente é una com o Mahayana:
a esses três filhos do Buda eu me curvo.

O CAMINHO PARA A ILUMINAÇÃO

Ó Sanggye Won, tesouro de qualidades maravilhosas,
ó Namkha Gyalpo, abençoado pelo sagrado,
e Sang-gye-zang, livre das paixões mundanas:
a esses três gentis bodhisattvas eu me curvo.

Ó Namkha Gyaltsen, que é abençoado
e guardado pelas deidades da meditação
e que é um supremo amigo espiritual
dos seres dessa era de trevas: a você eu me curvo.

E a Tsongkhapa, joia da coroa de sábios tibetanos,
que foi uma encarnação dos três Bodhisattvas –
Avalokisteshvara, tesouro da compaixão inconcebível,
Manjushri, senhor da sabedoria imaculada,
e Vajrapani, destruidor dos exércitos de Mara:
a Tsongkhapa, Lobzang Drakpa, eu me curvo.

E ó Jampal Gyatso, senhor dos siddhis,
ó Khedrub Gelek Pal, um filho entre iniciados e mestres,
e Baso Je, uma mina de linhagens sussurradas ao ouvido:
a esses três lamas incomparáveis eu me curvo.

Ó Chokyi Dorje, consumado na grande união,
ó Gyalwa Wensapa, que é os três buda-kayas,
e Sang-gyey Yeshe, senhor das escrituras e do *insight*:
a esses três sabiamente iniciados eu me curvo.

Ó olhos, por meio dos quais as vastas escrituras são vistas,
portas supremas para os afortunados que atravessaram para a liberdade espiritual,
iluminadores cujos meios hábeis vibram de compaixão:
a toda série de amigos místicos eu me curvo.

Apêndice 1 – Um rito preliminar *Lam Rim*

A seguir, Alicerce de Todas as Perfeições, *de Tsongkhapa, uma súplica aos Gurus da Linhagem pela realização imediata dos estágios do caminho espiritual:*

Seguir um mestre bondoso, alicerce de todas as perfeições,
é a própria raiz e base do caminho.
Deem-me poderes para ver isso com clareza
E para fazer todo esforço para segui-lo direito.

A preciosa vida humana obtida uma só vez
tem grande potencial, mas é facilmente perdida.
Deem-me poderes para lembrar disso constantemente
e pensar dia e noite em capturar sua essência.

Devo lembrar que a morte é rápida no ataque,
pois o espírito tremula na carne como uma bolha na água;
e depois da morte nossas boas e más ações
vão atrás de nós como a sombra vai atrás do corpo.

Entendendo que isso com toda certeza é verdade,
possa descartar cada nível de erro
e gerar um conjunto infinito de bondade;
deem-me poderes para, desse modo, ficar continuamente ciente.

A gula sensual é um portão para o sofrimento
e não é digna de uma mente lúcida.
Deem-me poderes para realizar os defeitos do samsara
e dar nascimento ao grande desejo de liberdade bem-aventurada.

O CAMINHO PARA A ILUMINAÇÃO

E deem-me poderes para que, com presença mental e prontidão,
nascidas de pensamentos essencialmente puros,
possa viver de acordo com o Dharma sagrado,
os caminhos que conduzem à liberação pessoal.

Do mesmo modo que caí dentro das águas do samsara,
assim foi com todos os seres sencientes mães.
Deem-me poderes para ver com clareza e realmente praticar
a mente bodhi, que carrega o peso de libertá-los.

Contudo, sem o hábito das três disciplinas espirituais,
o treinamento do pensamento não alcança a iluminação.
Deem-me poderes para saber disso com profundidade, e treinar intensamente
nos vários caminhos dos grandes bodhisattvas.

E deem-me poderes para pacificar divagações mentais distorcidas
e para decifrar o sentido último da vida,
para que possa dar nascimento em meu fluxo mental
ao caminho que combina concentração e visão.

Aquele que treina nessas práticas comuns do Mahayana
torna-se um recipiente digno do Veículo Supremo, o Vajrayana.
Deem-me poderes para que possa rápida e facilmente
chegar ao portal dos seres afortunados.

O alicerce do que então produz os dois poderes
é a guarda das promessas e compromissos da iniciação tântrica.
Abençoem-me de modo que possa ter conhecimento espontâneo disso
e guarde minhas disciplinas como guardo minha própria vida.

Apêndice 1 – Um rito preliminar *Lam Rim*

E abençoem-me de modo que possa adquirir realização das práticas principais
dos dois estágios do Vajrayana, essência do caminho tântrico;
e, sentando resolutamente em quatro sessões diárias de yoga,
efetive exatamente o que os sábios ensinaram.

Deem-me poderes para que os mestres que descortinaram o caminho sublime dentro de mim
e os amigos espirituais que me inspiraram possam ter vida longa;
e para que as miríades de interferências internas e externas
sejam completa e totalmente serenadas para sempre.

Que em todas as vidas futuras jamais possa eu ser separado
dos gurus perfeitos ou dos caminhos puros do Dharma.
Possa adquirir cada experiência dos caminhos e estágios
e rapidamente atingir o estado de Detentor do Conhecimento do Diamante.

Tendo dessa maneira transformado sua mente em um recipiente adequado para a recepção da conquista espiritual, empenhe-se na meditação conforme instruído.

Essa liturgia, uma preliminar para o estudo e prática da tradição Lam Rim, *em geral e para confiar em um mestre espiritual em particular, deve ser executada quatro ou seis vezes por dia.*

A última sessão de meditação do dia deve ser concluída com:

As assembleias visualizadas retornam a suas moradias naturais.

Se a prática da meditação Lam Rim *for feita em conjunto com esse ritual de recitação, não há dúvida de que a realização será rapidamente atingida.*

Apêndice 2

Biografia do Terceiro Dalai Lama

Resumido de *As Vidas dos Preceptores Lam Rim* (em tibetano, *Lam-rim-bla-brgyud)*, de Tsechokling Yongdzin Yeshe Gyaltsen

> Homenagem ao grande guru Gyalwa Sonam Gyatso,
> detentor do lótus branco da compaixão

O onisciente Sonam Gyatso nasceu em meio a presságios inconcebivelmente assombrosos na aldeia de Khangsar, do Vale Toung, no 25º dia do mês *Chi*[20] do ano da Lebre de Água. Depa Namgyal Drakpa era seu pai e Paldzom Butri, sua mãe. Ele saiu do útero ainda dentro da bolsa protetora de água, como uma joia de cristal branco, gloriosa em sua cintilação. A bolsa abriu-se como um lótus branco ao nascer do sol, para revelar um corpo pequenino, tão imaculado e límpido quanto um cristal, adornado com incontáveis marcas e sinais de perfeição.

Durante seu nascimento, o céu ficou repleto de arco-íris e as divindades fizeram com que caíssem flores do firmamento como chuva. Logo depois, seus pais deram-lhe leite de uma cabra branca, recitaram numerosos versos e orações de boa fortuna e lhe deram o nome de Ranu Sicho Palzangpo.

Desde o instante de seu nascimento, a criança começou a recitar o mantra *OM MANI PADME HUM*. Exibiu o mais extraordinário modo de conduta quando pequeno e não brincava como as crianças comuns. Em vez disso, passava o tempo fazendo sinais místicos com as mãos, como os do ensinamento do Dharma sagrado, e flexionava as pernas na postura de meditação e aparentava entrar em samadhi por longos períodos de tempo. Quando aprendeu a falar, mencionava continuamente o falecido Gyalwa Gendun Gyatso (o segundo Dalai Lama), descrevendo acontecimentos da vida e da época de Gensun Gyatso com excepcional exatidão e se comportando de maneira semelhante ao falecido Lama; na época ele estava com três anos.

As qualidades incomuns do nascimento e o comportamento do garoto não passaram despercebidos, e pouco depois havia uma crença geral de que ele devia ser a reencarnação do onisciente Gendun Gyatso. Por fim, uma delegação de monges e oficiais do Mosteiro Drepung veio examiná-lo. Convencidos de que ele, de fato, era a reencarnação de seu falecido mestre, no ano do Cavalo de Fogo fizeram-lhe oferendas formais e o convidaram para ir viver no mosteiro. Ele foi para Drepung no mesmo ano e foi colocado no grande Trono de Leão do Ganden Podrang, residência em Drepung que havia sido construída por seu predecessor Gyalwa Gendun Gyatso.

Lá, o jovem Lama foi confiado aos cuidados de Panchen Sonam Drakpa,[21] e dele recebeu a ordenação *upasika* básica. Foi nessa ocasião que recebeu o nome Sonam Gyatso Palzangpo Tenpai Nyima Choklenamgyal (ou, resumido, Sonam Gyatso, pelo qual seria conhecido durante toda a vida).

No terceiro dia do quinto mês tibetano, deixou Drepung para ir em peregrinação até o Mosteiro Gyal.[22] Milhares de devotos perfilaram-se pela estrada enquanto ele avançava, na esperança de vê-lo ou ouvi-lo, ou quem sabe até ser tocado por suas mãos sagradas. Em consequência, ele não chegou a Gyal Metoktang até o quinto dia do mês seguinte. Na ocasião da chegada, ocorreram vários milagres nas vizinhanças e o jovem Lama fez oferendas às imagens sagradas abrigadas pelo mosteiro, especialmente à da deidade protetora Palden Lhamo.[23] Também ofereceu extensas orações para o bem-estar da Doutrina e dos seres vivos e realizou um discurso sobre o Dharma sagrado para a assembleia de monges.

Apêndice 2 – Biografia do Terceiro Dalai Lama

Depois de passar um curto período na região de Gyal, retornou a Drepung para continuar os estudos.

Na lua cheia do auspicioso quarto mês do ano do Pássaro de Terra, o garoto recebeu a ordenação de monge noviço, com Panchen Sonam Drakpa atuando como prior da cerimônia, e Sangpu Choje Lekpa Dondrub como prior-assistente.

Tendo dessa maneira assentado a base para a vida monástica, a criança entrou então em estudos intensivos.

Primeiro, recebeu numerosas iniciações tântricas de Panchen Sonam Drakpa, a fim de plantar as sementes de bênçãos dos mestres da linhagem em seu fluxo mental. Estavam incluídas nessas iniciações as dos poderes de longevidade de Amitayus da linhagem Siddharani; a tradição de Vaishravana; a iniciação de Palden Lhamo; as transmissões de Mahakala de Khedrub Palden Senggey, bem como o sistema de Mahakala de quatro braços e os poderes externos de Dharmaraja.

A seguir, recebeu de Lingto Choje Lekdon: a iniciação de Vajrabhairava; um comentário dos *50 Versos sobre Guru Yoga (Gurupanchashika*, em sânscrito), de Ashvagosha; os tratados *Lam Rim*, longo e intermediário, de Tsongkhapa; *Uma Lâmpada para o Caminho da Iluminação (Bodhipathapradipa)*, de Atisha; os comentários longos e abreviados do Vinaya; *Raiz da Visão Intermediária (Mulamadhyamakakarica)*, de Nagarjuna, junto com *Entrada no Caminho do Meio (Madhyamakavatara)*, de Chandrakirti; os comentários de Tsongkhapa a respeito dessas obras; *Tratado sobre Conhecimento Válido (Pramanavarttika)*, de Dharmakirti, e comentários gerais a respeito; *Tesouro sobre Metafísica (Abhidharmakosha)*, de Vasubandhu, junto com o comentário do primeiro Dalai Lama; o *Mulasutra* (sobre abhidharma); *Diferenças Entre Ensinamentos Diretos e Interpretativos* (em tibetano, *Drang-nges-legs--bzhad-snying-po)*, de Tsongkhapa, junto com o comentário do segundo Dalai Lama sobre ele; o *Livro das Comparações (dPe-chos)* Kadampa; os *Cinco Estágios (Panchakrama*, em sânscrito), de Nagarjuna, com vários comentários; linhagens variadas de Khedrubjey e também seu *Oceano de Realizações (sGrub-thabs-brgya-mtsho* em tibetano), comentário sobre as meditações da mandala do estágio de geração; e numerosas outras transmissões profundas.

Somado a isso, recebeu muitas importantes linhagens tântricas de Shartse Lekdon. Incluem-se nessas as mandalas de Manjushri Branco; Avalokiteshvara de quatro braços; a prática secreta de Hayagriva; Tara Branca; Sarvavidya; Ucharya; as cinco tradições de longevidade; Kurukulla; as 21 Taras; Vaishravana; Shramana; Yamantaka nas formas vermelha e negra; a técnica de recitação do mantra de Manjushri pacífico e irado combinados; Guhyasamaja-manjushri-vajra; a tradição de Avalokiteshvara de mil braços; as 16 Gotas do Coração, da tradição Kadam; a *Coleção de Ensinamentos Excelentes (Gegs-'bam* em tibetano), da tradição Kadam; e muitas outras.

Essas são apenas algumas das transmissões que ele recebeu naquela época. Com cada tradição individual, primeiro verificou o significado do ensinamento específico por meio de estudo e contemplação e depois chegou ao coração do tema por meio de prática intensiva. Todos os dias ele dedicava muito do tempo à meditação e entrava em retiro intensivo periodicamente.

Depois disso, Sonam Gyatso dividiu seu tempo entre Drepung e Gyal durante um certo período, praticando e estudando com seus vários mestres. Nas viagens de ida e volta, visitava os mosteiros ao longo do caminho para dar bênçãos e ensinamentos e para oferecer orações nos templos.

No ano do Rato de Água ele fixou residência com Panchen Sonam Drakpa e foi colocado no Trono Dourado de Drepung, sendo incumbido da responsabilidade de manter o bem-estar material e espiritual do mosteiro.

No ano do Boi de Água presidiu o Grande Festival de Oração de Lhasa, proferindo o tradicional discurso sobre o *Jatakamala* de Aryasurya pela manhã e conduzindo a sessão de oração à tarde. Desse modo, honrou a tradição. Incontáveis sinais miraculosos ocorreram naquele dia, indicando o prazer das forças da bondade.

Depois disso, empenhou-se novamente em estudo e treinamento intensivo com Panchen Sonam Drakpa. Recebeu iniciação na mandala de Guhyasamaja Akshobyavajra, junto com a dissertação completa. Também recebeu transmissões orais da história Kadam e o texto-raiz e comentário da escritura Kadam intitulada *O Vaso Azul (Beu-bum-sngom-po* em tibetano); o *Karmashatum;* a história dos patriarcas de Ganden e várias outras obras.

Apêndice 2 – Biografia do Terceiro Dalai Lama

Do grande yogue e mestre de meditação consumado Ngarampa Gendum Tashi recebeu várias linhagens de Avalokiteshvara, e também as mandalas de três e nove deidades da transmissão de Amitayus.

Nessa época, havia no Tibete numerosas transmissões do conjunto de iniciações do *Vajramala*, mas a mais exaltada era a linhagem de 45 mandalas unida ao sistema *Kramasamucchaya*. Entretanto, com exceção de Choje Dorjechang Ehvampa, ninguém realmente havia alcançado mestria completa nessa preciosa tradição. Gyalwa Sonam Gyatso dedicou-se com especial intensidade ao estudo e prática desse sistema e alcançou a realização, preservando-o desse modo para as futuras gerações.

Além disso, nessa fase de sua vida, Sonam Gyatso recebeu o conjunto de iniciações de Zurka; as linhagens Arya e Jnanapada do *Tantra de Guhyasamaja*; a linhagem Luipa da mandala de 62 deidades de Chakrasamvara; a mandala de corpo Gandhapada do Chakrasamvara das cinco deidades; o *Samphuta Tantra*; as tradições *Man-nga* e *Dok* do *Tantra de Hevajra*; a mandala de 15 deidades da dakini Nairatmya; a linhagem de Vajrabhairava de Rva Lotsawa; Krishnayama; a prática de 49 deidades da tradição Zhang; a mandala de 13 deidades de Yamantaka Vermelho conforme a linhagem Shridhara; Mahachakra; Achala; Ushnishavijaya; Sitatapatra; as linhagens yogues de Avalokiteshvara de Maitri; as iniciações de Kalachakra; a mandala quíntupla de Vajrapani; as linhagens Siddharani de Amitayus; Jambhala; a tradição Saraha de Mahakala de seis braços; os 13 Mahakalas; as quatro práticas Devi e muitas outras linhas tântricas de transmissão.

Em resumo, durante essa fase precoce de sua vida, encheu o vaso de seu conhecimento com todas as principais tradições dos veículos Sutrayana e Tantrayana existentes no Tibete naquela época, esquadrinhando esses ensinamentos e iniciações ao ouvi-los e contemplá-los, a seguir integrando-os à sua experiência por meio de meditação e esforço yogue.

Nessa época, pediram-lhe que visitasse a região de Hor no norte do Tibete, habitada por tribos de nômades selvagens e violentos. Ele aceitou e, por meio de seu trabalho, teve êxito em afastar as pessoas do comportamento pecaminoso induzindo-as a abraçar o caminho da paz e dos dez modos de bondade. Dessa maneira, acentuou a prática do Buddhadharma nas terras nevadas do Tibete e, em especial, disseminou os ensinamentos puros de Lama Tsongkhapa.

Após retornar de Hor, foi convidado a visitar o Mosteiro de Radeng. Lá ofereceu orações diante de várias imagens sacras abrigadas no mosteiro sagrado. Também ensinou a partir do *Kadam Lek Bum*[24] e do *Nyingpo Don Sum*,[25] bem como de várias outras escrituras essenciais. Todos ficaram assombrados com a erudição e sabedoria do jovem lama.

Sonam Gyatso, então, retornou a Drepung para encontrar-se e estudar com Tolungpa Palden Dorje, um dos três maiores discípulo de Gyalwa Wensapa. Ao que consta, cada um dos três atingiu iluminação plena em uma só vida e manifestou o corpo esotérico de arco-íris como sinal de seu feito. Com Tolungpa, recebeu todas as tradições sussurradas ao ouvido provenientes de Lama Tsongkhapa.

Na lua cheia do quarto mês do ano do Rato de Fogo – dia estabelecido como comemoração anual do nascimento, iluminação e passamento do Buda –, Sonam Gyatso tomou os preceitos completos como um monge plenamente ordenado. O antigo Detentor do Trono de Ganden, Khedrub Gelek Palzangpo, atuou como Abade de Ordenação, e o Detentor do Trono, Gendun Tenpai Dargye, uma encarnação de Geshe Potowa, atuou como Abade Assistente. Shang Gepel Choje foi o Confidente e Lhatsum Sonam Palzang, o Observador. O número prescrito de monges mais velhos também estava assistindo como testemunhas.

Desse modo, Sonam Gyatso honrou a tradição monástica conforme estabelecida pelo Buda. Durante o ritual de ordenação, fez extensas oferendas à Sangha como sinal de respeito pela condição de monge. E o mais importante é que, a partir da ordenação, sempre manteve com pureza os preceitos e disciplinas com os quais se comprometera, jamais se permitindo transgredir sequer um aspecto menor dos treinamentos. Assim, elevou às alturas a bandeira da vitória do Caminho do Buda.

Depois da ordenação, chegou um convite do Mosteiro de Tashi Lhunpo, do sul do Tibete, solicitando-lhe para ir a Tsang ensinar o Dharma sagrado. Na sequência ele partiu para Tsang. Contudo, a viagem foi vagarosa, pois milhares de devotos alinhavam-se pela estrada à medida que ele prosseguia, esperando vê-lo e receber suas bênçãos, para dessa forma adquirir as sementes kármicas de uma existência mais elevada e da liberação.

No caminho ele parou no Mosteiro de Wen para oferecer orações e meditar diante da imagem do poderoso yogue Gyalwa Wensapa. A pedido de Khedrub Sanggyey Yeshey, ficou ali por um tempo e proferiu vários discursos para a assembleia de monges.

Quando chegou a Tashi Lhunpo, foi saudado por uma entusiástica multidão de devotos que realizou extensos e coloridos rituais de oferenda. Dezenas de milhares de pessoas haviam se reunido para dar-lhe as boas vindas. Ele sentou-se no Trono do Leão e concedeu numerosos discursos sobre o Dharma sagrado.

Após deixar Tashi Lhunpo, foi para Nartang, mosteiro fundado por Atisha e pelos primeiros mestres Kadampas, e famoso como o principal sítio dos sublimes ensinamentos Kadam. Fez oferendas e orações diante de muitas imagens sagradas, e proferiu vários discursos aos monges e pessoas leigas da região.

A seguir, visitou Gangchen Chopel, onde executou o ritual de invocação de Palden Lhamo e proferiu um discurso sobre o Dharma para as pessoas lá reunidas.

Depois de deixar Gangchen Chopel, visitou Tropu para fazer oferendas e orações diante da famosa imagem do Buda Maitreya abrigada no mosteiro.

A seguir, visitou o Mosteiro Sakya para fazer oferendas e orações diante das imagens sagradas abrigadas naquele santuário. Naquele tempo havia no Templo do Protetor do mosteiro uma famosa máscara do aterrorizante protetor Sedrabpa, que se dizia possuir tremendas propriedades mágicas. Ninguém tocava na máscara há anos devido a seu poder avassalador. Sonam Gyatso foi até ela, pegou-a e começou a limpar e polir. Conta-se que, enquanto ele a limpava, os olhos da máscara piscaram várias vezes, indicando o grande prazer do protetor com as atividades de Sonam Gyatso. Numerosos milagres e sinais auspiciosos manifestaram-se na região durante a visita de Sonam Gyatso.

Sonam Gyatso também visitou o Mosteiro de Khau, onde executou o ritual de invocação de Mahakala diante da imagem sagrada de Mahakala abrigada naquele templo. Outra vez ocorreram muitos sinais auspiciosos e milagres nas vizinhanças durante sua visita.

Depois, seguiu pela longa estrada para Drepung, dando ensinamentos e bênçãos para os muitos milhares de pessoas que se juntaram pelo caminho para vê-lo. Dessa maneira, preservou a gloriosa Doutrina da Verdade e inspirou grandemente aqueles que tiveram a boa fortuna de vê-lo.

O CAMINHO PARA A ILUMINAÇÃO

Não muito depois de Sonam Gyatso retornar ao Tibete Central, chegou um convite do ilustre Mosteiro de Sera pedindo-lhe para que fosse ensinar os sutras e tantras. Chegaram convites semelhantes para lecionar em todos os outros grandes mosteiros do Tibete Central. Ele tentou atender todos os pedidos, dedicando-se assim incansavelmente ao bem-estar do Buddhadharma. Onde quer que fosse, os descrentes eram colocados no terreno firme da fé; aqueles que se deleitavam no mal eram estimulados a abandonar as maneiras negativas e seguir o caminho da bondade e da alegria e todos os praticantes eram inspirados a aumentar seus esforços no caminho espiritual. Sua simples presença em uma região fazia o mal e os conflitos cederem e a paz e a felicidade crescerem. Desse modo, ele reanimou e fortaleceu a vida do Buddhadharma no Tibete e, em especial, aumentou a apreciação pelas linhagens reunidas e elucidadas por Lama Tsongkhapa.

A vida e obra de Sonam Gyatso tiveram um impacto enorme especialmente sobre os mosteiros de Drepung e Gyal, suas duas principais residências, onde dividia seu tempo igualmente. Graças à energia e atenção dada por ele, os dois mosteiros cresceram grandemente em estatura e bem-estar, tanto em termos espirituais quanto materiais durante sua vida.

Embora precisasse viajar e ensinar quase sem descanso nessa época de sua vida, a fim de firmar um exemplo de prática intensiva para os discípulo, ele mantinha constantemente um extenso horário de meditação diário, conforme os métodos do Sutrayana e do Vajrayana. Todos os dias levantava bem antes de amanhecer e executava as seis práticas preliminares, como a lavagem ritual, limpeza do local de meditação, tomada de refúgio nas Três Joias, prostrações e oferendas etc. A seguir, executava uma extensa meditação *Lam Rim*. Quando essa base Sutrayana era completada, dedicava-se às suas práticas diárias de Vajrayana.

Essas eram numerosas demais para serem listadas na íntegra. Para citar apenas algumas: yogas da longevidade associadas a Mahakala; yogas das quatro deidades da longevidade, junto com o treinamento de transferência da consciência; as práticas de sadhana das formas negra e laranja de Manjushri; as meditações de guru yoga especial, mente bodhi e yoga relaxante; as práticas tântricas superiores, como a mandala de meditação de Heruka Chakrasamvara, junto com a recitação de cem mantras de raiz,

Apêndice 2 – Biografia do Terceiro Dalai Lama

bem como de trezentos mantras do coração e aproximados; a sadhana de Akshobyavajra, junto com cem recitações de dharani longo; as sadhanas das quatro principais deidades tântricas Kadam, junto com uma centena de cada um dos mantras e várias orações, hinos e versos auspiciosos de cada uma dessas tradições.

Também executava diariamente yogas dos estágios de geração e perfeição dos treinamentos de longevidade de Amitayus, bem como as meditações de longevidade associadas à Tara Branca. Todos os dias realizava as sadhanas de Manjushrivajra; Sarasvati Branca; Vajrayogini; Chakrasamvara-caturpitha etc.

As meditações que executava diariamente são extensas demais para ser descritas ou enumeradas em detalhes. Contudo, sua prática era construída basicamente a partir da união dos métodos do Sutrayana e do Vajrayana. Dedicando-se aos treinamentos *Lam Rim*, extraía todos os dias a essência de todas as técnicas do Sutrayana. Quanto ao Vajrayana, sua prática incluía um leque de tradições dos quatro níveis dos tantras, e enfocava em especial os dois estágios yogues do Tantra Superior conjugados com a tradição Chöd *(gcod* em tibetano) de Padampa Sanggyey, e os rituais de propiciação dos vários Protetores do Dharma, como Mahakala.

No ano da Ovelha de Ferro, chegou um convite de Altan Khan, rei dos mongóis Tumed, que tinha ouvido falar de Gyalwa Sonam Gyatso e experienciado profundo sentimento de fé em relação a ele. Sonam Gyatso, por sua vez, sentiu que possuía uma ligação kármica com os mongóis que lhe permitiria civilizá-los e fazer com que abandonassem os hábitos guerreiros. Com esse pensamento em mente, enviou ao grande Khan uma promessa de ir para lá em ocasião posterior, enviando como seu representante nesse meio tempo Lama Tsundru Zangpo, seu discípulo pessoal, para estabelecer uma missão diplomática em Tsokha.

A notícia da futura visita de Gyalwa Sonam Gyatso à Mongólia provocou considerável consternação entre os tibetanos, que temiam por sua segurança e bem-estar em uma jornada de natureza precária como aquela. Quando enfim partiu de Drepung, uma grande assembleia de monges eminentes, oficiais e devotos seguiu junto na primeira etapa da viagem para garantir bons augúrios. Tanto o anterior quanto o então Detentor do Trono Ganden estavam lá, bem como os monges dirigentes de Ganden, Sera e Drepung. Incluía-se no grupo um grande número de mestres renomados, como Rinchen Pokar, Tsangpa Pancha Rikpa Senggey, Sanggye Yeshey do Mosteiro de Wen, Ponlob Tashi Rikpa e Karpa Ponlob Namkha Jampa do Mosteiro de Gyal. Em resumo, havia representantes de todos os grandes mosteiros, bem como de todos os líderes oficiais seculares e chefes de clãs, junto com centenas de populares. Pediram-lhe em uníssono que não fosse, que mudasse de ideia e ficasse no Tibete. Contudo, ele manteve-se firme na decisão, e a jornada começou.

Primeiro foi até Radeng, onde pediu à maioria do grupo que retornasse a Lhasa e lhe permitisse continuar sozinho. Ao partir de Radeng, Depa Tashi Rabten apoderou-se do estribo do cavalo dele e, com lágrimas nos seus olhos, ofereceu a seguinte oração:

> Ó grande Guru, personificação do Dharma,
> possa você ter vida longa.
> Possa a terra ser recoberta
> de mestres como você.

Entretanto, ao completar essas palavras, ficou tão dominado pela tristeza em função da partida de Sonam Gyatso que começou a se sufocar com as lágrimas e foi incapaz de completar o dístico, conseguindo apenas segurar o estribo em sua cabeça em reverência, enquanto gritos de angústia brotavam dentro de si.

Vendo isso, Sonam Gyatso colocou uma mão gentil sobre a cabeça do devotado discípulo e terminou o dístico por ele, mudando o contexto da seguinte maneira:

> Possa sempre haver fiéis e
> devotados patronos do Dharma como você;
> e possa haver sinais auspiciosos
> do florescimento do Dharma por um longo tempo.

Assim, com o chefe de clã Tashi Rabten soluçando e agarrado ao estribo de Sonam Gyatso, o grupo prosseguiu em sua jornada.

Quando o grupo chegou ao Rio Drichu (ou seja, o Yangtsey), os espíritos malignos e demônios obstrutores usaram poderes mágicos para

Apêndice 2 – Biografia do Terceiro Dalai Lama

fazer com que o rio enchesse e ficasse violento, e pareceu que a comitiva não teria condições de cruzá-lo. Contudo, Gyalwa Sonam Gyatso apenas lançou um olhar de soslaio para o curso d'água e fez o gesto sagrado de ira com a mão. Na mesma hora as águas acalmaram-se e baixaram, e em poucos instantes o grupo teve condições de atravessar para o outro lado com facilidade.

Por fim, chegaram a Nya-tso-to. Lá, milhares de monges e leigos reuniram-se para saudar Sonam Gyatso. Fizeram extensas oferendas a ele de três mil medidas de prata e muitos rolos de brocado de seda. Ele deteve-se no mosteiro por alguns dias para descansar da viagem e abençoar a multidão, dando um discurso sobre guru yoga e uma transmissão do mantra de seis sílabas. Também concordou em presidir uma cerimônia de ordenação, e quase mil jovens tomaram os preceitos de monge na ocasião. Desse modo, colocou inúmeras pessoas no caminho da liberação e iluminação.

Seguindo viagem de novo, o grupo chegou ao Machu (ou seja, o Rio Amarelo). Todos os membros da caravana ficaram consternados e apreensivos, pois o rio estava extremamente cheio e parecia impossível de cruzar. Sonam Gyatso disse-lhes que não temessem, e que teriam condições de atravessá-lo no dia seguinte. Naquela noite, acamparam às margens do rio. Para seu assombro, quando acordaram na manhã seguinte, o poderoso Rio Machu estava quase completamente seco, e não passava de um regato minúsculo. Toda a comitiva foi dominada pela fé em Sonam Gyatso e seu extraordinário poder espiritual. Cruzaram com facilidade e continuaram o caminho.

Depois de algum tempo, chegaram a Ahrik Karpatang, onde havia sido montado um acampamento para recebê-los. Ali, as pessoas mostraram uma fé imensa em Sonam Gyatso e fizeram requintadas oferendas, incluindo mil cavalos e dez mil cabeças de gado. Durante sua estada, o céu ficou continuamente repleto de arco-íris e as divindades bondosas enviaram chuvas de flores do firmamento. As sementes kármicas da liberação foram plantadas no fluxo mental de inúmeras pessoas nessa ocasião.

Enquanto o grupo estava em Ahrik, um comboio de quinhentos cavaleiros enviados por Altan Khan chegou para encontrá-los. Liderados por Choje Tsundru Zangpo, que Sonam Gyatso tinha mandado anteriormente como enviado pessoal para a corte de Altan Khan, o comboio também incluía o tradutor Lotsawa Goshri. Aquela seria sua escolha pelo restante da jornada.

Os viajantes então prosseguiram com grande pompa real, bandeiras tremulando ao vento e o som de estridentes trombetas *gyaling* enchendo o ar. Deslocaram-se como um só corpo, gingando de um lado para o outro como um poderoso elefante a cruzar um lago preguiçosamente, com a quantidade de integrantes a aumentar à medida que seguiam, até o mestre estar cercado por todos os lados por milhares de cavaleiros da Mongólia, China e confins do Tibete. Eles cobriam o solo como um tapete vivo, flutuando lentamente rumo ao norte.

Finalmente chegaram ao acampamento do ilustre Altan Khan, cujo poder igualava-se ao de um chakravartin de kaliyuga. Para simbolizar sua intenção de trazer a luz civilizadora do Budismo àquela nação sombria, Altan Khan estava todo vestido de branco. Mais de dez mil pessoas do seu povo aglomeravam-se ao seu torno, incluindo sua esposa e toda a comitiva dela.

A cerimônia de recepção preparada para Gyalwa Sonam Gyatso foi extensa e as oferendas extremamente requintadas. Primeiro, presentearam-no com uma mandala feita de quinhentas moedas de prata e uma tigela de ouro com quarenta centímetros de largura e quarenta de profundidade, cheia de gemas preciosas. No dia seguinte, ofertaram-lhe cem rolos de brocado de seda, sendo vinte de cada uma das cinco cores auspiciosas – branco, amarelo, vermelho, verde e azul. A seguir, deram-lhe cem cavalos, cada um deles inteiramente adornado com selas e rédeas requintadas. Também ofereceram-lhe dez rolos de sedas das cinco cores, mil moedas de prata, dúzias de rolos de tecido de algodão e inumeráveis outros presentes.

Depois da cerimônia de recepção, Gyalwa Sonam Gyatso e Althan Khan caminharam juntos até uma tenda especialmente preparada para o mestre. Os dois brilhavam como o sol e a lua, os milhares de devotos na multidão a cercá-los eram como as estrelas no céu. O Lama sentou-se em um trono dourado, e solicitado a ensinar o Dharma sagrado, com Goshri Bakshi servindo de tradutor.

Apêndice 2 – Biografia do Terceiro Dalai Lama

Na verdade, esse não foi o primeiro contato da Mongólia com o Budismo, nem Altan Khan a única conexão. Mais de dois séculos antes, sob Kublai Khan, que exerceu enorme influência sobre toda a Mongólia, China e Tibete, os mongóis haviam sido brevemente introduzidos ao Budismo pelo ilustre Sakyapa Lama Pakpa, conhecido como Sakya Pakpa. Mas o sucessor de Kublai, Timur Khan, opôs-se à influência pacificadora do Budismo e, a partir de seu governo, a Mongólia rejeitou o Budismo e voltou à sua velha religião e aos hábitos sanguinários que ela propunha. Mais uma vez a Mongólia tornou-se uma terra das trevas, alegrando-se com hábitos malignos e deleitando-se com a visão de carne viva e sangue. Tornou-se uma ilha no mar de sangue que ela mesmo derramou.

Altan Khan descendia da mesma tribo Chakhar de Kublai e desejava levar seu povo de volta aos hábitos gentis do Buddhadharma. Sua mais ardente oração era para que Gyalwa Sonam Gyatso fosse o homem com poder espiritual para realizar a proeza.

De fato, foi pela bondade dos esforços conjuntos de Gyalwa Sonam Gyatso e Altan Khan, que eram como o sol e a lua em uma era de trevas, que o caminho do Budismo foi introduzido na Mongólia, e a era de atos sangrentos que caracterizava aquela nação há tanto tempo chegou ao fim. O mar de sangue transformou-se em mar de leite, precedendo um tempo de paz e prosperidade.

Em seu primeiro discurso, Gyalwa Sonam Gyatso pronunciou a nova lei para todos os presentes – mongóis, chineses e tibetanos da fronteira. Disse que eles deveriam aprender a abandonar o mal e a proceder nos dez modos de bondade prescritos pelo Buda. Matar, roubar, tomar a esposa de outros e coisas assim deveriam ser abandonadas, e em vez disso deveriam aprender a respeitar a vida, a propriedade e os direitos dos outros.

Ele pediu aos mongóis Chakhar, em particular, que deixassem para trás a sua sede de sangue. Era tradição na Mongólia que, ao morrer um homem, muitos seres vivos fossem sacrificados como oferendas aos deuses, com o número de sacrifícios de sangue dependendo do status do falecido. Muitas vezes a esposa (ou esposas), serventes, cavalos e gado eram entregues à morte como oferenda. Gyalwa Sonam Gyatso ordenou-lhes que abandonassem esse costume horroroso, e em vez disso fizessem simples oferendas de parte dos bens do falecido para causas religiosas, como templos e mosteiros etc., como uma fonte de méritos; e oferecessem orações virtuosas e desejos auspiciosos em vez de sangue.

A prática de sacrifícios de sangue, ordenou, deveria ser totalmente abandonada. No caso de uma família fazer um sacrifício humano, como o de uma esposa ou criado, a punição deveria ser a morte do mandante. Como punição para um sacrifício animal, todos os bens do mandante deveriam ser confiscados pelo estado. Se alguém retaliasse contra essas injunções fazendo mal aos monges, ou destruindo templos ou mosteiros, como punição sua casa e suas terras seriam tomadas pelo estado.

Antes, o deus maligno Ongghon era invocado na Mongólia nos dias de lua cheia, crescente e nova, e também em ocasiões anuais especiais. Ele se manifestava na forma de um membro falecido da família e pediam-lhe que descrevesse que tipo e tamanho de sacrifício de sangue deveria ser feito para a ocasião específica. Gyalwa Sonam Gyatso ordenou que todas as imagens dessa deidade fossem queimadas ou destruídas e que os sacrifícios de sangue para ela fossem abandonados. Qualquer um flagrado a fazer sacrifícios animais seria multado em dez vezes o número de animais sacrificados. Se alguém fosse pego com uma imagem dessa deidade, teria sua casa destruída como punição. Gyalwa Sonam Gyatso pediu-lhes que substituíssem as estátuas malignas por imagens do Protetor da Sabedoria Mahakala, a emanação irada de seis braços do Bodhisattva da Compaixão, e que vissem Mahakala como sua deidade protetora nacional. Todos os sacrifícios de sangue deveriam ser abandonados e as oferendas deveriam ficar limitadas a simples alimentos, como as três substâncias brancas (leite, coalhada e manteiga) e as três doces (mel, açúcar e açúcar-cande).

De modo geral, o Lama pediu a todos que se empenhassem nos caminhos da bondade. Em particular, nos dias de lua nova, crescente e cheia, as pessoas deveriam adotar os preceitos *upasika* de autopurificação e devotar-se à prática espiritual.

Os mongóis, em especial, deveriam cessar os ataques de pilhagem à China, Tibete e outras regiões da Mongólia, e dedicar sua energia às atitudes de coexistência pacífica. Em resumo, deveriam tentar emular as atitudes gentis do Tibete Central e integrar os ensinamentos do Buda a seu modo de vida.

Apêndice 2 – Biografia do Terceiro Dalai Lama

Essas e muitas outras leis foram dispostas por Gyalwa Sonam Gyatso e instituídas por Altan Khan.

Depois de dar aos mongóis Chakhar seu novo código de vida, Sonam Gyatso conferiu-lhes uma transmissão da meditação de Avalokiteshvara, junto com o mantra da compaixão de seis sílabas *(OM MANI PADME HUM)*. Todo o discurso foi vertido para mongol e chinês por tradutores designados, de modo que todos os presentes pudessem saber exatamente o que se esperava deles. Ele pediu a todos – superiores e inferiores – que recitassem o mantra de seis sílabas tanto quanto pudessem.

Durante o discurso, o céu ficou cobriu-se de arco-íris e flores caíram do firmamento. Todos os presentes foram intensamente inspirados pela profundidade dos ensinamentos do Buda, pela natureza sublime das linhagens reunidas e transmitidas por Lama Tsongkhapa e pelo poder de Gyalwa Sonam Gyatso. Incontáveis milagres e sinais auspiciosos ocorreram na área naquela ocasião, indicando o prazer das forças da bondade.

No local, onde Gyalwa Sonam Gyatso encontrou-se com Altan Khan e proferiu o discurso, as pessoas ergueram um templo e um mosteiro. Sonam Gyatso em pessoa executou o rito de consagração.

Ao final do discurso, os mongóis fizeram requintadas oferendas mais uma vez, como sinal de aceitação dos conselhos. Altan Khan ofereceu pessoalmente cem conjuntos de trajes de inverno para meditação, cem rolos de brocados de seda, uma centena de rosários feitos de gemas preciosas, cem peles de animais, sete vasos de ouro cheios de pérolas e decorados com dragões de prata, um grande vaso feito com mil moedas de prata, bem como grande número de vestes de monge e chapéus dourados. A seguir, os integrantes da multidão fizeram oferendas individuais, conforme suas posses. Desses ele recebeu sete xícaras de chá de prata com pires de prata, cada um feito com três moedas de prata; cem peças de prata no formato de patas de cavalo e ovelha, cada uma feita com cinco moedas de prata; mil rolos de tecido de algodão; cem cavalos ornados com selas e arreios, entre eles três garanhões brancos com selas e arreios de prata adornados com ouro e pedras preciosas e inúmeros outros presentes para simbolizar a fé e a boa vontade para seguir seus ensinamentos.

Em troca, Sonam Gyatso falou com eles sobre o Dharma sagrado em profundidade, aconselhando cada um a praticar conforme sua capacidade.

O CAMINHO PARA A ILUMINAÇÃO

Desse modo, colocou a nação mongol no terreno firme da fé imutável no Buda, Avalokiteshvara e Lama Tsongkhapa. Seu impacto foi tamanho que ele transformou por completo o cenário espiritual do país. Antes os mongóis deleitavam-se apenas em banho de sangue e violência, e agora empenhavam-se no caminho da paz. Antes, sempre que alguém morria, o evento era seguido de sacrifícios humanos e animais devido às crenças xamânicas; agora estavam convencidos de que tais práticas não só eram inúteis, como de fato eram nocivas ao bem-estar do falecido por quem eram feitas, e de que aqueles métodos errôneos deviam ser substituídos por atividades criativas como a construção de templos e colégios monásticos, oferenda de preces auspiciosas, meditação sobre e recitação do mantra de seis sílabas de Avalokiteshvara e do mantra de cinco linhas de Tsongkhapa conhecido como oração *Miktsema*.[26] Eles não mais viveriam de espólios de guerra, pilhagem e violência, que durante muito tempo fez com que seus vizinhos vivessem em constante temor.

Gyalwa Sonam Gyatso viajou então para as províncias de Amdo e Kham no Tibete Oriental. Lá construiu vários mosteiros, inclusive um em Litang e outro em Kumbum, terra natal de Lama Tsongkhapa. Conta-se que, no parto de Lama Tsongkhapa, uma gota de sangue de seu cordão umbilical caiu no solo e dali brotou uma árvore mística de sândalo. Famosa como "Árvore dos Grandes Méritos", ela tornou-se um dos mais sagrados objetos de peregrinação do Tibete. Gyalwa Sonam Gyatso construiu uma stupa de prata ao seu redor para protegê-la dos elementos. Ao lado dela construiu o Mosteiro de Kumbum, ou Kumbum Jampaling, um colégio monástico dedicado ao estudo e prática dos Sutras e Tantras ensinados pelo Buda. Kumbum estava destinado a se tornar rapidamente um dos maiores e mais influentes colégios monásticos do Tibete Oriental, fazendo com que as profundas linhagens de Lama Tsongkhapa se erguessem como um guarda-sol sobre as regiões fronteiriças do leste.

Devido às muitas atividades de Gyalwa Sonam Gyatso nas áreas remotas do Tibete e na Mongólia, Jetsun Lobzang Chokyi Gyaltsen (o primeiro Panchen Lama) escreveu:

O grande Lama Gyalwa Sonam Gyatso
viajou para as remotas regiões fronteiriças do Tibete

Apêndice 2 – Biografia do Terceiro Dalai Lama

>para civilizar aqueles cujos mestres anteriores
>foram incapazes de abrandar,
>levando com isso ao preenchimento do oceano *(Gyatso)*
>de sabedoria e méritos *(Sonam)* dos Budas
>e Bodhisattvas das dez direções.
>Por isso canto esse louvor a ele.

Panchen Yeshey Gyaltsen (o segundo Panchen Lama) também escreveu:

>Homenagem a Gyalwa Sonam Gyatso, que
>domou aqueles difíceis de domar
>e colocou-os no caminho da liberdade,
>ensinando com meios sábios e hábeis.

Embora Gyalwa Sonam Gyatso dedicasse muito de sua vida às viagens e ao ensino, e por isso não pudesse escrever tão extensamente quanto tinham escrito os dois Dalai Lamas anteriores, achou tempo para redigir uma série de textos importantes. O mais famoso sem dúvida é a *Essência do Ouro Purificado,* um tratado sobre os estágios do caminho espiritual para a iluminação. Além disso, compôs diversas orações, hinos, manuais de prática e poemas espirituais notáveis. A maioria é de tamanho reduzido, mas significado profundo, revelando a extensão de seu *insight* no maravilhoso Buddhadharma. Depois de seu passamento, seus escritos foram reunidos. Eles formaram um único volume; embora pequenos em quantidade, em qualidade esquadrinham as profundezas do pensamento do Buda. Depois de Sonam Gyatso ter passado vários anos viajando, ensinando e construindo mosteiros na Mongólia e no Tibete Oriental, seus discípulo do sul e do Tibete Central começaram a ficar inquietos com a duração de sua ausência. As comunidades monásticas de Sera, Drepung e Ganden estavam particularmente aborrecidas, pois ele era um de seus mais importantes mestres e mestres de iniciações. Em consequência, um rio de solicitações começou a jorrar pedindo que retornasse a Lhasa. De sua parte, ele manifestou várias vezes o desejo de voltar ao Tibete Central e ver seus antigos discípulos de novo.

Ao mesmo tempo, insistentes pedidos vieram do rei de Kharachin[27] para que ele fosse ensinar lá. Inicialmente, Gyalwa Sonam Gyatso declinou do convite do rei com base em já ter dedicado considerável energia ao nordeste e desejar retornar à terra natal. O rei, contudo, persistiu no pedido com crescente intensidade, até que Gyalwa Sonam Gyatso finalmente sentiu-se compelido a aceitar.

Em Kharachin, Gyalwa Sonam Gyatso hospedou-se no Palácio Shangto, que nos velhos tempos havia sido a residência dos grandes reis de Hor. Lá deu a iniciação da mandala de Hevajra ao rei e seus ministros, e proferiu um discurso introdutório sobre a natureza da vida espiritual para o público em geral, colocando muitos no caminho *upasika*. Ao término do ensinamento, o rei ofereceu-lhe um casa de dois pilares construída em prata. O Lama recusou a oferenda, mas a fim de estabelecer uma conexão kármica auspiciosa com o rei, concordou em permanecer na casa por alguns dias. Não obstante, o rei fez extensas oferendas de ouro, prata, brocados, cavalos, iaques e outras coisas, que o Lama aceitou com o intuito de construir um templo e um mosteiro para o povo da região.

Durante o primeiro mês do ano do Rato de Terra, ele conduziu um extenso festival de orações. No fim do mês chegou uma carta do imperador da China pedindo-lhe para que visitasse a capital chinesa. O convite foi escrito em ouro e entregue em um palanquim carregado por oito homens. A fim de estabelecer uma conexão kármica auspiciosa, o Lama enviou uma resposta afirmativa, prometendo ir em uma ocasião futura. Contudo, no mês Napka,[28] mostrou sinais de estar levemente enfermo. Sabendo que sua vida estava se aproximando do fim, e que havia colocado no caminho espiritual e amadurecido todos aqueles com quem mantinha vínculo kármico, escreveu uma longa carta de conselhos para os muitos discípulo que não pôde ver antes da morte. Foi seu ensinamento final.

Ao amanhecer do 26º dia do mesmo mês, sentou-se em meditação e parou de respirar. Depois disso, transmigrou para a Terra Pura de Tushita, onde se encontrou com o Buda Maitreya e Lama Tsongkhapa para discutir onde deveria reencarnar e qual deveria ser seu próximo trabalho para o benefício dos seres vivos.

Esse é o relato da vida, estudos, prática e atividades de Gyalwa Sonam Gyatso. Nós, que praticamos as tradições *Lam Rim* ou *Lojong* de treinamen-

APÊNDICE 2 – BIOGRAFIA DO TERCEIRO DALAI LAMA

to espiritual que vieram através dele e que esperamos alcançar a iluminação, devemos tirar inspiração do exemplo apresentado por sua biografia. Devemos fazer preces para sermos capazes de emular os padrões de empenho enérgico que ele expôs.

Em particular, devemos observar o conselho espiritual que Gyalwa Sonam Gyatso deixou-nos na maravilhosa composição *Essência do Ouro Purificado*,[29] que tão habilmente condensa todos os principais pontos dos ensinamentos do Buda sobre o caminho para a iluminação. Devemos tomar seu conteúdo como um conselho destinado diretamente a nós e devemos nos aplicar nos exercícios espirituais que descreve. Não existe maneira melhor de retribuir a bondade desse lama incomparável do que praticar seus ensinamentos e dessa forma atingir a iluminação. Ele mesmo dedicou cada instante de sua vida à causa da iluminação, o modo supremo de beneficiar o mundo, de forma que nos dedicarmos ao caminho da iluminação seria a suprema oferenda para ele. Devemos fazer todo esforço para realizar essa dedicação, para nosso próprio benefício e de todos os seres vivos.

Notas

1   Em tibetano, *Lam-sgron*. Esse texto, junto com seu autocomentário, está preservado no cânone tibetano dos comentários, o Tengyur. Existem várias traduções inglesas do texto-raiz. Ver *Atisha and Tibet*, de A. Chattopadhyaya e Lama Chinpa (Calcutá: Indian Studies Publishers, 1967). Mais recentemente, uma tradução do autocomentário *Uma Lâmpada para o Caminho da Iluminação*, de Atisha, apareceu em *A Lamp for the Path and Commentary*, de Richard Sherburne (Londres: Allen & Unwin, 1983).

2   As datas dos primeiros mestres budistas indianos são muito difíceis de se estabelecer com qualquer grau de precisão devido à falta de documentação sobrevivente. Em geral, Nagarjuna é situado no século I-II e Asanga no século III-IV.

3   Esse Dharmakirti não deve ser confundido com o lógico Dharmakirti que escreveu a literatura *pramana*.

4   Trata-se da Indonésia atual. A maioria dos eruditos aceita a teoria de que Atisha estudou em algum lugar de Sumatra. Contudo, existem indícios na tradição tibetana que sugerem que foi perto de Borobodur, Java, e acho que isso é mais provável.

5   Ver *Atisha and Tibet*.

6   Em tibetano, *Lam-rim-tha-rgyan*. Existe uma tradução inglesa desse trabalho: *The Jewel Ornament of Liberation*, de H.V. Guenther (Londres: Rider and Co., 1959).

7 Ver *The Opening of the True Dharma,* de Jamyang Khyentse, traduzido por A. Berzin e Sherpa Tulku (Dharamsala, Índia: Library of Tibetan Works and Archives, 1979).

8 Em tibetano, *bDe-lam-lam-rim.*

9 Em tibetano, *'Jam-dbyangs-zhal-lung.*

10 Em tibetano, *Myur-lam-lam-rim.*

11 Em tibetano, *Lam-rim-snying-gu.*

12 Eu inclui esse comentário – embora não a prece anexada a ele – em *Bridging the Sutras and Tantras* (Ithaca, Nova York: Snow Lion Publications, 1981).

13 Shakyamuni, que significa literalmente "o sábio do clã dos Shakyas" é apenas outro nome do Buda histórico. Ele é conhecido por esse epíteto porque sua família era da linhagem Shakya.

14 Cinco escrituras principais originaram-se das visões que Asanga teve do Buda Maitreya após completar 12 anos de retiro. Em tibetano, são conhecidas o *Mi-pam-de-nga (Mi-pham-sde-lnga* em tibetano). Eruditos ocidentais atribuem-nas a Asanga, visto que foi ele que as redigiu. Budistas tradicionais, contudo, creditam-nas a Maitreya, pois foi ele quem as inspirou.

15 Em tibetano, *rJe-btsun-bla-ma.* O termo significa simplesmente "guru sagrado".

16 Essa citação foi retirada do *Uttaratantra* de Maitreya, outro dos *Cinco Trabalhos de Maitreya* citados na nota 14.

17 Em tibetano, *Sangs-rgyas.*

18 O rito dessa natureza do terceiro Dalai Lama está traduzido no Apêndice 1 deste livro.

19 Essa e as demais citações de Shantideva que Sua Santidade profere em seu comentário para cada uma das perfeições subsequentes

são de *Um Guia para o Modo de Vida do Bodhisattva* (em sânscrito, *Bodhisattvacharyavatara*). O *Guia* de Shantideva é considerado a mais clara exposição prática das perfeições do bodhisttava escrita na Índia clássica.

20 O primeiro mês da primavera.

21 Panchen Sonam Drakpa havia sido o principal aluno do segundo Dalai Lama. Mais tarde, tornou-se o guru do jovem terceiro Dalai Lama. Seus livros didáticos ainda dominam o currículo de estudos no Mosteiro Drepung.

22 Mosteiro Cho-kor-gyal, que havia sido construído pelo segundo Dalai Lama no Lago das Visões.

23 Palden Lhamo, ou Shridevi, é a manifestação irada da Bodhisattva Tara, símbolo do aspecto de energia compassiva ativa da iluminação. O primeiro Dalai Lama fez do sistema tântrico de Tara uma de suas práticas meditativas, e o segundo Dalai Lama deu continuidade à tradição, acrescentando Palden Lhamo como sua principal prática protetora.

24 Em tibetano, *dKa'-gdams-gleng-'bum*.

25 Em tibetano, *sNying-po-don-gsum*.

26 Essa breve oração tem um amplo espectro de aplicações, desde em meditações básicas como amor, compaixão e *insight*, até exóticas, como provocar ou parar a chuva, cura pela fé, consagração de medicamentos etc. Ver *The Life and Teachings of Lama Tsong Khapa,* editado pelo professor Robert Thurman (Dharamsala, Índia: Library of Tibetan Works and Archives, 1982).

27 A biografia extensa menciona esse local como Karachin; a biografia curta dá o nome de Kharchin.

28 O mês que em geral começa com a lua nova de abril. É necessário dizer "em geral" visto que o ano bissexto tibetano tem um mês a mais, fazendo com que o ano subsequente comece mais tarde.

29 Eu naturalmente fiquei muito satisfeito ao ver a ênfase que o biógrafo Tsechokling coloca na *Essência do Ouro Purificado*. Ele o faz em parte porque a *Essência* é uma importante escritura *Lam Rim,* e a biografia é parte de sua história da tradição *Lam Rim (Vidas dos Preceptores Lam Rim;* em tibetano, *Lam-rim-bla-brgyud);* mas ele, obviamente, tem o texto em consideração especial para mencioná-lo duas vezes em termos tão calorosos e ardentes.

Glossário

AMIGO ESPIRITUAL: em sânscrito, *Kalyanamitra*. Um sinônimo para guru.

ANIMAL: todas as formas visíveis de vida não humana, como, por exemplo, insetos, peixes, pássaros e mamíferos. Simbolicamente, os animais representam a estreiteza de visão dos humanos.

ARHANT: literalmente, "destruidor do inimigo". Em geral, usado para indicar aquele que completou o caminho Hinayana, ou "destruiu o inimigo" das delusões como apego, raiva, ignorância etc., bem como seus instintos. Quando usado em sentido geral, pode incluir ainda bodhisattvas elevados e Budas, pois eles também destruíram esses elementos.

ARYA: literalmente, "elevado". Aquele que tem a realização direta da vacuidade.

AVALOKITESHAVARA: em tibetano, *sPyan-ras-gzigs*. O Bodhisattva da Compaixão, de quem os Dalai Lamas são considerados encarnações. Nos sistemas tântricos, Avalokiteshvara torna-se o símbolo dos meios yogues para o alcance da iluminação.

BARDO: o estado entre morte e renascimento, no qual existem três fases: o bardo da morte, o bardo da realidade e o bardo do renascimento.

BODHISATTVA: um adepto do Mahayana. Os bodhisattvas são de dois tipos: bodhisattvas comuns, que abraçaram o caminho, mas ainda não adquiriram percepção direta do sentido da vacuidade; e Aryas, que podem experienciá-la diretamente na meditação.

BODHISATTVAYANA: o caminho do bodhisattva, o Mahayana.

BUDA: em tibetano, *Sangs-rgyas*. *Sangs* significa aquele que está purificado dos obscurecimentos à iluminação e onisciência; *rgyas* indica aquele que expandiu sua mente para abranger todas as excelências e conhecimentos.

CORPO BEATÍFICO: em sânscrito, *Sambhogakaya*. O corpo etéreo de um Buda, percebido apenas por aqueles com conhecimento da vacuidade.

CORPO DE EMANAÇÃO: em sânscrito, *Nirmanakaya*. O mais grosseiro dos quatro corpos místicos de um Buda. Esse é o único aspecto do Buda percebido por seres ordinários.

DAKINI: em tibetano, *mKha'-'gro-ma,* ou "que vai para o céu". A classe de deidades femininas tântricas que personificam a sabedoria.

DELUSÃO: em sânscrito, *klesha*. As três principais delusões são ignorância, aversão e apego. A destruição delas e de seus instintos garante o nirvana.

DHARMA: a Doutrina do Buda, que incorpora tanto as tradições das escrituras quanto a das realizações. Também qualquer objeto de conhecimento.

DOIS ESTÁGIOS DO TANTRA: nas três classes inferiores do Tantra, esse termo refere-se ao "yoga com símbolos" e ao "yoga sem símbolos". No Tantra Superior, refere-se às fases de geração e perfeição. A primeira concerne basicamente à geração da visão do mundo como uma mandala, dos sons como mantra e dos pensamentos como a sabedoria inata de bem-aventurança e vazio. O segundo estágio trata principalmen-

Glossário

te da consumação desse processo pela prática da canalização de todas as energias vitais para o coração, produzindo o corpo ilusório, realizando os dois tipos de clara luz e atingindo o estado de grande união.

DOIS NÍVEIS DE VERDADE: convencional e absoluta. A última é a vacuidade; todos os outros níveis pertencem à primeira categoria.

DREPUNG: o mosteiro onde os primeiros Dalai Lamas foram educados. Maior mosteiro tibetano na época da invasão chinesa nos anos de 1950, abrigava mais de cem mil monges.

ESTADO DE BUDA: o estado de iluminação plena, onde todos os aspectos negativos da mente e da existência estão transcendidos e a compaixão, sabedoria, poder e qualidades espirituais são plenamente atingidos.

ESTÁGIO DE DESENVOLVIMENTO: também estágio de geração. Ver DOIS ESTÁGIOS DO TANTRA SUPERIOR.

ESTÁGIO DE PERFEIÇÃO: ver DOIS ESTÁGIOS DO TANTRA SUPERIOR.

GARUDA: um pássaro místico que simboliza a energia que destrói a negatividade interior.

GELUG: literalmente, "O Caminho Sadio". A ordem eclética do Budismo fundada por Tsongkhapa como uma fusão das linhagens mais antigas.

GUHYASAMAJA: literalmente, "A Assembleia Secreta". O principal sistema tântrico levado para o Tibete por Marpa, o Tradutor. A linhagem de Guhyasamaja de Marpa funciona hoje como principal prática tântrica dentro da tradição Gelug, ao passo que dentro do sistema Kagyu foi amplamente substituída pelo Tantra de Heruka.

GURU: ver LAMA.

HINAYANA: literalmente, o "Veículo Menor". Termo aplicado a uma categoria específica da prática na qual o refúgio é tomado apenas nas escrituras reveladas durante a vida do Buda, a meta é o nirvana pessoal e o caminho consiste principalmente dos treinamentos de ética, concentração e sabedoria.

ILUMINAÇÃO: em tibetano, *Byang-chub*. *Byang* refere-se à purificação total dos dois obscurecimentos; *chub* refere-se à expansão da sabedoria para a abrangência dos dois níveis de verdade.

KADAM: a linhagem do Budismo Tibetano estabelecida por Atisha, que chegou ao Tibete em 1042. A Kadam atuou como um alicerce geral para todas as novas ordens – Sakya, Kagyu e Gelug – e proporcionou o trampolim para a sofisticação filosófica da Gelug.

KAGYU: a ordem do Budismo Tibetano com raízes em Marpa, o Tradutor, que passou 12 anos estudando na Índia durante a metade do século XI com vários gurus, dos quais os mais importantes foram Naropa e Maitreya. Marpa passou suas linhagens para Milarepa que, por sua vez, passou-as para Gampopa, um monge da ordem Kadam. Isso levou à fusão das duas tradições, conforme é expresso na *Joia Ornamento da Liberação* de Gampopa. Após a morte de Gampopa, a Kagyu estilhaçou-se em quatro, e a seguir em 12 subgrupos. Desses, Tsongkhapa estudou no Drikung Kagyu por cinco anos e ali recebeu o *Tantra de Guhyasamaja*, os *Seis Yogas de Naropa*, os *Cinco Tratados sobre Mahamudra* etc.

KARMA: literalmente, "ação" ou "ato". Karma é usado com frequência para denotar o processo de evolução físio-psíquica controlado pelas ações de corpo, fala e mente. De acordo com as leis do karma, nenhuma experiência é sem causa; em vez disso, tudo que ocorre tem sua semente em uma ação prévia e cada ação semeia sua semente na mente, e essa semente, por fim, vai amadurecer de acordo com sua natureza. Em resumo, uma má ação produz a semente de sofrimento futuro e a bondade produz a semente da felicidade.

Tecnicamente, o karma é de dois tipos principais: contaminado e não contaminado. Esse último refere-se aos atos praticados com percepção da vacuidade; eles não produzem efeitos sobre quem os pratica. Karmas contaminados são maus, bons ou estáveis, resultando em renascimento inferior, bom renascimento ou renascimento no reino da forma, respectivamente.

LAM RIM: literalmente, "Estágios do caminho (espiritual)". Um nome geral para a forma de Budismo levada para o Tibete por Atisha em 1042. Essa tradição foi integrada às ordens Kagyu, Sakya e Gelug do Budismo Tibetano, embora seja uma especialidade da Gelug.

LAMA: literalmente, "Que não possui limite máximo" ou "Que não tem igual". É o equivalente tibetano do termo sânscrito *guru*. Na prática tântrica, o corpo do guru é visto como a Sangha, sua fala como o Dharma e sua mente como o Buda.

LIBERAÇÃO: em tibetano, *Thar-pa*. Refere-se à liberdade dos padrões kármicos compulsivos e dos obscurecimentos mentais e paramentais.

MAHAMUDRA: literalmente, "O Grande Selo". Um nome geral para a abordagem do Tantra do estágio de perfeição da vacuidade. Contudo, é usado em outro contexto pela ordem Kagyu, onde é aplicado mais genericamente.

MAHAYANA: literalmente, "O Grande Veículo". O veículo no qual o refúgio é tomado nas escrituras reveladas após a morte do Buda, e que foram propagadas por mestres como Nagarjuna e Asanga, bem como nas escrituras anteriores, aceitas pelo Hinayana. Além disso, diferente do Hinayana, cuja base é a renúncia, a base do Mahayana é a grande compaixão e sua meta, em vez do nirvana pessoal, é o estado de buda plenamente onisciente.

MANDALA: símbolo da harmonia e perfeição inatas da existência.

MANTRA: um conjunto de sons místicos que, se recitado em conexão com a meditação correta, produz um efeito mágico ou mágico-espiritual. Cada sistema tântrico utiliza muitos mantras.

MANTRAYANA: o veículo dos mantras; um sinônimo para o Vajrayana.

MENTE BODHI: literalmente, "a mente desperta". É de dois tipos: convencional e absoluta. A primeira também é de dois tipos: aquela que aspira a iluminação mais elevada como forma de beneficiar o mundo e aquela que se empenha nas práticas que levam à iluminação. Mente bodhi absoluta é a primeira destas duas, situada dentro do conhecimento da vacuidade.

MOSTEIRO GANDEN: a comunidade monástica estabelecida por Tsongkhapa e que depois serviu de origem para a linhagem Gelug. Foi totalmente destruído pelos invasores chineses, mas uma pequena réplica foi restabelecida pelos refugiados tibetanos em Mungod, no sul da Índia, para preservar a tradição.

NIRVANA: geralmente refere-se à obtenção do estado de arhant do Hinayana, ou liberação pessoal do samsara, mas também pode incluir o pleno estado de buda. No primeiro caso, as delusões e seus instintos são destruídos, proporcionando liberdade das compulsões cíclicas; no último, a tendência inata da mente de se apegar à existência inerente é igualmente destruída, garantindo onisciência.

NYINGMA: as "velhas ordens" do Budismo Tibetano, isto é, as ordens que se mantêm fiéis às traduções das escrituras realizadas antes do século XI.

OBSCURECIMENTO: em sânscrito, *Avarana*. É de dois tipos: obscurecimentos à liberação da existência cíclica e obscurecimentos à onisciência. Um praticante do Mahayana destrói ambos; um praticante do Hinayana destrói apenas o primeiro.

OUVIR: em tibetano, *Thos-pa*. Na verdade, significa o estudo de um texto ou assunto, em vez do ato passivo de ouvir. No Budismo, entretanto, um texto primeiro é lido e explicado para um estudante por alguém que o recebeu de modo semelhante. Isso confere a transmissão oral do texto. Por isso a palavra *thos-pa,* ou "ouvir", é usada.

PRAJNAPARAMITAYANA: literalmente, "O Veículo da Perfeição da Sabedoria". O Mahayana exotérico.

PRATYEKABUDDHA: o praticante do Hinayana que obtém o nirvana seguindo seu caminho pessoal e vivendo em solidão. Ele faz contraste com o sravaka arhant, que obtém o nirvana basicamente ouvindo os ensinamentos e vivendo em grupos.

QUATRO CLASSES DO TANTRAS: *Kriya,* que usa muitos rituais externos, como lavagem etc.; *Charya,* que equilibra métodos exteriores com interiores; *Yoga,* que enfatiza métodos internos e *Anuttarayoga,* ou *Mahanuttarayoga,* que confia exclusivamente em métodos internos.

QUATRO FORÇAS OPONENTES: quatro práticas usadas para combater as marcas kármicas das ações negativas.

QUATRO INICIAÇÕES: do vaso, secreta, de sabedoria e da palavra. A primeira introduz às cinco sabedorias do Buda, purifica as negatividades do corpo, concede permissão para a prática da fase de desenvolvimento do Tantra e proporciona a semente do Corpo de Emanação de um Buda. A segunda introduz aos segredos da interpretação tântrica da sexualidade, purifica as negatividades da fala, concede permissão para a prática do yoga do corpo ilusório e proporciona as sementes do Corpo Beatífico de um Buda. A terceira introduz ao significado tântrico de "consorte", purifica as negatividades da mente, concede permissão para a prática do yoga da clara luz e planta as sementes do Corpo da Verdade de um Buda. A quarta iniciação introduz à combinação das duas verdades, purifica simultaneamente as negatividades de corpo, fala e mente, concede permissão para a prática do yoga da grande união e planta as sementes do Corpo da Essência de um Buda.

As três divisões inferiores do Tantras envolvem apenas a iniciação do vaso. As três iniciações mais elevadas são exclusivas do Tantra Superior.

QUATRO NOBRES VERDADES: as verdades de que a existência não iluminada é permeada pelo sofrimento; de que a causa do sofrimento é a delusão que opera por meio de padrões kármicos compulsivos; de que existe um estado espiritual além do sofrimento e de que existe um caminho distinto que conduz ao estado de cessação do sofrimento.

QUATRO SELOS: todos os fenômenos são impermanentes; todas as coisas contaminadas possuem a natureza do sofrimento; todos os fenômenos são desprovidos de existência intrínseca e o nirvana é paz.

REFÚGIO: ver TRÊS JOIAS.

SAKYA: ordem do Budismo Tibetano fundada na metade do século XI por Drogmi, o Tradutor, e mais tarde propagada pela sucessão de Sakya Panditas.

SAMADHI: poderes meditativos da mente. Como faculdade mental, samadhi é a capacidade de se concentrar unidirecionalmente. Na meditação, samadhi torna-se a capacidade de absorver a mente por completo em um objeto de concentração.

SAMYAKSAMBODHI: literalmente, "iluminação completa, pura, perfeita".

SANGHA: convencionalmente, a comunidade monástica; entretanto, às vezes é ampliada para incluir toda a comunidade de aspirantes espirituais. Em termos absolutos, a Sangha são aqueles com experiência direta da realidade absoluta ou vacuidade. Esses são Os Elevados.

SARMA: as "novas seitas" do Budismo Tibetano – Sakya, Kagyu, Kadam e Gelug –, isto é, as seitas adeptas das traduções das escrituras feitas após o século XI.

SEIS PERFEIÇÕES: as práticas de generosidade, disciplina-ética, paciência, perseverança, meditação e sabedoria, baseadas na aspiração altruística de atingir o estado de buda como uma ferramenta para beneficiar o mundo.

SEIS REINOS: as dimensões dos seres dos infernos, fantasmas famintos, animais, humanos, asuras e deuses.

SEITA DO CHAPÉU AMARELO: nome popular da ordem Gelug, que voltou ao uso do chapéu amarelo pandita dos primórdios do Budismo Indiano, em contraposição ao chapéu vermelho em voga na Índia neoclássica e depois usado por todas as outras seitas do Budismo Tibetano. Ver SEITAS DO CHAPÉU VERMELHO.

SEITAS DOS CHAPÉUS VERMELHOS: todas as seitas do Budismo Tibetano que não a Gelug, caracterizada pelo chapéu amarelo. O chapéu amarelo era usado na Índia antiga, mas, por conselho de uma dakini, foi trocado pelo vermelho. O amarelo significa a terra e o aumento do sublime, ao passo que o vermelho simboliza o fogo e a destruição dos inimigos. A cor mudou na Índia porque os budistas eram constantemente derrotados em debates pelos hindus, o que estava enfraquecendo o movimento. Tsongkhapa sentiu que o uso do vermelho era obsoleto, pois o debate no Tibete passou a ser usado não para derrotar os outros filósofos, mas como forma de treinamento e desenvolvimento espiritual. Portanto, ele mudou o chapéu outra vez para amarelo, a cor do aumento.

SHAMATA: um grau de concentração caracterizado por êxtase físico e mental. Os nove estágios que levam a shamata são graus de concentração.

SRAVAKA ARHANT: praticante do Hinayana que atingiu o nirvana basicamente ouvindo os ensinamentos.

SUTRAS: texto contendo o ensinamento exotérico do Buda. Os sutras são de dois tipos: Hinayana e Mahayana.

SUTRAYANA: o Veículo dos Sutras, isto é, o aspecto exotérico do caminho budista. Inclui tanto o Hinayana quanto o Prajnaparamitayana, ou Bodhisattvayana.

TANTRAS: em certo sentido, os ensinamentos esotéricos do Buda. Tantra significa literalmente "fluxo" ou "filamento"; o "fluxo" ou "filamento" da sabedoria inata abrangendo toda a experiência.

TRÊS ÂMBITOS DE APLICAÇÃO ESPIRITUAL: aplicação com base no desejo de obter renascimento mais elevado, liberação pessoal do samsara e liberação dotada de onisciência como forma de beneficiar todos os outros seres.

TRÊS CESTOS: as três categorias de escritura – Vinayapitaka, Sutrapitaka e Abhidharmapitaka.

TRÊS JOIAS: os três objetos de apoio espiritual dentro da estrutura budista. Na tradição tibetana, o guru ou lama também é mencionado, mas em vez de ser um objeto de refúgio, ele é "três em um". Ver BUDA, DHARMA e SANGHA.

TRÊS TREINAMENTOS SUPERIORES: disciplina ética, concentração e sabedoria. São os três temas principais dos Três Cestos de Escrituras e a própria substância do caminho Hinayana.

VAJRA: em tibetano, *rDor-je,* ou "melhor pedra", isto é, o diamante ou, mais corretamente, o cetro de diamante de cinco pontas. Assim como o diamante é indestrutível, também o são o corpo, a fala e a mente de um Desperto. As cinco pontas representam a transformação dos cinco agregados (formação, sensação, percepção discriminadora, volição e consciência primária) nas cinco sabedorias (sabedoria semelhante ao espelho, e as sabedorias da equanimidade, discriminação, realização e realidade absoluta).

VAJRADHARA: literalmente, "O Detentor do Vajra". O Buda Primordial, o estado de iluminação primordial. Atingir o estado de Vajradhara é a meta do Vajrayana.

Glossário

VAJRAYANA: "O Veículo do Diamante". Um sinônimo para Tantrayana, o caminho dos mantras secretos, o caminho tântrico.

VIPASHYANA: meditação sobre a vacuidade.

YOGA: em tibetano, *rNal-'byor,* ou "verdadeira aplicação espiritual". Não se refere a exercícios físicos, como muitas vezes parece ser no sistema hindu, mas sim a práticas espirituais. Etimologicamente *rNal* significa "verdadeiro" e *'byor* significa "caminho".

YOGUE: aquele que segue o yoga ou um caminho espiritual verdadeiro.

Bibliografia dos textos citados

1. Textos aqui traduzidos

Terceiro Dalai Lama. *Essência do Ouro Purificado*
Byang-chub-lam-gyi-rim-pa'i-khrid-yig-gser-gyi-yang-zhun-ma

Terceiro Dalai Lama. *Um Rito Preliminar Lam Rim*
Lam-rim-byor-spyod

Tse-chok-ling. *Biografia do Terceiro Dalai Lama*
Lam-rim-bla-brgyud-las-rgyal-dbang-gsum-pa'i-rnam-thar

2. Discursos do Buda

Capítulo do Sutra Verdadeiro
Satyakaparivartasutra
bDen-pa-po'i-leu'i-mdo

Sutras da Descida ao Lanka
Lankavatarasutra
Lang-kar-gshegs-pa'i-mdo

Histórias Jataka
Jatakanidra
sKyes-pa-rabs-kyi-gleng-gzhi

Sutra Rei das Absorções
Samadhirajasutra
Ting-nge-dzin-rgyal-po'i-mdo

Encontro do Sutra Pai e Filho
Pitaputrasamagamasutra
Yab-dang-sras-mjal-ba'i-mdo

Texto-raiz do Guhyasamajatantra
Guhyasamajamulatantra
bSang-bdus-rtsa-rgyud

Sutra de Purificação com os 35 Budas
Triskandhakasutra
Byang-chub-sems-dpa'i-ltung-bar-gshags-pa

Sutra sobre Disciplina
Vinayasutra
'Dul-ba'i-mdo

Sutra sobre a Perfeição da Sabedoria
Prajnaparamita sutra
Shes-rab-kyi-pha-rol-tu-phyin-pa'i-mdo

3. Obras indianas iniciais

Aryadeva. *Quatrocentas Estrofes*
Chatuhshatakashastrakarika
bsTan-bcos-bzhi-brgya-pa-zhes-bya-ba'i-tshig-leur-byas-pa

Ashvagosha. *Cinquenta Versos Sobre Guru Yoga*
Gurupancasika
bLa-ma-lnga-bchu-pa

Bibliografia

Atisha. *Uma Lâmpada para o Caminho da Iluminação*
Bodhipathapradipa
Byang-chub-lam-gyi-sgron-ma

Chandrakirti. *Entrada no Caminho do Meio*
Madhyamakavatara
dBu-ma-la-'jug-pa

Maitreya. *O Ornamento dos Sutras Mahayanas*
Mahayanasutralamkarakarika
Theg-pa-chen-po'i-mdo-sde-rgyan-gyi-tshig-leur-byas-pa

Maitreya. *O Ornamento da Realização Clara*
Abhisamayalamkara
mNgon-par-rtogs-pa'i-rgyan

Nagarjuna. *Carta a um Amigo*
Suhrllekha
bShes-pa'i-spring-yig

Nagarjuna. *Tratado Fundamental sobre Sabedoria*
Prajnanamamulamadhyamakakarika
dBu-ma-rtsa-ba'i-tshig-leur-byas-pa-shes-rab-ces-bya-ba

Nagarjuna. *A Guirlanda Preciosa*
Ratnavali
Rin-chen-'phreng-ba

Shantideva. *Um Guia para o Modo de Vida do Bodhisattva*
Bodhisattvacharyavatara
Byang-chub-sems-dpa'i-spyod-pa-la-'jug-pa

4. Textos tibetanos nativos

Gampopa. *A Joia Ornamento da Liberação*
Lam-rim-thar-rgyan

Quinto Dalai Lama. *As Instruções de Manjushri*
'Jam-dbyangs-zhal-lung

Shvamar Rinpoche. *O Lam Rim do Chapéu Vermelho*
Shva-mar-lam-rim

Pabongkha Dechen Nyingpo. *Liberação na Palma da Mão*
Lam-rim-thar-pa'i-lag-skyang

Tsongkhapa. *Grande Exposição dos Estágios do Caminho Espiritual*
Byang-chub-lam-rim-chen-mo

Tsongkhapa. *Uma Exposição Intermediária dos Estágios do Caminho Espiritual*
Lam-rim-'bring

Tsongkhapa. *Uma Exposição Concisa dos Estágios do Caminho Espiritual*
Lam-rim-bdus-don

Tsongkhapa. *As Três Práticas Principais do Caminho*
Lam-gtso-rnam-gsum

Mosteiro Namgyal

O Mosteiro Namgyal foi originalmente fundado no Tibete pelo Terceiro Dalai Lama. Desde a época de sua criação, funcionou como mosteiro privado de cada um dos sucessivos Dalai Lamas. Devido ao prestígio do mosteiro, ao fato de estar localizado no Potala e ser o mosteiro particular do Dalai Lama, os chineses impediram seu funcionamento.

No presente, o mosteiro está restabelecido na Índia e muitos jovens monges estão passando pelos 13 anos de treinamento projetado por Sua Santidade o Dalai Lama e o ex-abade, Venerável Lobsang Nyima. Namgyal também estabeleceu uma sede norte-americana do mosteiro em Ithaca, Nova York, em conjunto com um novo instituto de ensino. O Instituto de Estudos Budistas Mosteiro Namgyal de Ithaca segue o mesmo currículo da Índia, só que apresentado como um programa condensado de cinco anos. O Instituto combina o corpo docente monástico tibetano com eruditos ocidentais residentes e um grande corpo docente adjunto de destacados eruditos em Budismo Tibetano. Está aberto para estudante masculinos e femininos qualificados, em período integral ou parcial. Namgyal recebeu uma bela doação de terra nas imediações de Ithaca e espera construir um centro de retiro e uma casa de hóspedes para ter condições de acomodar o crescente número de visitantes e interessados em Budismo e artes sacras.

Interessados em promover a obra do mosteiro em Dharamsala, na Índia, patrocinando a educação de um jovem monge, ou o tradicional retiro de meditação de três anos de um monge mais velho, ou em fazer uma contribuição geral podem escrever diretamente para o mosteiro em Dharamsala; se desejar ajudar a manter e desenvolver Namgyal na América, como um instituto de ensino e sede americana do mosteiro pessoal do Dalai Lama, escreva diretamente para o Mosteiro Namgyal em Ithaca, Nova York. O Instituto de Estudos Budistas Mosteiro Namgyal é uma organização sem fins lucrativos.

Monastery Namgyal
Thekchen Choeling
McLeod Ganj
Dharamsala
Distt. Kangra (H.P.) 176219
Índia

Namgyal Monastery
Institute of Buddhist Studies
P.O. Box 127
Ithaca, NY 14851 USA
www.namgyal.org